国語6年

光村図書版
創造

教科書ぴったりトレーニング

▶ 3分でまとめ動画

ぴったり1

準備

準備

めあて

★表現に注目し、だれに向けて、どのようなことをよびかけているのかを読み取ろう。

学習日

月　日

教科書 20〜21ページ

答え 2ページ

1 詩を読んで、答えましょう。

準備

高階（たかしな）杞一（きいち）

待っているのではない
準備をしているのだ
飛び立っていくための

見ているのではない
測ろうとしているのだ
風の向きや速さを

(1) 「準備をしているのだ」について、答えましょう。

① どのような「準備」をしているのですか。

（　　　　　　）

② 詩の組み立てのうえで、この行と対（つい）になっているのはどの行ですか。詩の中から十字で書きぬきましょう。

□□□□□□□□□□

(2) この詩の第二連から、具体的にどのような場面をえがいているとわかりますか。一つに○を付けましょう。

ア（　）鳥が空を飛びながら、どこにおりたつのかをさがしている場面。

イ（　）親鳥がひなにあたえるためのえさを、さがしに行こうとしている場面。

ウ（　）鳥のひなが、巣から飛び立っていく機会をうかがっている場面。

(3) 「おそれてはいけない」とありますが、何をおそれてはいけないと言っているのですか。

（　　　　　　）

表

シールの中から好きなぴた犬を選ぼう。

おうちのかたへ

がんばり表のデジタル版「デジタルがんばり表」では、デジタル端末でも学習の進捗記録をつけることができます。１冊やり終えると、抽選でプレゼントが当たります。「ぴたサポシステム」にご登録いただき、「デジタルがんばり表」をお使いください。LINE または PC・ブラウザを利用する方法があります。

ぴたサポシステムご利用ガイドはこちら
https://www.shinko-keirin.co.jp/shinko/news/pittari-support-system

準備～漢字の広場①

スタート

16～17ページ	14～15ページ	12～13ページ	10～11ページ	8～9ページ	6～7ページ	4～5ページ	2～3ページ
ぴったり3	ぴったり3	ぴったり1	ぴったり1	ぴったり2	ぴったり2	ぴったり1	ぴったり1
できたらシールをはろう	できたらシールをはろう	できたらシールをはろう	できたらシールをはろう	できたらシールをはろう	できたらシールをはろう	できたらシールをはろう	できたらシールをはろう

言「柿山伏」を楽しもう

8～49ページ	50～51ページ	52～53ページ	54～55ページ	56～57ページ	58～59ページ	60～61ページ	62～63ページ	64～65ページ
ったり2	ぴったり2	ぴったり2	ぴったり1	ぴったり1	ぴったり1	ぴったり2	ぴったり3	ぴったり3
できたらシールをはろう	できたらシールをはろう	できたらシールをはろう	できたらシールをはろう	できたらシールをはろう	できたらシールをはろう	できたらシールをはろう	できたらシールをはろう	できたらシールをはろう

『鳥獣戯画』を読む～漢字の広場④

76～77ページ	74～75ページ	72～73ページ	70～71ページ	68～69ページ	66～67ページ
ぴったり3	ぴったり3	ぴったり1	ぴったり1	ぴったり2	ぴったり1
できたらシールをはろう	できたらシールをはろう	できたらシールをはろう	できたらシールをはろう	できたらシールをはろう	できたらシールをはろう

ーマン～季節の言葉４

33ページ	80～81ページ	78～79ページ
りの1	ぴったり2	ぴったり1
たらルをろう	できたらシールをはろう	できたらシールをはろう

よう～人間は他の生物と何がちがうのか

-115ページ	116～117ページ	118～119ページ	120ページ
たり2	ぴったり2	ぴったり3	ぴったり3
きたらールをろう	できたらシールをはろう	できたらシールをはろう	できたらシールをはろう

ゴール

最後までがんばったキミは「ごほうびシール」をはろう！

ごほうびシールをはろう

（キリトリ線）

教科書ぴったりトレーニングの使い方

『ぴたトレ』は教科書にぴったり合
できるよ。教科書も見ながら、
ぴた犬たちが勉強をサポートす

ふだんの学習

ぴったり1 準備

めあて をたしかめて、問題に取り組もう。はじ
しい漢字や言葉の意味をおさえるよ。物語やせつ
は 3分でワンポイント で大事なポイントをつかもう
QR コードから「3 分でまとめ動画」が見られる

※QR コードは株式会社デンソーウェーブの

ぴったり2 練習

読解問題を練習するよ。
ヒント を見ながらといてみよう。

ぴったり3 確かめのテスト

「ぴったり1」「ぴったり2」が終わったら取り組ん
自分の考えを書く問題にもチャレンジしよう。
わからない問題は、ふりかえり を見て前にも
くにんしよう。

実力チェック

- 夏のチャレンジテスト
- 冬のチャレンジテスト
- 春のチャレンジテスト
- 6年 国語のまとめ 学力診断テスト

夏休み、冬休み、春休み前に
取り組んでみよう。
学期の終わりや学年の終わりの
テストの前にやってもいいね。

ふだんの学
たら、「が
にシールを

別冊

丸つけラクラク解答

問題と同じ紙面に赤字で「答え」が書いてある
取り組んだ問題の答え合わせをしてみよう。ま
問題やわからなかった問題は、「てびき」を読ん
教科書を読み返したりして、もう一度見直そう

わせて使うことが
勉強していこうね。
るよ。

めに新
めい文
。
よ。
登録商標です。

でみよう。

どってか

習が終わっ
んばり表」
はろう。

よ。
ちがえた
だり、
。

おうちのかたへ

本書『教科書ぴったりトレーニング』は、教科書の要点や重要事項をつかむ「ぴったり1 準備」、問題に慣れる「ぴったり2 練習」、テスト形式で学習事項が定着したか確認する「ぴったり3 確かめのテスト」の3段階構成になっています。教科書の学習順序やねらいに完全対応していますので、日々の学習（トレーニング）にぴったりです。

「観点別学習状況の評価」について

学校の通知表は、「知識・技能」「思考・判断・表現」「主体的に学習に取り組む態度」の3つの観点による評価がもとになっています。

問題集やドリルでは、一般に知識を問う問題が中心になりますが、本書『教科書ぴったりトレーニング』では、次のように、観点別学習状況の評価に基づく問題を取り入れて、成績アップに結びつくことをねらいました。

ぴったり3 確かめのテスト

●「思考・判断・表現」のうち、特に思考や表現（予想したり文章で説明したりすることなど）を取り上げた問題には「思考・判断・表現」と表示しています。

チャレンジテスト

●主に「思考・判断・表現」を問う問題かどうかで、分類して出題しています。

別冊『丸つけラクラク解答』について

おうちのかたへ では、
次のようなものを示しています。

- **学習のねらいやポイント**
- **他の学年や他の単元の学習内容とのつながり**
- **まちがいやすいことやつまずきやすいところ**

お子様への説明や、学習内容の把握などにご活用ください。

内容の例

おうちのかたへ
物語を読むときには、登場人物の会話や行動に注目しましょう。「うまくできるかな（→不安）」「力いっぱい拍手をした（感動）」など、直接文章に書かれていない心情が会話や行動から読み取れることがあるからです。

教科書ぴったりトレーニング

国語 6年 がんばり表

いつも見えるところに、この「がんばり表」をはっておこう。
この「ぴたトレ」を学習したら、シールをはろう！
どこまでがんばったかわかるよ。

［練習］笑うから楽しい～星空を届けたい

32～33ページ ぴったり3 できたらシールをはろう
30～31ページ ぴったり3 できたらシールをはろう
28～29ページ ぴったり1 できたらシールをはろう
26～27ページ ぴったり1 できたらシールをはろう
24～25ページ ぴったり1 できたらシールをはろう
22～23ページ ぴったり2 できたらシールをはろう
20～21ページ ぴったり2 できたらシールをはろう
18～19ページ ぴったり1 できたらシールをはろう

34～35ページ ぴったり1 できたらシールをはろう
36～37ページ ぴったり2 できたらシールをはろう

せんねん　まんねん～漢字の広場②

38～39ページ ぴったり1 できたらシールをはろう
40～41ページ ぴったり1 できたらシールをはろう
42～43ページ ぴったり1 できたらシールをはろう
44～45ページ ぴったり3 できたらシールをはろう

やまなし～狂

46～47ページ ぴったり1 できたらシールをはろう

「考える」とは～今、私は、ぼくは

98～99ページ ぴったり1 できたらシールをはろう
96～97ページ ぴったり2 できたらシールをはろう
94～95ページ ぴったり2 できたらシールをはろう
92～93ページ ぴったり2 できたらシールをはろう
90～91ページ ぴったり1 できたらシールをはろう

詩を朗読してしょうかいしよう～漢字の広場⑤

88～89ページ ぴったり1 できたらシールをはろう
86～87ページ ぴったり1 できたらシールをはろう

ぼくのブック・ウ 冬のおとずれ

84～85ページ ぴったり3 できたらシールをはろう
82～

100～101ページ ぴったり1 できたらシールをはろう
102～103ページ ぴったり3 できたらシールをはろう
104～105ページ ぴったり3 できたらシールをはろう

海の命～漢字の広場⑥

106～107ページ ぴったり1 できたらシールをはろう
108～109ページ ぴったり2 できたらシールをはろう
110～111ページ ぴったり3 できたらシールをはろう

中学校へつなげ

112～113ページ ぴったり1 できたらシールをはろう
114

教科書ぴったりトレーニング
国語
バッチリポスター
6年生で習う漢字 ①
★6年生で学習する漢字を、五十音順に並べています。（①と②の、二回に分けています。）
★漢字ごとに、画数、読み方、書き順（筆順）を示しています。
★音と訓は、それぞれ音読みと訓読みを示しています。
★（ ）は、小学校では習わない読み方です。
まちがえやすい漢字は、☑にチェックをしておこう！
（切り取り線）
あ～お
胃 9画 音 イ 胃腸
恩 10画 音 オン 恩返し
干 3画 音 カン 訓 ほす (ひる) 干す
疑 14画 音 ギ 訓 うたがう
敬 12画 音 ケイ 訓 うやまう 敬う
憲 音 ケン
異 11画 音 イ 訓 こと
か～こ
我 7画 音 (ガ) 訓 われ・(わ)
巻 9画 音 カン 訓 まく・まき 全巻
吸 6画 音 キュウ 訓 すう 呼吸
警 19画 音 ケイ
源 音 ゲン 訓 みなもと
遺 15画 音 イ・(ユイ)
灰 6画 音 (カイ) 訓 はい 火山灰
看 9画 音 カン
供 8画 音 キョウ・(ク) 訓 そなえる・とも 花を供える
劇 15画 音 ゲキ
厳 音 ゲン・(ゴン) 訓 (おごそか) きびしい
域 11画 音 イキ 地域
拡 8画 音 カク 拡大
簡 18画 音 カン
胸 10画 音 キョウ 訓 むね (むな) 胸囲
激 16画 音 ゲキ 訓 はげしい
己 音 コ・(キ) 訓 (おのれ) 自己紹介
宇 6画 音 ウ 宇宙
革 9画 音 カク 訓 (かわ) 産業革命
危 6画 音 キ 訓 あぶない (あやうい) (あやぶむ) 危険
郷 11画 音 キョウ (ゴウ) 故郷
穴 5画 音 (ケツ) 訓 あな ほら穴
呼 音 コ 訓 よぶ 点呼
映 9画 音 エイ 訓 うつる・うつす (はえる) 映画
閣 14画 音 カク
机 6画 音 (キ) 訓 つくえ 机といす
勤 12画 音 キン・(ゴン) 訓 つとまる つとめる 夜勤
券 8画 音 ケン 乗車券
誤 音 ゴ 訓 あやまる
延 8画 音 エン 訓 のびる・のべる のばす 延長
割 12画 音 (カツ) 訓 わる・わり われる・(さく)
揮 12画 音 キ 指揮者
筋 12画 音 キン 訓 すじ 筋肉
絹 13画 音 (ケン) 訓 きぬ
后 音 コウ
沿 8画 音 エン 訓 そう 沿岸
株 10画 訓 かぶ 切り株
貴 12画 音 キ 訓 (たっとい) (たっとぶ) (とうとい) (とうとぶ) 貴族
系 7画 音 ケイ 太陽系
権 15画 音 ケン・(ゴン)
孝 音 コウ 親孝行

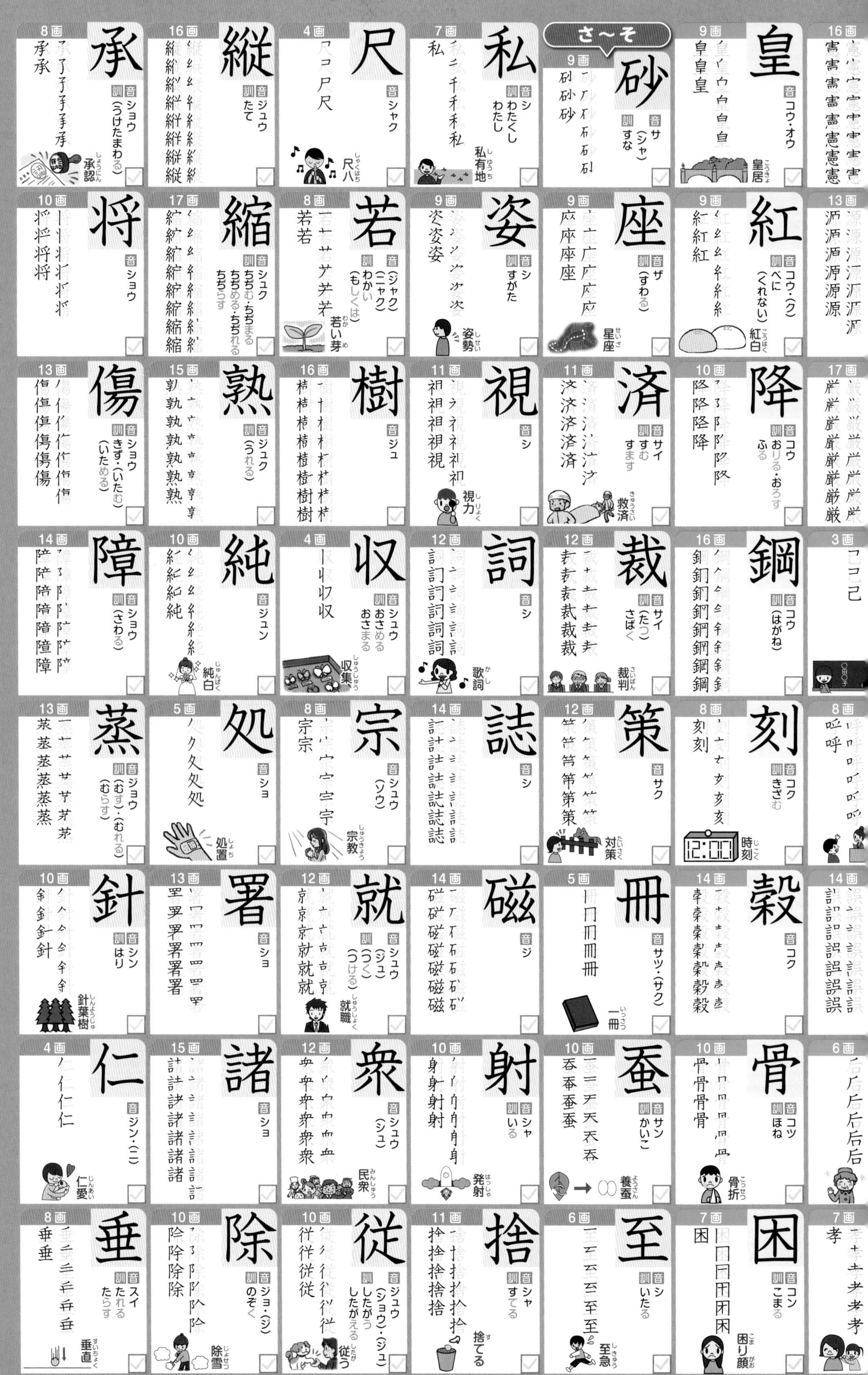

（憲）16画
源 13画
厳 17画
己 3画
呼 8画
誤 14画
后 6画
孝 7画

皇 9画 音 コウ・オウ　皇居（こうきょ）
紅 9画 音 コウ・（ク） 訓 べに （くれない）　紅白（こうはく）
降 10画 音 コウ 訓 おりる・おろす ふる
鋼 16画 音 コウ 訓 （はがね）
刻 8画 音 コク 訓 きざむ　時刻（じこく）
穀 14画 音 コク
骨 10画 音 コツ 訓 ほね　骨折（こっせつ）
困 7画 音 コン 訓 こまる　困り顔（こまりがお）

さ～そ

砂 9画 音 サ （シャ） 訓 すな
座 9画 音 ザ 訓 （すわる）　星座（せいざ）
済 11画 音 サイ 訓 すむ すます　救済（きゅうさい）
裁 12画 音 サイ 訓 （たつ） さばく　裁判（さいばん）
策 12画 音 サク　対策（たいさく）
冊 5画 音 サツ・（サク）　一冊（いっさつ）
蚕 10画 音 サン 訓 かいこ　養蚕（ようさん）
至 6画 音 シ 訓 いたる　至急（しきゅう）

私 7画 音 シ 訓 わたくし わたし　私有地（しゆうち）
姿 9画 音 シ 訓 すがた　姿勢（しせい）
視 11画 音 シ　視力（しりょく）
詞 12画 音 シ　歌詞（かし）
誌 14画 音 シ
磁 14画 音 ジ
射 10画 音 シャ 訓 いる　発射（はっしゃ）
捨 11画 音 シャ 訓 すてる　捨てる（す）

尺 4画 音 シャク　尺八（しゃくはち）
若 8画 音 （ジャク） （ニャク） 訓 わかい （もしくは）　若い芽（わかいめ）
樹 16画 音 ジュ
収 4画 音 シュウ 訓 おさめる おさまる　収集（しゅうしゅう）
宗 8画 音 シュウ （ソウ）　宗教（しゅうきょう）
就 12画 音 シュウ （ジュ） 訓 （つく） （つける）　就職（しゅうしょく）
衆 12画 音 シュウ （シュ）　民衆（みんしゅう）
従 10画 音 ジュウ （ショウ）・（ジュ） 訓 したがう したがえる　従う（したが）

縦 16画 音 ジュウ 訓 たて
縮 17画 音 シュク 訓 ちぢむ・ちぢまる ちぢめる・ちぢれる ちぢらす
熟 15画 音 ジュク 訓 （うれる）
純 10画 音 ジュン　純白（じゅんぱく）
処 5画 音 ショ　処置（しょち）
署 13画 音 ショ
諸 15画 音 ショ
除 10画 音 ジョ・（ジ） 訓 のぞく　除雪（じょせつ）

承 8画 音 ショウ 訓 （うけたまわる）　承認（しょうにん）
将 10画 音 ショウ
傷 13画 音 ショウ 訓 きず・（いたむ） （いためる）
障 14画 音 ショウ 訓 （さわる）
蒸 13画 音 ジョウ 訓 （むす）・（むれる） （むらす）
針 10画 音 シン 訓 はり　針葉樹（しんようじゅ）
仁 4画 音 ジン・（ニ）　仁愛（じんあい）
垂 8画 音 スイ 訓 たれる たらす　垂直（すいちょく）

★6年生で学習する漢字を、五十音順に並べています。(①と②の、二回に分けています。)
★漢字ごとに、画数、読み方、書き順(筆順)を示しています。
★音と訓は、それぞれ音読みと訓読みを示しています。
★( )は、小学校では習わない読み方です。

推 11画 音 スイ 訓 (おす) 推推推推推推 推理(すいり)

泉 9画 音 セン 訓 いずみ 泉泉泉 温泉(おんせん)

装 12画 音 ソウ (ショウ) 訓 (よそおう) 装装装装装装 服装(ふくそう)

宅 6画 音 タク 宅宅宅宅宅宅

忠 8画 音 チュウ 忠忠忠忠忠忠 忠告(ちゅうこく)

敵 音 テキ 訓 (かたき)

寸 3画 音 スン 寸寸寸 寸法(すんぽう)

洗 9画 音 セン 訓 あらう 洗洗洗 洗面器(せんめんき)

層 14画 音 ソウ 層層層層層層層

担 8画 音 タン 訓 (かつぐ) (になう) 担担担 担任(たんにん)

著 11画 音 チョ 訓 (いちじるしい) (あらわす) 著著著著著 著者(ちょしゃ)

展 音 テン 展示会(てんじかい)

盛 11画 音 (セイ) (ジョウ) 訓 もる・(さかる) (さかん) 盛盛盛盛盛 盛る(もる)

染 9画 音 (セン) 訓 そめる・そまる (しみる)・(しみ) 染染染

操 16画 音 ソウ 訓 (あやつる) (みさお) 操操操操操操操操

探 11画 音 タン 訓 (さぐる) さがす 探探探探探 探検(たんけん)

庁 5画 音 チョウ 庁庁庁 気象庁(きしょうちょう)

討 音 トウ 訓 (うつ) 討論(とうろん)

聖 13画 音 セイ 聖聖聖聖聖聖聖

銭 14画 音 セン 訓 (ぜに) 銭銭銭銭銭銭銭

蔵 15画 音 ゾウ 訓 (くら) 蔵蔵蔵蔵蔵蔵蔵

誕 15画 音 タン 誕誕誕誕誕誕誕

頂 11画 音 チョウ 訓 いただく いただき 頂頂頂頂頂 頂上(ちょうじょう)

党 音 トウ 政党(せいとう)

誠 13画 音 セイ 訓 (まこと) 誠誠誠誠誠誠誠

善 12画 音 ゼン 訓 よい 善善善善善善 善人(ぜんにん)

臓 19画 音 ゾウ 臓臓臓臓臓臓臓臓

段 9画 音 ダン 段段段 階段(かいだん)

腸 13画 音 チョウ 腸腸腸腸腸腸

糖 音 トウ

舌 6画 音 (ゼツ) 訓 した 舌舌舌舌舌舌 舌を出す(したをだす)

奏 9画 音 ソウ 訓 (かなでる) 奏奏奏 合奏(がっそう)

存 6画 音 ソン・ゾン 存存存存存存 保存(ほぞん)

暖 13画 音 ダン 訓 あたたか あたたかい あたたまる あたためる 暖暖暖暖暖暖

潮 15画 音 チョウ 訓 しお 潮潮潮潮潮潮潮

届 訓 とどける とどく 届け先(とどけさき)

宣 9画 音 セン 宣宣宣 宣言(せんげん)

窓 11画 音 ソウ 訓 まど 窓窓窓窓窓 車窓(しゃそう)

尊 12画 音 ソン 訓 たっとい とうとい たっとぶ とうとぶ 尊尊尊尊尊尊 尊敬語(そんけいご) 来る→いらっしゃる

値 10画 音 チ 訓 ね・(あたい) 値値値値 値段が高い(ねだんがたかい)

賃 13画 音 チン 賃賃賃賃賃賃

～の

難 音 ナン 訓 (かたい) むずかしい 難しい問題(むずかしいもんだい)

専 9画 音 セン 訓 (もっぱら) 専専専 専門(せんもん)

創 12画 音 ソウ 訓 (つくる) 創創創創創創 創造(そうぞう)

た～と

退 9画 音 タイ 訓 しりぞく しりぞける 退退退

宙 8画 音 チュウ 宙宙宙 宇宙船(うちゅうせん)

痛 12画 音 ツウ 訓 いたい・いたむ いためる 痛痛痛痛痛痛 頭痛(ずつう)

(切り取り線)

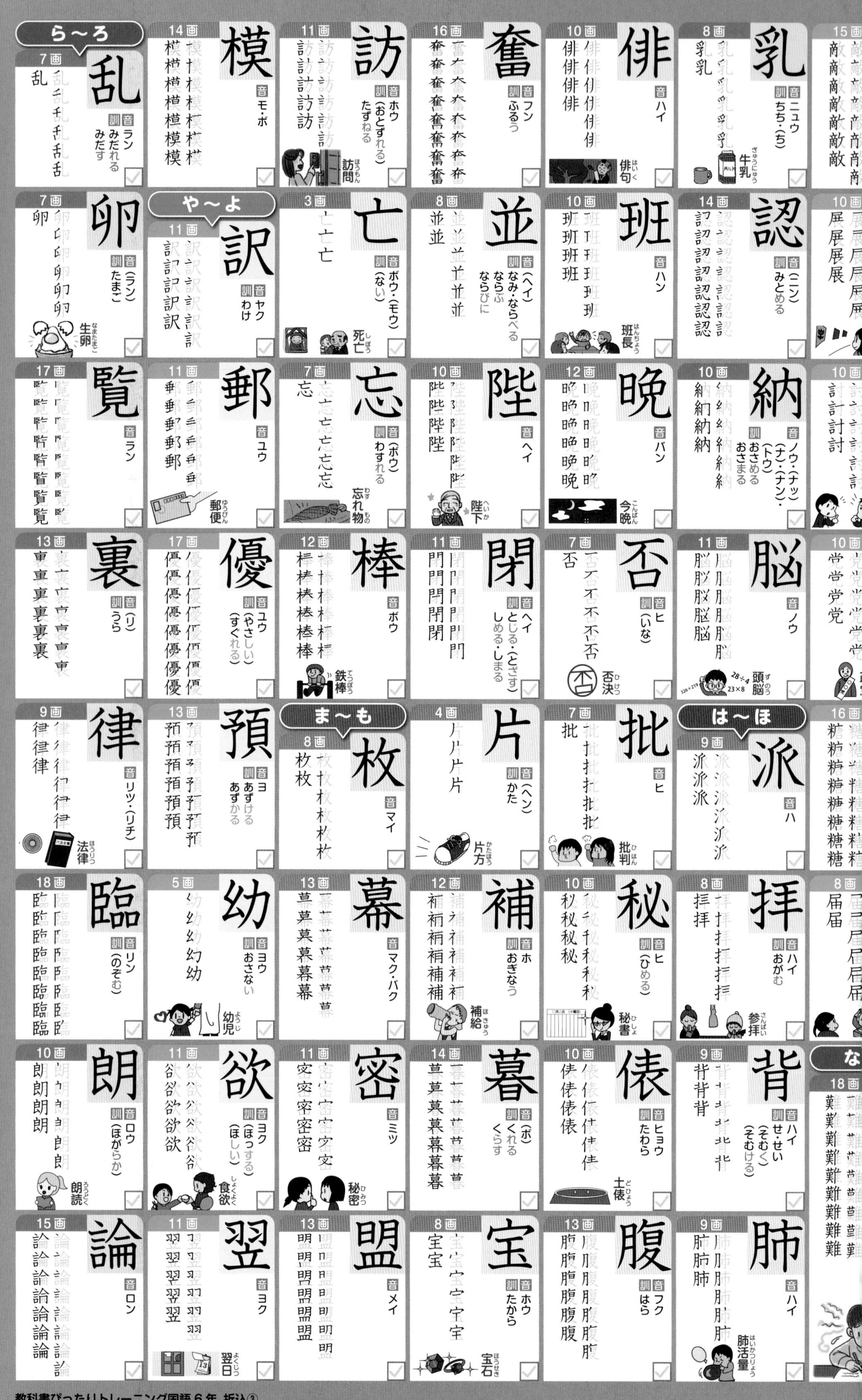

ら～ろ
乱 7画 音 ラン 訓 みだれる みだす
卵 7画 音 (ラン) 訓 たまご 生卵(なまたまご)
覧 17画 音 ラン
裏 13画 音 (リ) 訓 うら
律 9画 音 リツ・(リチ) 法律(ほうりつ)
臨 18画 音 リン 訓 (のぞむ)
朗 10画 音 ロウ 訓 (ほがらか) 朗読(ろうどく)
論 15画 音 ロン
模 14画 音 モ・ボ
や～よ
訳 11画 音 ヤク 訓 わけ
郵 11画 音 ユウ 郵便(ゆうびん)
優 17画 音 ユウ 訓 (やさしい) (すぐれる)
預 13画 音 ヨ 訓 あずける あずかる
幼 5画 音 ヨウ 訓 おさない 幼児(ようじ)
欲 11画 音 ヨク 訓 (ほっする) (ほしい) 食欲(しょくよく)
翌 11画 音 ヨク 翌日(よくじつ)
訪 11画 音 ホウ 訓 (おとずれる) たずねる 訪問(ほうもん)
亡 3画 音 ボウ・(モウ) 訓 (ない) 死亡(しぼう)
忘 7画 音 (ボウ) 訓 わすれる 忘れ物(わすれもの)
棒 12画 音 ボウ 鉄棒(てつぼう)
ま～も
枚 8画 音 マイ
幕 13画 音 マク・バク
密 11画 音 ミツ 秘密(ひみつ)
盟 13画 音 メイ
奮 16画 音 フン 訓 ふるう
並 8画 音 (ヘイ) 訓 なみ・ならべる ならぶ ならびに
陛 10画 音 ヘイ 陛下(へいか)
閉 11画 音 ヘイ 訓 とじる・(とざす) しめる・しまる
片 4画 音 (ヘン) 訓 かた 片方(かたほう)
補 12画 音 ホ 訓 おぎなう 補給(ほきゅう)
暮 14画 音 (ボ) 訓 くれる くらす
宝 8画 音 ホウ 訓 たから 宝石(ほうせき)
俳 10画 音 ハイ 俳句(はいく)
班 10画 音 ハン 班長(はんちょう)
晩 12画 音 バン 今晩(こんばん)
否 7画 音 ヒ 訓 (いな) 否決(ひけつ)
批 7画 音 ヒ 批判(ひはん)
秘 10画 音 ヒ 訓 (ひめる) 秘書(ひしょ)
俵 10画 音 ヒョウ 訓 たわら 土俵(どひょう)
腹 13画 音 フク 訓 はら
乳 8画 音 ニュウ 訓 ちち・(ち) 牛乳(ぎゅうにゅう) MILK
認 14画 音 (ニン) 訓 みとめる
納 10画 音 ノウ・(ナッ) (ナ)・(ナン)・(トウ) 訓 おさめる おさまる
脳 11画 音 ノウ 頭脳(ずのう) 28÷4 23×8 326+219
は～ほ
派 9画 音 ハ
拝 8画 音 ハイ 訓 おがむ 参拝(さんぱい)
背 9画 音 ハイ 訓 せ・せい (そむく) (そむける)
肺 9画 音 ハイ 肺活量(はいかつりょう)
15画 敵
10画 展
10画 討
10画 党
16画 糖
8画 届
な
18画 難

初めての位置
初めての高さを
こどもたちよ
おそれてはいけない
この世のどんなものもみな
「初めて」から出発するのだから

落ちることにより
初めてほんとうの高さがわかる
うかぶことにより
初めて
雲の悲しみがわかる

(4) 「落ちることにより／初めてほんとうの高さがわかる」とは、どういうことを言っているのですか。一つに○を付けましょう。

ア（　）どんなことも、実際にやってみることで全てが始まるということ。

イ（　）何がやってはいけないことなのかを、身をもって学ぶべきだということ。

ウ（　）どんなことも、しっかりと準備したうえでやるべきだということ。

(5) この詩はどのような人に向けてよびかけていると思われますか。一つに○を付けましょう。

ア（　）これまでの人生につまずいてしまって苦しんでいる人。

イ（　）これから新たな人生の門出（かどで）をむかえようとしている人。

ウ（　）明るい未来に向かって順調な人生を歩んでいる人。

(6) この詩の表現にはどのような特徴（ちょう）がありますか。当てはまるもの全てに○を付けましょう。

ア（　）「ではない」「わかる」などで終わる表現をくり返して、調子を整え意味を強調している。

イ（　）語の順番をふつうの場合とは逆にすることによって、印象を強めている。

ウ（　）「ような」などの言葉を使ってあるものを別のあるものにたとえて表現している。

ぴったり1 準備

視点や作品の構成に着目して読み、印象に残ったことを伝え合おう

帰り道

森絵都（もり えと）

公共図書館を活用しよう

めあて

★どのような視点から物語がえがかれているのかをとらえよう。

★それぞれの人物の視点から気持ちの変化を読み取ろう。

★公共図書館について知ろう。

学習日
月　日
教科書
25〜43ページ
答え
2ページ

かきトリ 新しい漢字

ページ	漢字	音	訓	画数
教科書25ページ	視	シ		11画
27ページ	砂	サ	すな	9画
27ページ	腹	フク	はら	13画
28ページ	段	ダン		9画
29ページ	並		なみ・ならべる・ならぶ・ならびに	8画
30ページ	降	コウ	おりる・おろす・ふる	10画
30ページ	認		みとめる	14画
30ページ	洗	セン	あらう	9画
30ページ	異	イ	こと	11画
30ページ	純	ジュン		10画
32ページ	射	シャ	いる	10画
32ページ	背	ハイ	せ・せい	9画
33ページ	捨	シャ	すてる	11画
35ページ	舌		した	6画
36ページ	乱	ラン	みだれる・みだす	7画
41ページ	域	イキ		11画
42ページ	誌	シ		14画
42ページ	映	エイ	うつる・うつす	9画
42ページ	拡	カク		8画
42ページ	展	テン		10画
43ページ	蔵	ゾウ		15画
43ページ	訪	ホウ	たずねる	11画

1 □に読み仮名を書きましょう。

① 視点を変える。（　　）

② 腹が減る。（　　）

③ いすを並べる。（　　）

④ 舌を動かす。（　　）

⑤ たいこを乱打する。（　　）

⑥ 作品を展示する。（　　）

2 □に漢字を、□に漢字と送り仮名を書きましょう。

① ひどい［すな］ぼこり。　② ［かいだん］を使う。

③ ちがいを（みとめる）。　④ どろを（あらい）流す。

⑤ ［たんじゅん］な仕組み。　⑥ ［せなか］をたたく。

帰り道

3 次の言葉の意味を□から選んで、記号を書きましょう。

① ばつの悪さ（　）　② しどろもどろ（　）

③ むしょうに（　）　④ ことさらに（　）

ア 言葉や話し方がひどく乱れた様子。
イ 目立つようにわざと。
ウ 気まずさ。
エ やたらに。

公共図書館を活用しよう

4 次の施設は、どんなときに活用するとよいですか。□から選んで、記号を書きましょう。

① 文学館（　）　② 博物館・資料館・美術館（　）

ア 歴史や文化、芸術、自然科学などについて知りたいとき。
イ 作家や作品について深く知りたいとき。

帰り道

3分でワンポイント

視点のちがいに着目して、登場人物の気持ちを読み取ろう。

★①～③に当てはまる言葉を□の中から選んで、記号を書きましょう。

	1 律の視点	2 周也の視点
昼休み	●どちらが好きかという話についていけない。 ●周也の言葉でみぞおちにとがったものが（①）気持ちになった。	●はっきりしない律に、言わなくてもいいことを言った。 ●律を見てまずい、と思った。
帰り道	●自分はなぜ思っていることが言えないのか。	●自分は相手の言葉を受け止めてきちんと投げ返せていないと、母に言われた言葉が頭をかすめる。
雨が降ったとき	●シャワーを思いうかべた。 ●みぞおちの異物がなくなっていった。	●雨が無数の白い球に見えた。 ●おかしくて、笑いがあふれ出した。
雨が上がった後	●「両方、好きなんだ」と勇気を出して言った。 ●周也に（②）もらえた気がした。	●どちらも好きということはあると、心で（③）が言葉にできなかった。でも、律の言葉をきちんと受け止められた気がした。

ア 分かって　イ ささった　ウ 賛成した

帰り道

視点や作品の構成に着目して読み、印象に残ったことを伝え合おう

学習日 月 日
教科書 25～40ページ
答え 3ページ

文章を読んで、答えましょう。

周也(しゅうや)の話があちこち飛ぶのは、いつものこと。なのに、今日のぼくにはついていけない。まるでなんにもなかったみたいに、周也はふだんと変わらない。ぼくだけがあのことを引きずっているみたいで、一歩前を行く紺(こん)色のパーカーが、どんどんにくらしく見えてくる。

今日の昼休み、友達五人でしゃべっているうちに、「どっちが好き。」って話になった。「海と山は。」「夏と冬は。」「ラーメンとカレーは。」「歯ブラシのかたいのとやわらかいのは。」――みんなで順に質問を出し合い、「海。」「山。」「海。」と、ぽんぽん答えていく。そのテンポに、ぼくだけついていけなかった。「どっちかなあ。」とか、「どっちもかな。」とか、一人でごにょごにょ言っていたら、周也が急にいらついた目でぼくをにらんだんだ。

「どっちも好きってのは、どっちも好きじゃないのと、いっしょじゃないの。」

先のとがったするどいものが、みぞおちの辺りにずきっとささった。

1 「今日のぼくにはついていけない。」について、答えましょう。

① どうして「ついていけない」のですか。

周也は、ふだんと（　　　　）のに、ぼくだけが「あのこと」を（　　　　）みたいに感じたから。

② 「ぼく」はこのとき、周也のことをどう思っていましたか。それが分かる部分を、文章から十四字で書きぬきましょう。

□□□□□□□□□□□□□□

2 「そのテンポに、ぼくだけついていけなかった。」について、答えましょう。

「周也」のことを、着ている物で表現しているよ。

① 「そのテンポ」とは、何のテンポですか。

（　　　　　　　　）

② どうして「ついていけなかった」のですか。一つに○を付けましょう。

ア（　）「ぼく」が予想していた質問と、全くちがっていたから。

そんな気がした。そのまま今もささり続けて、歩いても、歩いても、ふり落とせない。

返事をしないぼくに白けたのか、周也の口数もしだいに減って、大通りの歩道橋をわたるころには、二人してすっかりだまりこんでいた。階段を上る周也と、ぼくとの間に、きょりが開く。広がる。ここ一年でぐんと高くなった頭の位置。たくましくなった足取り。ぼくより半年早く生まれた周也は、これからもずっと、どんなこともテンポよく乗りこえて、ぐんぐん前へ進んでいくんだろう。

はぁ。声にならないため息が、ぼくの口からこぼれて、足元のかげにとけていく。どうして、ぼく、すぐに立ち止まっちゃうんだろう。思っていることが、なんで言えないんだろう。ぼくは海のこんなところが好きだ。山のこんなところも好きだ。その「こんな」をうまく言葉にできたなら、周也とちゃんとかたを並べて、歩いていけるのかな。「どっちも好き」と「どっちも好きじゃない」がいっしょなら、「言えなかったこと」と「なかったこと」もいっしょになっちゃうのかな。考えるほどに、みぞおちの辺りが重くなる。

森絵都「帰り道」より

イ（　）「ぼく」は、みんなと話をするのが苦手だったから。

ウ（　）「ぼく」には、ひと言で答えられる質問ではないから。

3 「先のとがったするどいものが、……ずきっとささった。」とは、どういうことを意味していますか。

周也の言葉に（　　　　）ということ。

4 「きょりが開く。広がる。」とありますが、この「きょり」とは、何のことですか。一つに○を付けましょう。

ア（　）実際の「きょり」と、「ぼく」と周也との知力のへだたり。

イ（　）実際の「きょり」と、「ぼく」と「ぼく」が成長したと考える周也とのへだたり。

ウ（　）実際の「きょり」と、「ぼく」と周也との性格のへだたり。

5 「すぐに立ち止まっちゃうんだろう。」とは、どんなことをいっていますか。それを言いかえた一文の、初めの七字を書きましょう。

6 「考えるほどに、みぞおちの辺りが重くなる。」とありますが、このとき「ぼく」は、どんなことを考えていましたか。一つに○を付けましょう。

ア（　）みんなのテンポについていけるようになったら、周也は見直してくれるだろうか。

イ（　）思っていることをうまく言葉にできたら、周也とまた仲よくなれるだろうか。

ウ（　）思っていることを言えば、周也の言葉がまちがいだったことを、周也に認めさせられるだろうか。

ヒント 「かたを並べて」とは、どんなことをいうのか考えよう。

練習②

帰り道

視点や作品の構成に着目して読み、印象に残ったことを伝え合おう

学習日　　月　　日
教科書 25〜40ページ
答え 3ページ

文章を読んで、答えましょう。

何もなかったみたいにふるまえば、何もなかったことになる。

そんなあまい考えを捨てたのは、校門を出てから数分後、最初の角を曲がった辺りだった。どんなに必死で話題をふっても、律（りつ）はうんともすんとも言わない。背中に感じる気配は冷たくなるばかり。やっぱり、律はおこってるんだ。そりゃそうだ。

　昼休み、みんなで話をしていたとき、はっきりしない律にじりじりして、つい、言わなくてもいいことを言った。軽くつっこんだつもりが、律の顔を見て、重くひびいてしまったのが分かった。まずい、と思うも、もうおそい。以降、絶対にぼくの顔を見ようとしない律のことが気になって、野球の練習を休んでまでげんかん口で待ちぶせをしたのに、いざ並んで歩きだすと、気まずいちんもくにたえられず、またぺらぺらとよけいなことばかりしゃべっている自分がいた。

「この前、給食でプリンが出てから、もうずいぶんたつよな。」

「むし歯が自然に治ればなあ。」

「山田んちの姉ちゃん、一輪車が得意なの、知ってたか。」

1 「そんなあまい考えを捨てた」について、答えましょう。

(1) 「あまい考え」とは、どんな考えですか。

（　　　　　　　　　　）

(2) なぜ、「あまい考えを捨てた」のですか。

律に［　　］をふっても、（　　　）言わないし、背中に感じる［　　］から、律は［　　　　］いると思ったから。

2 「まずい、と思うも、もうおそい。」と思ったのは、なぜですか。一つに○を付けましょう。

ア（　）いつもの調子で、言わなくてもいいことをみんなに言って、白けさせてしまったと分かったから。

イ（　）軽くつっこんだつもりだったのに、律には重くひびいてしまったことが、律の顔から分かったから。

ウ（　）はっきりしない律のことは分かっているはずなのに、ついみんなの手前、強く責めてしまったから。

「ぼく」は何を見て、自分の失敗に気づいたのかな。

3 「野球の練習を休んでまでげんかん口で待ちぶせをした」とありますが、「ぼく」はなぜそうしたのですか。一つに○を付けましょう。

何を言っても、背中ごしに聞こえてくるのは、さえない足音だけ。ぼくがしゃべればしゃべるほど、その音は遠のいていくような気がする。

ふいに母親の小言が頭をかすめたのは、下校中の人かげがあっちへこっちへ枝分かれして、道がすいてきたころだった。

「周也（しゅうや）。あなた、おしゃべりなくせして、どうして会話のキャッチボールができないの。会話っていうのは、相手の言葉を受け止めて、それをきちんと投げ返すことよ。あなたは一人でぽんぽん球を放っているだけで、それじゃ、ピンポンの壁（かべ）打ちといっしょ。」

ピンポン。なんだそりゃ、とそのときは思ったけど、今、こうして壁みたいにだまりこくっている律を相手にしていると、その意味が分かるような気がしてくる。たしかに、ぼくの言葉は軽すぎる。ぽんぽん、むだに打ちすぎる。もっとじっくりねらいを定めて、いい球を投げられたなら、律だって何か返してくれるんじゃないか。

でも、いい球って、どんなのだろう。考えたとたんに、舌が止まった。何も言えない。言葉が出ない。どうしよう。あわてるほどにぼくの口は動かなくなって、逆に、足は律からにげるようにスピードを増していく。

無言のまま歩道橋をわたった先には、しかも、市立公園が待ち受けていた。道の両側から木々のこずえがたれこめた通り道。人声（ひとごえ）も、車の音も、工事の騒（そう）音も聞こえない緑のトンネル。ぼくはこの静けさが大の苦手だった。

森 絵都「帰り道」より

ア（　）いっしょに帰りながら話すことで、律との気まずくなった関係を修復したいと思ったから。

イ（　）いつまでも「ぼく」の顔を見ようとしない律に、言いたいことがあれば言える機会を作ってやろうと思ったから。

ウ（　）前からはっきりしない律にじりじりしていたので、この際、きちんと言い聞かせようと思ったから。

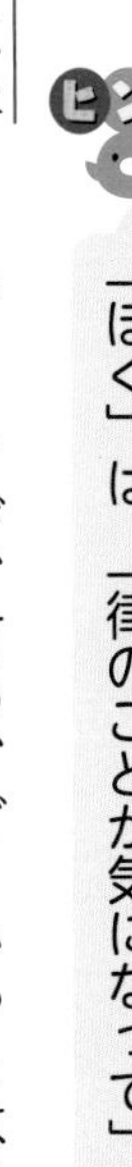

ヒント
「ぼく」は、「律のことが気になって」そうしたんだよ。

4 「その意味」とありますが、何の、どういった意味ですか。

会話とは、［　　　　　］を受け止めて、きちんと［　　　　］ことだが、周也の会話は［　　］を放っているだけで、相手から返ってこないということ。

5 「考えたとたんに、舌が止まった。」のは、なぜですか。一つに○を付けましょう。

ア（　）今さら考えても、とうてい「ぼく」には無理だと分かったから。

イ（　）今までの「ぼく」が「ぼく」でなくなるような感じがして、こわかったから。

ウ（　）今まで、相手のことを考えて言葉を言うことなどなかったから。

6 「ぼく」が言葉をむだに打つ理由が分かる一文の、初めの八字を書きましょう。

［　　　　　　　　］

漢字の形と音・意味
季節の言葉1　春のいぶき

3分でまとめ

めあて
★漢字の音を表す部分と意味を表す部分を理解しよう。

学習日　月　日
教科書 44〜47ページ
答え 4ページ

かきトリ 新しい漢字

教科書44ページ	44ページ	44ページ	44ページ	44ページ	44ページ	45ページ	45ページ
我 われ 7画	承 ショウ 8画	蒸 ジョウ 13画	処 ショ 5画	就 シュウ 12画	臨 リン 18画	従 ジュウ したがう したがえる 10画	恩 オン 10画

45ページ	45ページ	45ページ	45ページ	45ページ	45ページ	45ページ
裁 サイ さばく 12画	律 リツ 9画	脳 ノウ 11画	臓 ゾウ 19画	腸 チョウ 13画	肺 ハイ 9画	胃 イ 9画

1 （　）に読み仮名(がな)を書きましょう。

① 我々の学校。
② ●細心の注意が必要だ。
③ 的確に対処する。
④ 臨海学校に行く。
⑤ 降雨量を測る。
⑥ 命令に従う。
⑦ 往復五キロの道のり。
⑧ 命の恩人。
⑨ 法律を守る。
⑩ 肺のレントゲンをとる。

●読み方が新しい字

2 □に漢字を書きましょう。

① 昔話を［でんしょう］する。

② ［じょうき］で動かす。

③ 会社に［しゅうしょく］する。

④ ［さいばん］が始まる。

⑤ ［のう］のはたらきを知る。

⑥ ［しんぞう］の音を聞く。

⑦ ［ちょう］の調子がよい。

⑧ ［い］がいたい。

3 次の［　］の漢字の中で、同じ部分で同じ音をもつものを三つずつ選んで書きましょう。

福　持　則　化
花　肥　脈　腹
側　貨　待　測

（　・　・　）
（　・　・　）

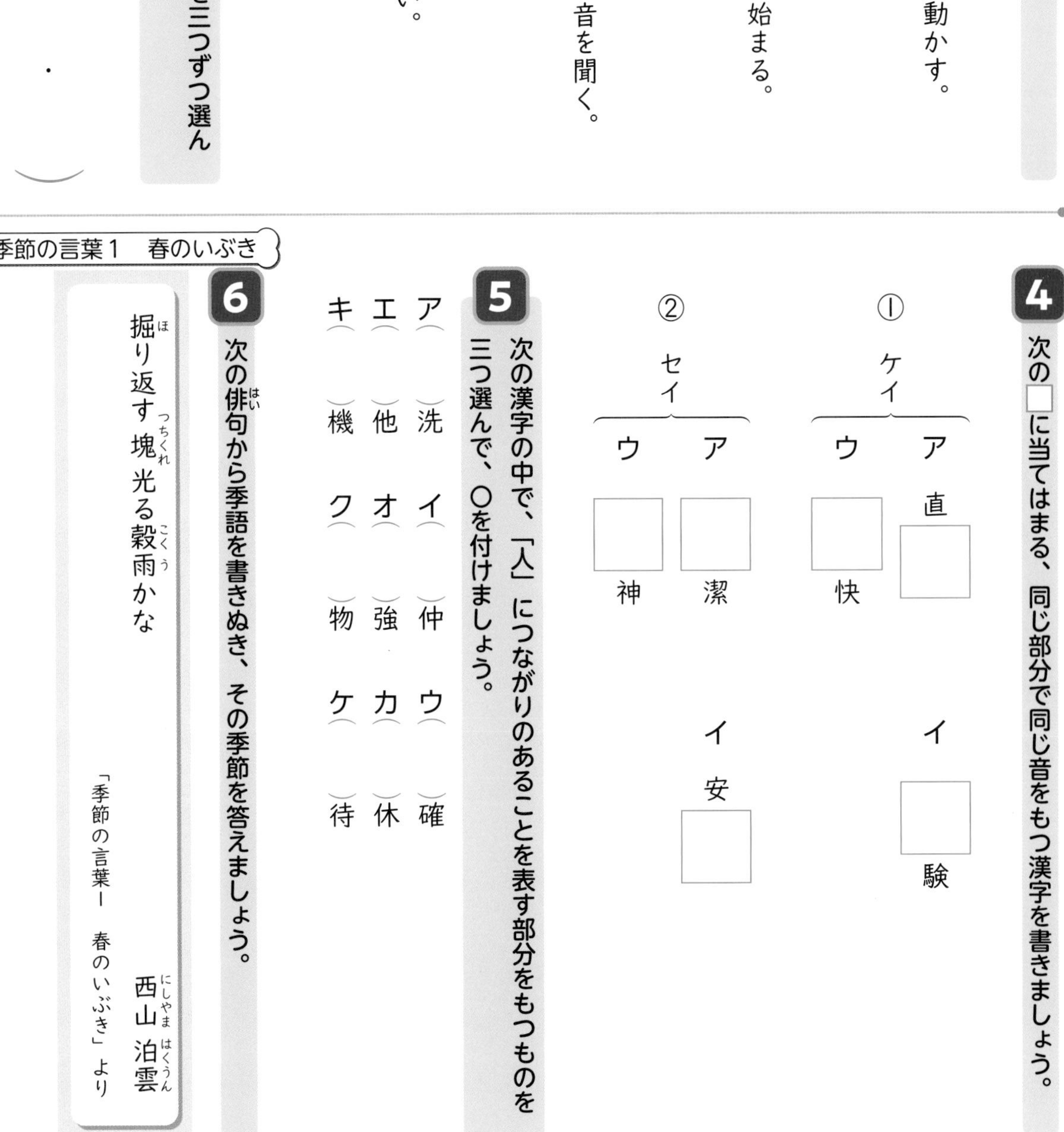

4 次の□に当てはまる、同じ部分で同じ音をもつ漢字を書きましょう。

① ケイ
ア 直□
イ □験
ウ □快

② セイ
ア □潔
イ 安□
ウ □神

5 次の漢字の中で、「人」につながりのあることを表す部分をもつものを三つ選んで、○を付けましょう。

ア（　）洗　イ（　）仲　ウ（　）確
エ（　）他　オ（　）強　カ（　）休
キ（　）機　ク（　）物　ケ（　）待

6 次の俳句から季語を書きぬき、その季節を答えましょう。

掘り返す塊光る穀雨かな　西山泊雲

「季節の言葉１　春のいぶき」より

季語（　　）

季節（　　）

ぴったり1 準備

インタビューをして、自分の考えと比べながら聞こう

聞いて、考えを深めよう
漢字の広場①

◎めあて
★インタビューをして、話を聞き、自分の考えと比べよう。
★聞いて考えたことをたがいに伝え合おう。

学習日 月 日
教科書 48〜52ページ
答え 4ページ

1 （　）に読み仮名を書きましょう。

① 立場が異なる。（　）
② 地域の方と話す。（　）
③ 校舎に入る。（　）
④ 新婦の入場。（　）
⑤ 仏像をおがむ。（　）
⑥ 山脈がそびえる。（　）
⑦ 文化財を守る。（　）
⑧ 子ねこを保護する。（　）
⑨ 建物を改築する。（　）
⑩ 畑を耕す。（　）
⑪ 肥料をまく。（　）
⑫ 船が寄港する。（　）
⑬ 団地に住む。（　）
⑭ 河口にすむ魚。（　）

2 □に漢字を、（　）に漢字と送り仮名を書きましょう。

① □□（ぼうさい）訓練をする。
② 大西洋を□□（こうかい）する。
③ 家に□□（にゅうきょ）する。
④ 木が（　）（もえる）。
⑤ □□（れきし）を学ぶ。
⑥ バスが□□（ていしゃ）する。
⑦ 道を□□（おうふく）する。
⑧ 大勢で（　）（かこむ）。

聞いて、考えを深めよう

3 自分の考えを深めるための話の聞き方として大事なことをまとめました。（　）に当てはまる言葉を［　］から選んで書きましょう。

● 自分の考えと（　）たり、なっとくできる点や（　）できる点を、（　）たりして、考えを深める。

共感　取り入れ　比べ

4 インタビューをして、聞いたことを友だちと伝え合う手順を次のようにまとめました。□に当てはまる言葉を□から選んで、記号を書きましょう。

①インタビューの相手を決める。
- （　）によって、それにふさわしい相手を選ぶ。
- 相手の人に都合をきいて、インタビューを申し込む。

↓

②知りたいことを明らかにする。
- 相手に（　）を考えて、質問を決める。
- どのように質問すれば相手が話しやすいかを考えて、インタビューの仕方を考える。

↓

③インタビューをする。
- 話の流れを大切にしながら、（　）ように質問する。
- 聞いたことをもとに、自分の考えを深める。

↓

④話を聞いて考えたことを友達と伝え合う。
- 話を聞いたことで（　）を友達と話し合う。

ア　どんな思いや考えを話してほしいか
イ　自分の考えがどう変わったかや、どう深まったのか
ウ　相手がどのような思いや考えをもっているか話を引き出す
エ　何について聞きたいのか

---

5 インタビューをするときの注意点を次のようにまとめました。□に当てはまる言葉を□から選んで、記号を書きましょう。

▼インタビューの準備
- あらかじめ質問したいことをメモしておく。
- 相手の答えを予想し、話の流れを①（　）しておく。

▼インタビューをするとき
- 自分が知りたいことが相手に伝わるように、②（　）を選ぶ。
- 相手がなぜそのように考えるのかを、確かめたり、考えたりしながら話を聞く。
- 特に③（　）をもったことは、追加で質問する。
- 相手の話の中の④（　）と意見を区別しながら聞く。

ア　想定　イ　事実　ウ　興味　エ　言葉

漢字の広場①

6 ――線の平仮名を漢字に直して、作文のようにます目に書きましょう。

じこのげんいんをちょうさするために、現場を立ち入りきんしにして、けんしょうを行っています。

ぴったり3 確かめのテスト①

帰り道 ～ 漢字の広場①

文章を読んで、答えましょう。　思考・判断・表現

　正確にいうと、だれかといるときのちんもくが苦手だ。たちまち、そわそわと落ち着きをなくす。何か言わなきゃってあせる。野球チームに入る前、律とよくいっしょに帰っていたころも、ぼくはこの公園を通りかかるたび、しんとした空気をかき混ぜるみたいに、ピンポン球を乱打せずにいられなかった。律のほうはちんもくなんてちっとも気にせず、いつだって、マイペースなものだったけど。

　そっと後ろをふり返ると、やっぱり、今日も律はおっとりと一歩一歩をきざんでいる。まぶしげに目を細め、木もれ日をふりあおぐしぐさにも、よゆうが見て取れる。ぼくにはない落ち着きっぷりに見入っていると、とつぜん、律の両目が大きく見開かれた。

　なんだ、と思う間もなく、ぼくのほおに最初の一滴が当たった。大つぶの水玉がみるみる地面をおおっていく。天気雨――頭では分かっていながらも、ピンポン球のことばかり考えていたせいか、空からじゃんじゃん降ってくるそれが、ぼくの目には一瞬、無数の白い球みたいにうつったんだ。

よく出る

1 「だれかといるときのちんもくが苦手だ。」とありますが、「ぼく」は、「ぼく」と律の「ちんもく」への対処のしかたのちがいを、どのように思っていますか。　一つ5点(20点)

「ぼく」＝[　　　　]をなくし、何か言わなければとあせり、言葉を[　　]せずにはいられない。

律＝少しも[　　　　]、いつも[　　　　　]である。

2 「やっぱり」とありますが、「ぼく」は律のことをどんな人物だと思っていますか。　10点

（　　　　）

3 「とつぜん、律の両目が大きく見開かれた。」とありますが、それはなぜですか。　10点

（　　　　）

4 「無数の白い球みたいにうつった」とありますが、それはなぜですか。　10点

（　　　　）

時間 20分　／100　合格 80点

学習日　月　日

教科書 25～52ページ

答え 5ページ

ぼくがむだに放ってきた球の逆襲。「うおっ。」と思わずとび上がったら、後ろからも「何これ。」と律の声がして、ぼくたちは全身に雨を浴びながら、しばらくの間、ばたばたと暴れまくった。はね上がる水しぶき。びしょぬれのくつ。たがいのあわてっぷり。何もかもがむしょうにおかしくて、雨が通り過ぎるなり、笑いがあふれ出した。律もいっしょに笑ってくれたのがうれしくて、ぼくはことさらに大声を張り上げた。

はっとしたのは、爆発的な笑いが去った後、律が急にひとみを険しくしてつぶやいたときだ。

「ぼく、晴れが好きだけど、たまには、雨も好きだ。ほんとに両方、好きなんだ。」

たしかに、そうだ。晴れがいいけど、こんな雨なら大かんげい。どっちも好きってこともある。心で賛成しながらも、ぼくはとっさにそれを言葉にできなかった。こんなときに限って口が動かず、できたのは、だまってうなずくだけ。なのに、なぜだか律は雨あがりみたいなえがおにもどって、ぼくにうなずき返したんだ。

「行こっか。」

「うん。」

しめった土のにおいがただようトンネルを、律と並んで再び歩きだしながら、ひょっとして――と、ぼくは思った。投げそこなった。でも、ぼくは初めて、律の言葉をちゃんと受け止められたのかもしれない。

森絵都「帰り道」より

よく出る

5 「ぼくがむだに放ってきた球」とありますが、これは何のことを言っているのですか。一つに○を付けましょう。 15点

ア（　）相手の言葉を受け止め、投げ返してきた言葉のこと。

イ（　）相手のことを考えず、ただ自分の都合だけで言ってきた言葉のこと。

ウ（　）思っているだけで、口に出せなかった言葉のこと。

できたらスゴイ!

6 「律もいっしょに笑ってくれたのがうれしくて」とありますが、ここからどんなことが分かりますか。一つに○を付けましょう。 10点

ア（　）「ぼく」と律は仲よしで、いつもいっしょに笑っていたということ。

イ（　）いつも自分のペースを守り、気取った態度でいる律が、急な雨でどんな顔をするか、楽しみにしていたということ。

ウ（　）「ぼく」と律の間には、何か気づまりなことがあり、「ぼく」はそれを解消したいと思っていたこと。

7 「ぼくはとっさにそれを言葉にできなかった。」とありますが、これをたとえを用いて言いかえた一文を書きぬきましょう。 10点

（　　　　）

考えを書こう

8 「ぼくは初めて、律の言葉をちゃんと受け止められたのかもしれない。」とありますが、このとき「ぼく」はどんな気持ちだったと思いますか。考えて書きましょう。 15点

ふりかえり 8が分からないときは、5ページの 3分でワンポイント にもどって確認してみよう。

ぴったり3 確かめのテスト②

帰り道～漢字の広場①

1 読み仮名(がな)を書きましょう。　一つ2点(20点)

①（　　）水面に反射する。
②（　　）新聞や雑誌を読む。
③（　　）映像が乱れる。
④（　　）文字を拡大する。
⑤（　　）美術館の所蔵品。
⑥（　　）おどりを伝承する。
⑦（　　）蒸気機関車に乗る。
⑧（　　）就職を祝う。
⑨（　　）心臓が高鳴る。
⑩（　　）胃腸のはたらき。

2 漢字を書きましょう。　一つ2点(20点)

① □(はら)がすいた。
② 雪が□(ふ)る。
③ □□(いぶつ)がまざる。
④ 日本の□□(ちいき)。
⑤ 家庭□□(ほうもん)を行う。
⑥ 問題に□□(たいしょ)する。

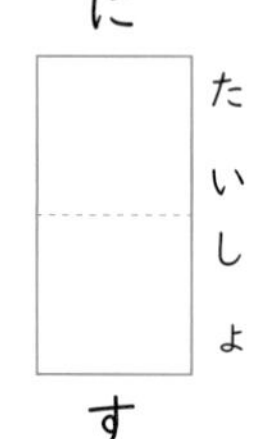

⑦ □□(りんかい)公園に行く。

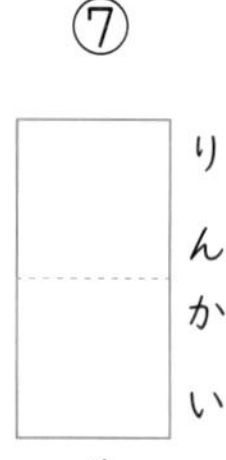

⑧ かれは□□(おんじん)だ。

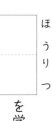

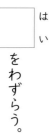

⑨ □□(ほうりつ)を学ぶ。
⑩ □(はい)をわずらう。

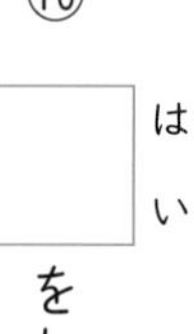

時間 20分
／100
合格 80点

学習日
月　日

教科書 25～52ページ
答え 6ページ

3 漢字と送り仮名を書きましょう。　一つ3点(6点)

① ごみを〔すてる〕。　② 先生に〔したがう〕。

4 次の□に当てはまる漢字をそれぞれ□から選び、記号を書きましょう。　一つ2点(24点)

① キ
- □立して校歌を歌う。（　）
- □行文を書く。（　）
- 新□録を樹立する。（　）

ア 起　イ 紀　ウ 記

② カン
- 水道□がはれつする。（　）
- 警察□になる。（　）
- 水族□でイルカを見る。（　）

ア 官　イ 館　ウ 管

③ ショウ
- 母は□和生まれだ。（　）
- 友だちを家に□待した。（　）
- 居間の□明をつける。（　）

ア 招　イ 照　ウ 昭

④ キュウ
- 食べ物を要□する。（　）
- □根を植える。（　）
- おぼれた人を□助する。（　）

ア 球　イ 求　ウ 救

5 公共図書館の特色として、当てはまらないものを選んで、記号を書きましょう。　6点

ア 新聞や雑誌、音声・映像資料などといった、本以外の資料も用意されている。

イ だれもが利用しやすいように、点字図書や大活字本、録音図書などといった資料も用意されている。

ウ 学習に利用できるように、児童書などの子ども向けの本を中心にそろえている。

（　）

6 次の春に関係する言葉の意味を□から選んで、記号を書きましょう。　一つ4点(16点)

① 立春（　）　② 穀雨（　）

③ 春分（　）　④ 啓蟄（　）

ア 春のひがんの中日で、昼と夜の長さがほぼ同じになる日。
イ 地中で冬眠していた虫が、地上に出てくるころ。
ウ 穀物を育てる春の雨。
エ こよみのうえで、春になる日。

7 思考・判断・表現

インタビューをするときの注意点として、当てはまるものを二つ選んで、記号を書きましょう。　一つ4点(8点)

ア 質問したいことはあらかじめメモに書いておく。
イ 相手が知らないことにもふれて話題を広げる。
ウ 相手の言葉はけっして聞き返さず、しっかり覚えておく。
エ 興味をもったことは、追加で質問したり感想を述べたりする。

（　）（　）

ふりかえり　7が分からないときは、13ページの5にもどって確認してみよう。

ぴったり1 準備

主張と事例の関係をとらえ、自分の考えを伝え合おう
[練習]笑うから楽しい
時計の時間と心の時間
主張と事例

めあて
★具体的な事例と筆者の意見を読み分ける。
★事例を通して筆者が何を主張しているのかを読み取る。
★時間について考えたことを伝え合う。

学習日　月　日
教科書 53〜65ページ
答え 6ページ

かきトリ 新しい漢字

教科書	漢字	読み	画数
53ページ	私	シ／わたくし・わたし	7画
54ページ	密	ミツ	11画
54ページ	呼	コ／よぶ	8画
55ページ	吸	キュウ／すう	6画
56ページ	存	ソン・ゾン	6画
58ページ	刻	コク／きざむ	8画
59ページ	激	ゲキ／はげしい	16画
60ページ	簡	カン	18画
60ページ	机	つくえ	6画
61ページ	難	ナン／むずかしい	18画
63ページ	疑	ギ／うたがう	14画

「難しい」と「疑う」どちらも送り仮名に注意が必要だよ。

1 （　）に読み仮名を書きましょう。

① 密接（　）な関係。
② 記おくを呼（　）び起こす。
③ 空気を吸（　）う。
④ 日本に存在（　）する動物。
⑤ 刺（し）激（　）を受ける。
⑥ 疑問（　）に答える。

2 □に漢字を、（　）に漢字と送り仮名を書きましょう。

① □（わたし）の家で遊ぶ。
② □□（こきゅう）を整える。
③ 開園の□□（じこく）。
④ □□（かんたん）な計算。
⑤ □（つくえ）といす。
⑥ （むずかしい）問題。

3 正しい意味に○を付けましょう。

① 日本は東南アジアと密接な関係をもつ。
ア（　）あまり関係がない様子。
イ（　）関係が深い様子。

② 時間は身近な存在だ。
ア（　）働きや価値をもってそこにあるもの。
イ（　）空想や想像の中にあるもの。

③ 「心の時間」の特性について考える。
ア（　）そのものだけがもつ、特に目立つところ。
イ（　）そのものだけがもつ、特別な性質。

主張と事例

4 次は、自分の主張を書いたり話したりするときに気をつけることです。□に当てはまる言葉を□から選んで、書きましょう。

① 主張を支える分かりやすい（　　　）を挙げて、読み手の（　　　）を助け、主張に（　　　）をもたせる。

② 「主張と事例」の関係をふまえた（　　　）を考える。

理解　説得力　感情　事例　構成

3分でワンポイント

事例を示すことで筆者が主張していることをとらえる。

★①～③に当てはまる言葉を□の中から選んで、記号を書きましょう。

	笑うから楽しい（中村 真）	時計の時間と心の時間（一川 誠）
初め	主張 体を動かすことによって、心を動かすことができる。	主張 時間には「時計の時間」と「心の時間」があり、「心の時間」に目を向けることが重要だ。
中	事例1 えがおになると、（①　）がそのことを読み取り、自然と愉快な気持ちになる。 事例2 えがおになると、たくさんの空気を吸いこむので、（①）を流れる血液が冷やされ、楽しい気持ちが生まれる。	●「心の時間」の特性＝進み方が変わったり、感覚がちがったりする。 事例1 そのときの行動に対する感じ方で、進み方が変わる。 事例2 一日の（②　）によって、進み方が変わる。 事例3 身の回りの（③　）によって、進み方が変わる。 事例4 人によって、進み方の感覚がちがう。
終わり	主張 私たちの体と心は、深く関わり合っている。	主張 さまざまな条件で異なる「心の時間」を頭に入れて「時計の時間」と付き合うことが大切。

ア 時間帯　イ 環境　ウ 脳

主張と事例の関係をとらえ、自分の考えを伝え合おう

【練習】 笑うから楽しい

学習日 月 日
教科書 54～55ページ
答え 7ページ

文章を読んで、答えましょう。

② 私たちの脳は、体の動きを読み取って、それに合わせた心の動きを呼び起こします。ある実験で、参加者に口を横に開いて、歯が見えるようにしてもらいました。このときの顔の動きは、笑っているときの表情と、とてもよく似ています。実験の参加者は、自分たちがえがおになっていることに気づいていませんでしたが、自然と愉快な気持ちになっていました。このとき、脳は表情から「今、自分は笑っている」と判断し、心の動き、つまり、笑っているときの楽しい気持ちを引き起こしていたのです。

1 「それ」とは何を指していますか。文章から四字で書きぬきましょう。

2 「このときの顔」とありますが、どんなときの顔ですか。

3 「自然と愉快な気持ちになっていました。」とありますが、それはなぜですか。一つに○を付けましょう。

ア（　）脳が表情から、自分が今おかしな表情をしていると判断し、他からどう見えるかと思って楽しくなったから。

イ（　）脳が表情から、自分が今笑っていると判断し、笑っているときの楽しい気持ちを引き起こしていたから。

ウ（　）脳が愉快だった出来事を思い出し、そのときの気分がよみがえって楽しくなったから。

4 「私たちの心の動きを決める大切な要素の一つ」とありますが、ここでいう「大切な要素の一つ」とは何ですか。文章から書きぬきましょう。

5 「鼻の入り口が広くなる」とありますが、それによってどうなるのですか。順番どおりになるように、（　）に番号を書きましょう。

（　）楽しい気持ちが生じる。

③　表情によって呼吸が変化し、脳内の血液温度が変わることも、私たちの心の動きを決める大切な要素の一つです。人は、脳を流れる血液の温度が低ければ、ここちよく感じることが分かっています。笑ったときの表情は、笑っていないときと比べて、鼻の入り口が広くなるので、多くの空気を取りこむことができます。えがおになって、たくさんの空気を吸いこむと、脳を流れる血液が冷やされて、楽しい気持ちが生じるのです。

④　私たちの体と心は、それぞれ別々のものではなく、深く関わり合っています。楽しいという心の動きが、えがおという体の動きに表れるのと同様に、体の動きも心の動きに働きかけるのです。何かいやなことがあったときは、このことを思い出して、鏡の前でにっこりえがおを作ってみるのもよいかもしれません。

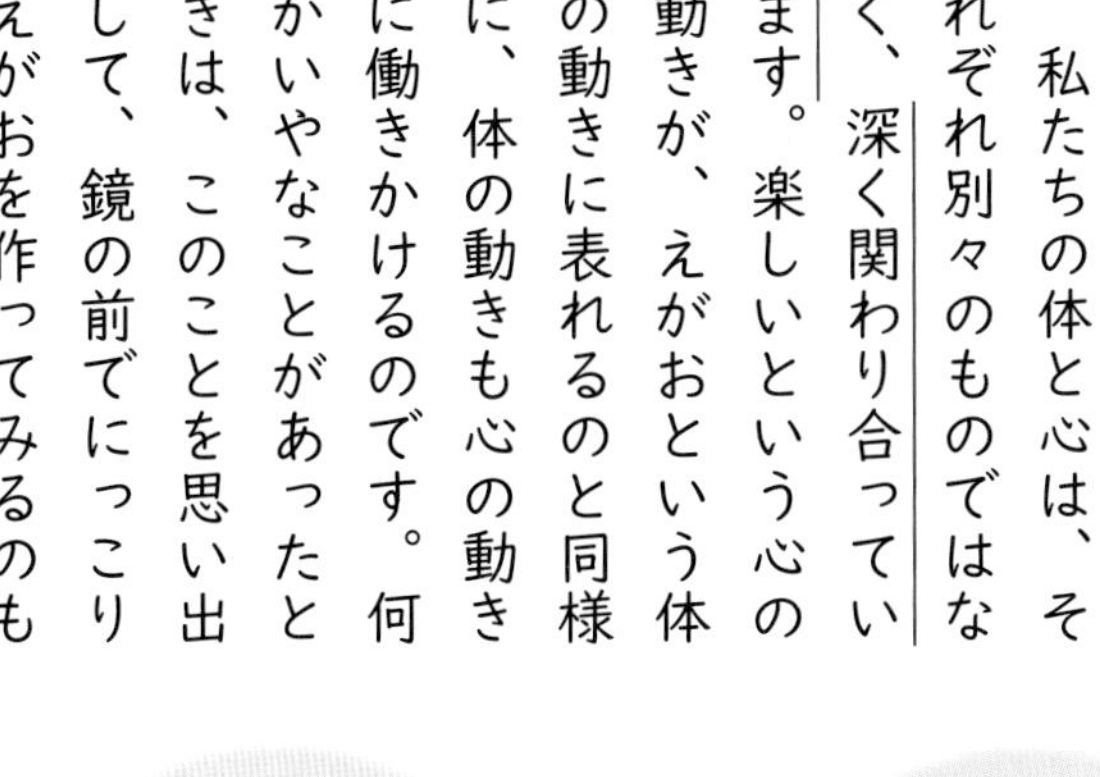

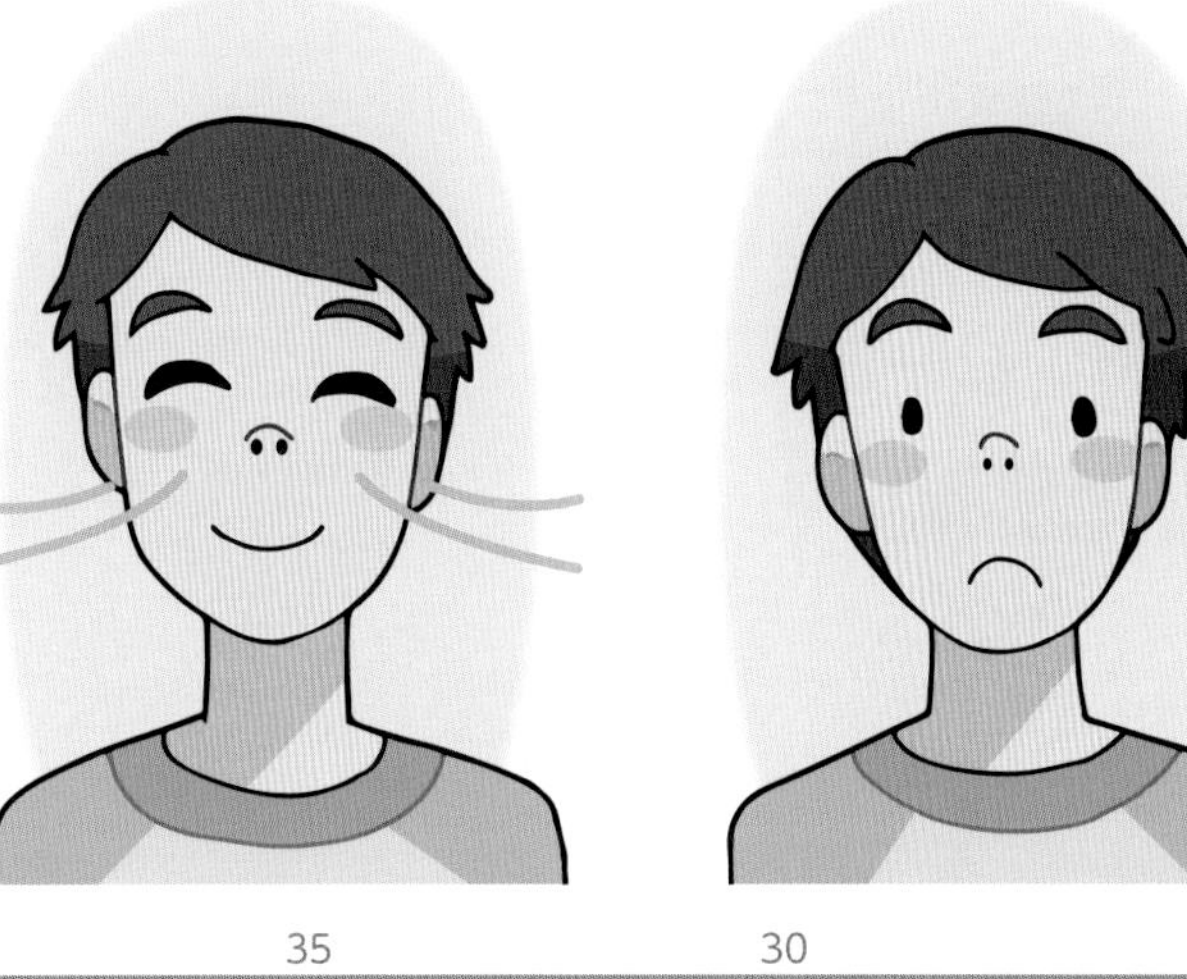

中村真「笑うから楽しい」より

（　）脳を流れる血液が冷やされる。
（　）たくさんの空気を吸いこむ。

6 「脳を流れる血液が冷やされて、楽しい気持ちが生じる」とありますが、これと同じことを述べている部分を、文章から二十四字で書きぬきましょう。

ヒント 「脳を流れる血液」という言葉に着目しよう。

7 「深く関わり合っています。」とありますが、何と何が深く関わり合っているのですか。文章から七字で書きぬきましょう。

8 この文章で、筆者の考えが書かれているのは、②〜④のどの段落ですか。番号で答えましょう。

（　　）段落

9 この文章の筆者の考えに合うものはどれですか。一つに○を付けましょう。

ア（　）えがおになると楽しい気分になる。
イ（　）心配なことがあると楽しくなれない。
ウ（　）えがおを作ることは意外に難しい。

ヒント 「体の動きも心の動きに働きかける」と述べているよ。

主張と事例の関係をとらえ、自分の考えを伝え合おう

時計の時間と心の時間

学習日
月　日
教科書
56〜64ページ
答え
7ページ

文章を読んで、答えましょう。

私たちは毎日、あたりまえのように時間と付き合いながら生活しています。みなさんも、全く時計を見ずに過ごす日はないでしょう。そんな身近な存在である「時間」ですが、実は、「時計の時間」と「心の時間」という、性質のちがう二つの時間があり、私たちはそれらと共に生きているのです。そして、私は、「心の時間」に目を向けることが、時間と付き合っていくうえで、とても重要であると考えています。

みなさんが「時間」と聞いて思いうかべるのは、きっと時計が表す時間のことでしょう。私はこれを、「時計の時間」とよんでいます。「時計の時間」は、もともとは、地球の動きをもとに定められたもので、いつ、どこで、だれが計っても同じように進みます。しかし、「心の時間」はちがいます。「心の時間」とは、私たちが体感している時

1 「そんな身近な存在である『時間』」とありますが、時間が身近な存在であることを、どのように表現していますか。「〜ほど身近な存在。」につながるように、文章から十五字で書きぬきましょう。

（　　　　　　　　　　　　　　　）ほど身近な存在。

ヒント 「そんな」が指す内容をおさえよう。

2 「時計の時間」について、答えましょう。

① 筆者はどんな時間を「時計の時間」とよんでいますか。文章から七字で書きぬきましょう。

（　　　　　　　）

② 「時計の時間」の説明に合うもの全てに○を付けましょう。

ア（　）性質のちがう二つの時間がある。
イ（　）もともとは、地球の動きをもとに定められた。
ウ（　）いつ、どこで、だれが計っても同じように進む。
エ（　）私たちが生活の中で付き合っている、ただ一つの時間である。

3 「心の時間」について、答えましょう。

① 「心の時間」とはどんな時間ですか。文章から十二字で書きぬきましょう。

間のことです。みなさんは、あっというまに時間が過ぎるように感じたり、なかなか時間がたたないと思ったりしたことはありませんか。私たちが感じている時間は、いつでも、どこでも、だれにとっても、同じものとはいえません。「心の時間」には、さまざまな事がらのえいきょうを受けて進み方が変わったり、人によって感覚がちがったりする特性があるのです。

　分かりやすい例が、「その人が、そのときに行っていることを、どう感じているかによって、進み方が変わる」というものです。みなさんも、楽しいことをしているときは時間がたつのが速く、たいくつなときはおそく感じたという経験があるでしょう。このようなことが起こるのは、時間を気にすることに、時間を長く感じさせる効果があるためだと考えられています。例えば、あなたがゲームに夢中になっているときには、集中しているので、時間を気にする回数が減ります。すると、時間はあっというまに過ぎるように感じます。逆に、きらいなことやつまらなく感じることには、集中しにくくなるので、時間を気にする回数が増えます。その結果、時間がなかなか進まないように感じるのです。

一川 誠「時計の時間と心の時間」より

[　　]

② 「心の時間」にはどんな特性があるのですか。一つに○を付けましょう。

ア（　）時間が、あっというまに過ぎていく特性。

イ（　）人によって進み方の変化や感覚のちがいがある特性。

ウ（　）時間がなかなか過ぎていかない特性。

4 「楽しいことをしているときは時間がたつのが速く」とありますが、そうなるのはなぜですか。

何かに[　　]になっているときは、そのことに[　　]しているので、時間を気にする回数が[　　]、時間があっというまに過ぎるように感じるから。

5 「たいくつなときはおそく感じた」とありますが、そう感じるのはなぜですか。

たいくつに感じることには、[　　]しにくくなるので、時間を気にする回数が[　　]、時間がなかなか進まないように感じるから。

ヒント　4の問いと関連づけて考えよう。

ぴったり1 準備

3分でまとめ

文の組み立て

めあて
★語順に気をつけて、文を分かりやすく組み立てよう。
★主語と述語の関係をとらえよう。

学習日 月 日
教科書 66～67ページ
答え 8ページ

かきトリ 新しい漢字

券	ケン	8画	教科書67ページ
障	ショウ	14画	67ページ
派	ハ	9画	67ページ
警	ケイ	19画	67ページ
署	ショ	13画	67ページ
銭	セン	14画	67ページ
勤	キン・つとめる・つとまる	12画	67ページ
諸	ショ	15画	67ページ
供	キョウ・そなえる・とも	8画	67ページ
収	シュウ・おさめる・おさまる	4画	67ページ
納	ノウ・おさめる・おさまる	10画	67ページ
枚	マイ	8画	67ページ
染	そめる・そまる	9画	67ページ
宣	セン	9画	67ページ

1 （　）に読み仮名を書きましょう。

① 券を買う。
② 機械が故障する。
③ 立派な人になる。
④ 警察署に行く。
⑤ 銭湯に入る。
⑥ 場所を移転する。
⑦ 会社に勤める。
⑧ 諸外国をめぐる旅。
⑨ サービスを提供する。
⑩ 荷物を収納する。
⑪ 二枚の絵。
⑫ 意見を述べる。

2 □に漢字を、（　）に漢字と送り仮名を書きましょう。

① 大きさを（くらべる）。

② 木の□（えだ）を切る。

③ 本の□□（ないよう）を話す。

④ □□（しょくにん）になる。

⑤ 布を青く（そめる）。

⑥ 独立□□（せんげん）をする。

3 次の全てのカードを並べかえて、意味の通る文を二つ書きましょう。

植えた　今日　畑に　さつまいもを　私は

（　　　　）

（　　　　）

4 次の文には、二つの主語と述語の関係があります。例のように、主語に——線、述語に～～線をつけ、主語と述語を矢印で結びましょう。

例 姉が　買った　カップが　こわれた。

① 祖母が　くれた　花が　さいた。

② 友達が　かいた　絵が　絵画展で　入賞した。

③ 弟が　毎日　通う　保育園が　海の　近くに　移転した。

5 次の文を二つの文に書き直しましょう。

① 妹が買ったぬいぐるみは、とても大きい。

（　　　　）

② 人気のある歌手が出演したドラマを見た山田さんが、感想を書いた。

（　　　　）

まず、二つの「主語」と「述語」の関係を見つけよう。

ぴったり1 準備

たのしみは
天地(てんち)の文(ふみ)
情報と情報をつなげて伝えるとき

表現を工夫して短歌を作り、読み合おう

めあて
★表現を工夫して短歌を作り、伝えたいことを表そう。
★声に出して読んで表現を味わおう。
★つなぐ言葉を使って内容をつなごう。

学習日 月 日
教科書 68〜75ページ
答え 8ページ

かきトリ 新しい漢字

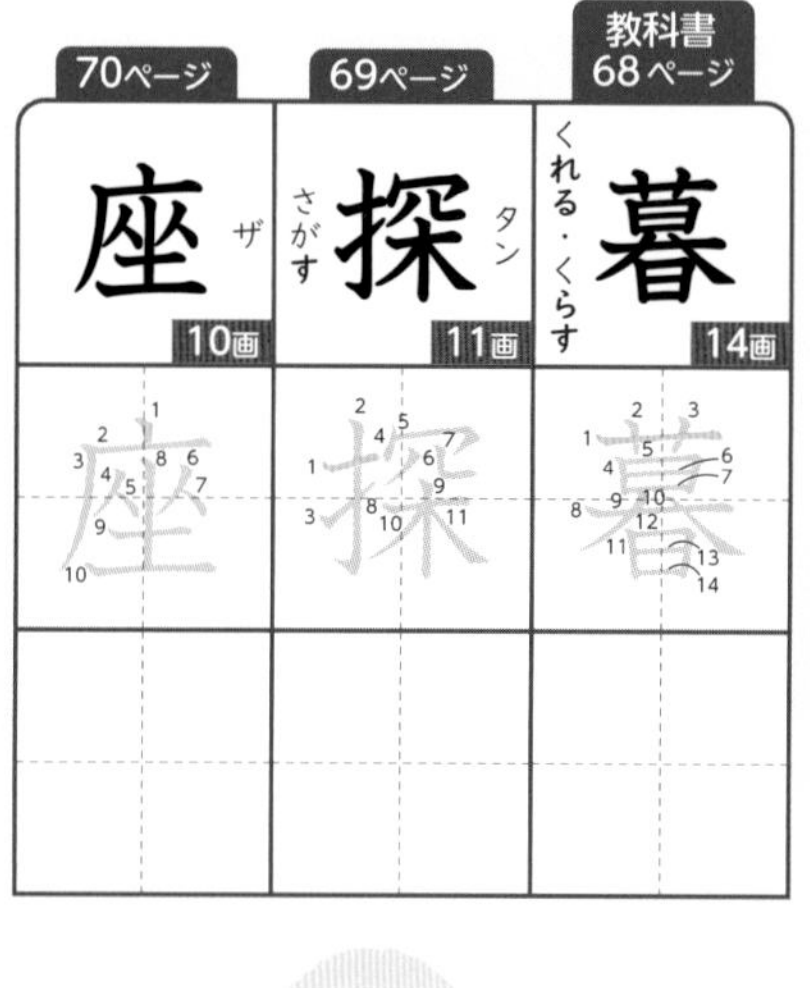

教科書68ページ
暮 くれる・くらす 14画
69ページ
探 タン さがす 11画
70ページ
座 ザ 10画

73ページ
幼 ヨウ おさない 5画

「幼い」は送り仮名に注意が必要だよ。

1 （　）に読み仮名を書きましょう。

① 平和な 暮らし。

② 仕事を 探す。

2 □に漢字を、（　）に漢字と送り仮名を書きましょう。

① せいざ を見る。

② （おさない） 子ども。

たのしみは

3 次の短歌を五・七・五・七・七に分け、現代の仮名づかいに変えて、平仮名で書きましょう。

たのしみは妻子(めこ)むつまじくうちつどひ頭(かしら)ならべて物をくふ時 橘曙覧(たちばなあけみ)

「たのしみは」より

4 「たのしみは」で始まり、「時」で結ぶ短歌を自由に書きましょう。

情報と情報をつなげて伝えるとき

5 次の（　）にはどのようなつなぐことばを使うとよいですか。後から選んで、記号で書きましょう。

以前は、はさみやカッターはほとんど右きき用に作られていた。しかし、最近では左きき用のものも売られるようになった。（　）、さまざまな人に配りょして製品などを設計することをユニバーサルデザインという。

ア 一方で　イ このように　ウ したがって

6 文章を読んで、答えましょう。

天地の文

福澤 諭吉

天地日月。東西南北。きたを背に南に向かひて右と左に指させば、ひだりは東、みぎはにし。日輪、朝は東より次第にのぼり、暮れはまたにしに没して、夜くらし。一昼一夜変はりなく、界を分けし午前午後、前後合はせて二十四時、時をあつめて日を計へ、日数つもりて三十の数に満つれば一か月、大と小とにかかはらず、あらまし分けし四週日、一週日の名目は日月火水木金土、一七日に一新し、一年五十二週日、第一月の一日は年たち回る時なれど、春の初めは尚遅く初めて来る第三月、春夏秋冬三月づつ合はせて三百六十日、一年一年又一年、百年三万六千日、人生わづか五十年、稚き時に怠らば老いて悔ゆるも甲斐なかるべし。

(1) 「きたを背に南に向かひて……みぎはにし。」とありますが、何について説明していますか。文章から四字で書きぬきましょう。

□□□□

(2) 「界を分けし午前午後」とは、どういうことですか。一つに○を付けましょう。

ア（　）一日は二十四時間であるということ。
イ（　）太陽は東からのぼり西にしずむということ。
ウ（　）一日は午前と午後に分かれているということ。

(3) 「一週日の名目は日月火水木金土」とありますが、何について説明していますか。

（　　　　　　　　　　　　）

(4) 「一七日に一新し」とは、どういうことですか。一つに○を付けましょう。

ア（　）一週間は七日で変わるということ。
イ（　）一年は五十二週でできているということ。
ウ（　）一か月は四週でできているということ。

(5) 筆者はこの文章で、どんな考えを述べていますか。一つに○を付けましょう。

ア（　）幼いときに努力しなかったとしても、年老いてから努力すればよい。
イ（　）年老いてから後悔しないように、幼いときから努力しなければならない。
ウ（　）うまくいかなかったことがあったとしても、決して後悔してはならない。

ぴったり1 準備

構成を考えて、提案する文章を書こう

デジタル機器と私たち
季節の言葉2 夏のさかり

3分でまとめ

めあて

★構成を工夫して説得力のある文章を書こう。

学習日 月 日

教科書 76〜83ページ

答え 9ページ

がきトリ 新しい漢字

教科書77ページ	77ページ	77ページ	80ページ
著 チョ 11画	権 ケン 15画	尊 ソン たっとい・たっとぶ とうとい・とうとぶ 12画	庁 チョウ 5画

「著」の部首は「⺾」。「⺮」ではないよ。

「尊」の「䒑」を「⺾」としないように気をつけよう。「尊い」の送り仮名にも注意が必要だよ。

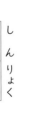

1 （ ）に読み仮名を書きましょう。

① 本の 著作権。（ ）

② 他者を 尊重 する。（ ）

③ 消防庁 の発表。（ ）

④ 事故 を防ぐ。（ ）

2 □に漢字を、（ ）に漢字と送り仮名を書きましょう。

① テレビの □□（えいぞう）。

② □□（しゃしん）をとる。

③ 情報を（たしかめる）。

④ □□（こうか）が出る。

⑤ 問題を □□（かいけつ）する。

⑥ □□（しんりょく）の季節。

⑦ （あつさ）がきびしい。

⑧ 水量が（ます）。

3 提案する文章を書くときの手順を次のようにまとめました。（　）に当てはまる言葉を［　］から選んで、記号を書きましょう。

①提案する（　）を決める。
②提案のための（　）を集める。
●本や（　）で調べたり、インタビューをしたりする。
③提案する文章の（　）を考える。
●「提案の（　）→提案（具体的な内容や効果）→まとめ」のような組み立てで書くと分かりやすい。
④提案する文章を書く。
●提案の（　）や内容が分かりやすく伝わるように書く。

ア　きっかけ　イ　意図　ウ　インターネット
エ　情報　オ　構成　カ　テーマ

4 提案する文章の構成を考えるときの注意点を次のようにまとめました。（　）に当てはまる言葉を［　］から選んで、書きましょう。

①自分たちの（　）などの事実と意見とを区別する。
②事実と意見の結び付きをはっきりさせて、文章の（　）を整える。
③説得力のある提案にするために、伝える（　）を考える。

効果　順序　すじ道　体験

5 次の言葉の意味を［　］から選んで、記号を書きましょう。

①立夏（りっか）（　）
②芒種（ぼうしゅ）（　）
③小暑（しょうしょ）（　）
④夏至（げし）（　）

ア　一年の中で昼の時間が最も長く、夜の時間が最も短い日。
イ　こよみのうえで、夏になる日。
ウ　芒（のぎ）のある穀（こく）物の種をまくころ。
エ　つゆが終わりに近づくころ。

6 次の俳（はい）句は、いつごろよまれたものだと考えられますか。一つに○を付けましょう。

くず餅（もち）のきな粉しめりし大暑（たいしょ）かな　鈴木（すずき）真砂女（まさじょ）

「季節の言葉2　夏のさかり」より

ア（　）新緑に夏の気配が感じられる夏の始まり。
イ（　）一年の中で昼が最も長く、夜が最も短い日で夏の真ん中。
ウ（　）一年の中で暑さが最もきびしいころ。

[練習] 笑うから楽しい ～ 季節の言葉2 夏のさかり

時間 20分 ／100 合格80点

学習日 月 日
教科書 53～83ページ
答え 10ページ

文章を読んで、答えましょう。 思考・判断・表現

さらに、「心の時間」には、人によって感覚が異なるという特性があります。ここで、簡単な実験をしてみましょう。机を指でトントンと軽くたたいてみてください。しばらくの間、くり返したたくうちに、自分にとってここちよいテンポが分かってくるでしょう。このテンポは人によって異なるもので、歩く速さや会話での間の取り方といった、さまざまな活動のペースと関わりがあることが分かっています。そして、このペースと異なるペースで作業を行うと、ストレスを感じるという研究もあります。みんなで同じことをしていても、私たちは、それぞれにちがう感覚で時間と向き合っているのです。

ここまで見てきたように、「心の時間」は、心や体の状態、身の回りの環境などによって、進み方がちがってきます。また、私たちは、それぞれにちがう「心の時間」の感覚をもっています。そうした、「心の時間」のちがいをこえて、私たちが社会に関わ

よく出る

1 「簡単な実験をしてみましょう。」とありますが、この実験によって何が分かるのですか。文章から十四字で書きぬきましょう。 15点

2 「私たちは、それぞれに……向き合っているのです。」とは、どういうことですか。一つに○を付けましょう。 10点

ア（　）私たちは、「時計の時間」の感覚で時間と向き合っているということ。
イ（　）私たちは、「心の時間」の感覚で時間と向き合っているということ。
ウ（　）私たちは、時間を気にしないで時間と向き合っているということ。

3 『心の時間』の感覚」とありますが、それは何にえいきょうされるのですか。文章から書きぬきましょう。 15点

（　　　　）

4 「『時計の時間』が……不可欠なものであるか」とありますが、「時計の時間」が「私たち」にとって不可欠なのは、なぜですか。次の□に共通して当てはまる言葉を文章から書きぬきましょう。 10点

「時計の時間」が、「心の時間」のちがいをこえて、「私たち」が□に関わることを可能にし、□を成り立たせているから。

ることを可能にし、社会を成り立たせているのが、「時計の時間」なのです。このことから、「時計の時間」が、私たちにとっていかに不可欠なものであるかが分かります。それと同時に、「時計の時間」と「心の時間」には、必ずずれが生まれることにも気づくでしょう。「心の時間」の感覚のちがいもあわせて考えれば、いつも正確に「時計の時間」どおりに作業し続けたり、複数の人が長い時間、同じペースで作業を進めたりすることは、とても難しいことだと分かります。

　このように考えると、生活の中で「心の時間」にも目を向けることの大切さが見えてくるのではないでしょうか。さまざまな事がらのえいきょうで、「心の時間」の進み方が変わると知っていれば、それを考えに入れて計画を立てられるでしょう。また、人それぞれに「心の時間」の感覚がちがうことを知っていれば、他の人といっしょに作業するときも、たがいを気づかいながら進められるかもしれません。私たちは、二つの時間と共に生活しています。そんな私たちに必要なのは、「時計の時間」を頭に入れて、「心の時間」を道具として使うという、「時間」と付き合うちえなのです。

一川誠「時計の時間と心の時間」より

できたらスゴイ!

5 「いつも正確に……とても難しい」とありますが、それはなぜですか。文章の言葉を使って答えましょう。 15点

よく出る

6 「それを考えに入れて計画を立てられるでしょう。」とありますが、筆者はどんなことを「考えに入れて計画を立て」ることを述べているのですか。「～こと。」につながるように、文章から十四字で書きぬきましょう。（符号をふくむ。） 10点

こと。

7 「たがいを気づかいながら進められるかもしれません。」とありますが、そのためには、どんなことを知っていることが必要ですか。文章から二十一字で探し、初めと終わりの五字を書きましょう。 10点

～

考えを書こう

8 あなた自身が、「心の時間」があることを実感した具体例を挙げ、そのときどう思ったかを書きましょう。 15点

ふりかえり ⑤が分からないときは、19ページの 3分でワンポイント にもどって確認してみよう。

【練習】笑うから楽しい ～ 季節の言葉2 夏のさかり

時間 20分　　／100　合格 80点

学習日　　月　　日

教科書 53～83ページ

答え 11ページ

1 読み仮名を書きましょう。　一つ2点(20点)

① 肺で呼吸する。（　　）

② 時刻を見る。（　　）

③ 簡単な問題。（　　）

④ 机を並べる。（　　）

⑤ 難しい実験。（　　）

⑥ 警察をよぶ。（　　）

⑦ 夕日が空を赤く染める。（　　）

⑧ 独立を宣言する。（　　）

⑨ 星座をながめる。（　　）

⑩ 幼いころを思い出す。（　　）

2 □に漢字を、（　）に漢字と送り仮名を書きましょう。　一つ2点(20点)

① □□（みっせつ）に結びつく。

② 実際に□□（そんざい）する。

③ □□（ぎもん）をもつ。

④ 駅の□□□（けんばいき）。

⑤ 機器が□□（こしょう）する。

⑥ 銀行に（　　）（つとめる）。

⑦ 工具を□□（しゅうのう）する。

⑧ 都会の（　　）（くらし）。

⑨ □□□（ちょさくけん）がある。

⑩ 法を□□（そんちょう）する。

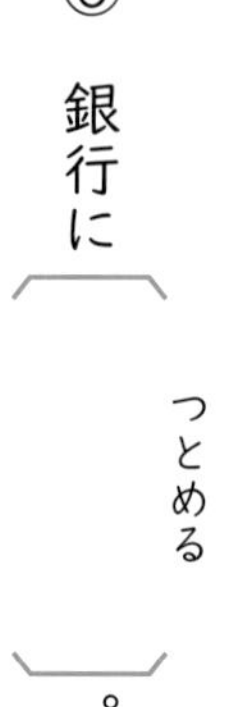

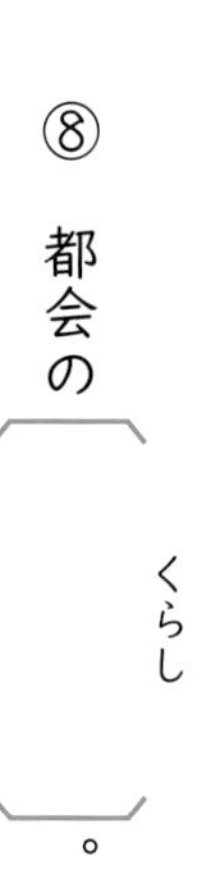

3 例1・2を見て、答えましょう。

例1　ぼくが　植えた　いねが　実った。
例2　ぼくがいねを植えた。そのいねが実った。

① 例1のように、次の文の主語に――線、述語に〰〰線をつけましょう。　全部できて6点

・父が　もらった　箱を　開けた　母が　中身に　おどろいた。

② ①の文を、例2のように、二つの文に書き直しましょう。　7点

（　　　　　　　　）

4 思考・判断・表現 短歌について、答えましょう。

① 短歌の音数について、（　）に漢数字を書きましょう。　全部できて6点

短歌は、五・（　）・（　）・（　）・（　）の三十一音で表す。

② 「よろこびは」で始まり、「時」で結ぶ短歌を作りましょう。　10点

（　　　　　　　　）

5 次の文章の（　）に、前後の情報をつなぐ言葉を書きましょう。　6点

その県は、農業がさかんで、近年は、ちく産物・園芸作物に特化した農業生産が拡大している。（　　　）、主なちく産物には、和牛・地どりがあり、主な園芸物には、きんかん・らっきょうがある。

6 思考・判断・表現 提案する文章を構成するときに気をつけることをまとめました。（　）に当てはまる言葉を［　］から選んで、記号を書きましょう。　一つ5点（15点）

① 提案のきっかけや（　）を明確にすること。
② 提案の内容を（　）に示すこと。
③ 提案が実現した場合の（　）を示すこと。

ア 効果　イ 理由　ウ 具体的　エ きまり

7 あなたの地域で、あなたが「夏」を感じるものやことは何ですか。短い文で自由に書きましょう。　10点

（　　　　　　　　）

ふりかえり　6が分からないときは、29ページの3にもどって確認してみよう。

ぴったり1 準備

本は友達

私と本
星空を届けたい

めあて

★自分と本との関わりについて考え、読書を通して考えを深めよう。

学習日　月　日

教科書 84〜97ページ

答え 11ページ

がきトリ 新しい漢字

装	ソウ	12画	教科書86ページ
届	とどける・とどく	8画	87ページ
沿	エン・そう	8画	88ページ
冊	サツ	5画	88ページ
宇	ウ	6画	89ページ
宙	チュウ	8画	89ページ
俳	ハイ	10画	90ページ
誤	ゴ・あやまる	14画	91ページ
幕	マク・バク	13画	95ページ
晩	バン	12画	95ページ
模	モ・ボ	14画	96ページ
窓	ソウ・まど	11画	97ページ
延	エン・のびる・のべる・のばす	8画	97ページ
論	ロン	15画	97ページ

1 （　）に読み仮名を書きましょう。

① 装置を作動させる。

② 荷物を届ける。

③ 川に沿った道。

④ 一冊の本を読む。

⑤ 宇宙旅行を夢見る。

⑥ 老若(ろうにゃく)男女(にょ)の人々。

⑦ 大勢で出かける。

⑧ 情報を集める。

⑨ 難しい本を読む。

⑩ 視覚障害者

●読み方が新しい字

2 □に漢字を、〔 〕に漢字と送り仮名を書きましょう。

① □(はいく)をよむ。
② 試行錯(さく)□(ご)をする。
③ 日本語の□(じまく)。
④ □(まいばん)早くねる。
⑤ 車の□(もけい)。
⑥ のぞき□(まど)から見る。
⑦ 期限を〔 (のばす) 〕。
⑧ □(ぎろん)を行う。

星空を届けたい

3 正しい意味に○を付けましょう。

① このイベントは、老若男女(ろうにゃくなんにょ)を問わず参加できます。
ア( )年れいや性別に関わりなく、だれもかれも。
イ( )わかい男の人や女の人が、年をとっていくこと。

② 高台から満天の星を見上げた。
ア( )とても明るい星。
イ( )空いっぱいの星。

③ 試行錯誤(さく)の末、製品を作りあげた。
ア( )失敗を重ねながらやり方を見つけていくこと。
イ( )じっくりと考えたうえで正しい方法を選ぶこと。

私と本

4 自分と本の関わりについて、友だちと話し合うときの手順を次のようにまとめました。( )に当てはまる言葉を□から選び、記号を書きましょう。

① 本から広げていった考えをふり返る。
- 本で知ったことを自分の( )に結び付ける。
- 本を読んで気になったことを( )などで調べる。

② 印象が強かった本について、友達と話す。
- 心に残っている本がもつテーマについて話し合う。

③ テーマに着目して、同じテーマの複数の本を読む。

④ ブックトークをする。
- テーマにしたがって読んだ本を、友達に( )する。
- 自分と本の( )についてもふれるとよい。

ア 関わり　イ しょうかい
ウ 生活　エ インターネット

5 心に残っている本の題名と、その本がもつテーマを、それぞれ書きましょう。

① 本の題名（ ）
② テーマ（ ）

星空を届けたい

文章を読んで、答えましょう。

あるとき、「星の語り部」のメンバーの一人が、「目が見えない人にも、プラネタリウムを体験してもらいたいね。」と言いました。すると、別のメンバーが、「私の友達に、目が見えない人がいるんです。今度、さそってみます。」と言って、市瀬（いちせ）さんという男性を連れてきてくれました。生まれたときから目が見えない市瀬さんは、「今まで、ぼくに星の話をしてくれた人はいなかった。」と言って、星について初めて知ることを喜んでいました。

目が見えない人たちは、自分の身の回りにあるものをさわることで、そこに何があるかを知っていきます。耳が聞こえれば、耳からの情報もとても重要です。しかし、星や空は、どんなにがんばっても手でふれることはできず、音を出すものでもありません。だから、空に星があるということを、目が見えない人が知るのは、とても難しいのです。だからこそ、なんとか工夫をして、目が見えない人たちにも星空や宇宙のことを感じてもらいたい、と思うようになりました。でも、どうすればよいのでしょう。

生まれたときから目が見えない人の多くは、「点字」を使います。点字とは、ぽつっとふくらんでいる点を六個組み合わせて表した、視覚障害者用の文字です。ドレッシングの容器や洗濯（たく）機など、私たちの家にも、点字が表示されたものがあります。

あるとき、市瀬さんが、「点字のことを『六星（ろくせい）』とも言うんだよ。」と教えてくれました。そのとき、点字の点は、そのまま星を表現

1 「星について初めて知ることを喜んでいました。」について、答えましょう。

① そのときまで市瀬さんが星について知らなかったのはなぜだと思われますか。

星は［　　　　］ことができず、［　　　　］ものでもないので、市瀬さんのように［　　　　］人が知るのは難しいから。

② 市瀬さんの話を聞いて、筆者はどうしたいと思うようになりましたか。一つに○を付けましょう。

ア（　）目が見えない人たちに星空や宇宙を感じてもらいたい。
イ（　）目が見えない人たちに星のことを教えてもらいたい。
ウ（　）目が見えない人以外にも星空のすばらしさを伝えたい。

2 「点字」とはどのようなものですか。

［　　　　］で、ふくらんだ点を六個組み合わせて表したもの。

3 「点字のことを『六星』とも言う」とありますが、筆者はこの言葉を聞いて、どのようなことに気づきましたか。

点字の点が［　　　　］こと。

学習日
月　日
教科書 89～97ページ
答え 12ページ

この本の終わりにある「夏のチャレンジテスト」をやってみよう！

できるのでは、と気づいたのです。

その後、「点図」という、点字用の点を使って地図や絵を作っている人と出会い、点図で夜の星空をかいてみることになりました。例えば、「八月の午後八時に甲府から見える星空」を点図で作る場合、同じ場所、同じ時刻で、「町の明かりがついているときに見える夜空のパターン」と、「町の明かりを消したときに見える星空のパターン」の二種類（教科書92ページ参照）を作ります。そうすれば、プラネタリウムの町の明かりが消えて、満天の星が見えた瞬間にわき起こる「わあ。」という感動を、目が見えない人も共有できます。そんなふうに試行錯誤を重ねている間に、「星の語り部」には、目が見えない仲間も増えていきました。

目が見えない仲間たちと活動する中で、私は、多くのことを学びました。よく考えると、宇宙に散らばる星のほとんどは、あまりにも遠くにあるため、目が見える人も肉眼で見ることはできません。つまり、宇宙は「見えない世界」なのです。そう思うと、目が見えていても、見えていなくても、同じように宇宙のことを感じたり、語り合ったりすることができるんだ、ということに気がついたのです。

また、目が見える人も、しばらく暗やみにいると、ふだんより周りの音がよく聞こえてきたり、他の感覚が敏感になったりするでしょう。星や宇宙をながめ、感じるということは、視覚以外の聴覚や嗅覚、触覚などがするどくなることなんだな、ということも分かりました。

高橋 真理子「星空を届けたい」より

4 「『町の明かり……作ります。』とありますが、二種類作ることで、目が見えない人とどのような感動を共有できるのですか。

ヒント すぐ後に「気づいた」と書かれているよ。

（　　　　　　　　　　　　）

5 「多くのことを学びました。」とありますが、筆者が学んで分かったのはどのようなことですか。

- 宇宙は［　　　　　］なので、［　　　　］かどうかに関わりなく、同じように感じたり、語り合ったりできるということ。
- 星や宇宙をながめ、感じるということは、聴覚、嗅覚、触覚など、人間の［　　　　］の［　　］が［　　］なることだということ。

6 「宇宙は『見えない世界』」とは、どういう意味ですか。一つに○を付けましょう。

ヒント 最後の二つの段落に分けて書かれていることをつかもう。

ア（　）見えている部分は星の一部にすぎず、見えない部分が多い。

イ（　）多くの星はとても遠くにあるため肉眼で見ることはできない。

ウ（　）宇宙に散らばる星には解明されていないなぞがたくさんある。

せんねん　まんねん
名づけられた葉

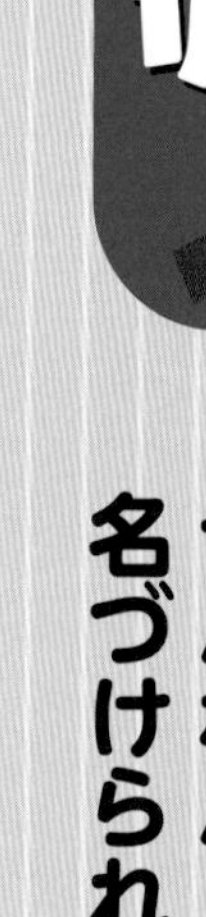

めあて
★表現に注意して詩を味わおう。
★題名にこめられた意味を考えて、作者の思いを読み取ろう。

学習日　月　日
教科書　98〜101ページ
答え　12ページ

1 □に読み仮名を書きましょう。

① 虫が樹液に集まる。（　　）
② 葉脈を観察する。（　　）

2 詩を読んで、答えましょう。

せんねん　まんねん
まど・みちお

いつかのっぽのヤシの木になるために
そのヤシのみが地べたに落ちる
その地ひびきでミミズがとびだす
そのミミズをヘビがのむ
そのヘビをワニがのむ
そのワニを川がのむ
その川の岸ののっぽのヤシの木の中を
昇（のぼ）っていくのは
今まで土の中でうたっていた清水（しみず）

(1) 第一連と第二連でくり返されている六行を探し、初めと終わりの五字を書きましょう。

□□□□□〜□□□□□

(2) 「ミミズがとびだす」とありますが、ミミズをとびださせたものは何ですか。詩から書きぬきましょう。

ヤシのみが（　　）に落ちたときの（　　）

(3) この詩に出てくる植物や動物の順になるように、（　）に当てはまる言葉を書きましょう。

ヤシのみ→（　　）→（　　）→（　　）→（　　）→川

(4) (3)はどのような順序でつながっていますか。一つに○を付けましょう。

ア（　）植物から動物へ、そして川へ、大きなものから小さなものへ。

その清水は昇って昇って昇りつめて
ヤシのみの中で眠（ねむ）る

その眠りが夢でいっぱいになると
いつかのっぽのヤシの木になるために
そのヤシのみが地べたに落ちる
その地ひびきでミミズがとびだす
そのミミズをヘビがのむ
そのヘビをワニがのむ
そのワニを川がのむ
その川の岸に
まだ人がやって来なかったころの
はるなつあきふゆ　はるなつあきふゆの
ながいみじかい　せんねんまんねん

イ（　）力の強いものから弱いものへ。

ウ（　）植物から動物へ、そして川へ、小さなものから大きなものへ。

(5)「昇っていく」について、答えましょう。

①何が「昇っていく」のですか。詩から書きぬきましょう。

（　　　　）

②どこまで「昇っていく」のですか。詩から書きぬきましょう。

（　　　　）

(6)「夢」とありますが、「ヤシのみ」にとっての夢とはどんなことだと考えられますか。詩の言葉を使って答えましょう。

（　　　　）

(7)「はるなつあきふゆ　はるなつあきふゆ」のくり返しの表現は、何を表していますか。一つに○を付けましょう。

ア（　）季節が何年もくり返されてきたこと。

イ（　）たいくつな日々が続いていたこと。

ウ（　）今も昔も、四季の変化に変わりはないこと。

(8)この詩の「せんねん　まんねん」という題名には、どのような思いがこめられていると考えられますか。一つに○を付けましょう。

ア（　）千年も万年も生き続ける自然と比べて人間のはかなさを悲しむ思い。

イ（　）千年も万年も生命がくり返されてきたことに対して感動する思い。

ウ（　）千年も万年も昔のできごとに思いをはせて太古の世界にあこがれる思い。

ぴったり1 準備

いちばん大事なものは インターネットでニュースを読もう

めあて

★さまざまな考えを聞いて、自分の考えにいかそう。
★インターネットを適切に使って情報を得よう。

学習日 月 日

教科書 102～107ページ

答え 13ページ

かきトリ 新しい漢字

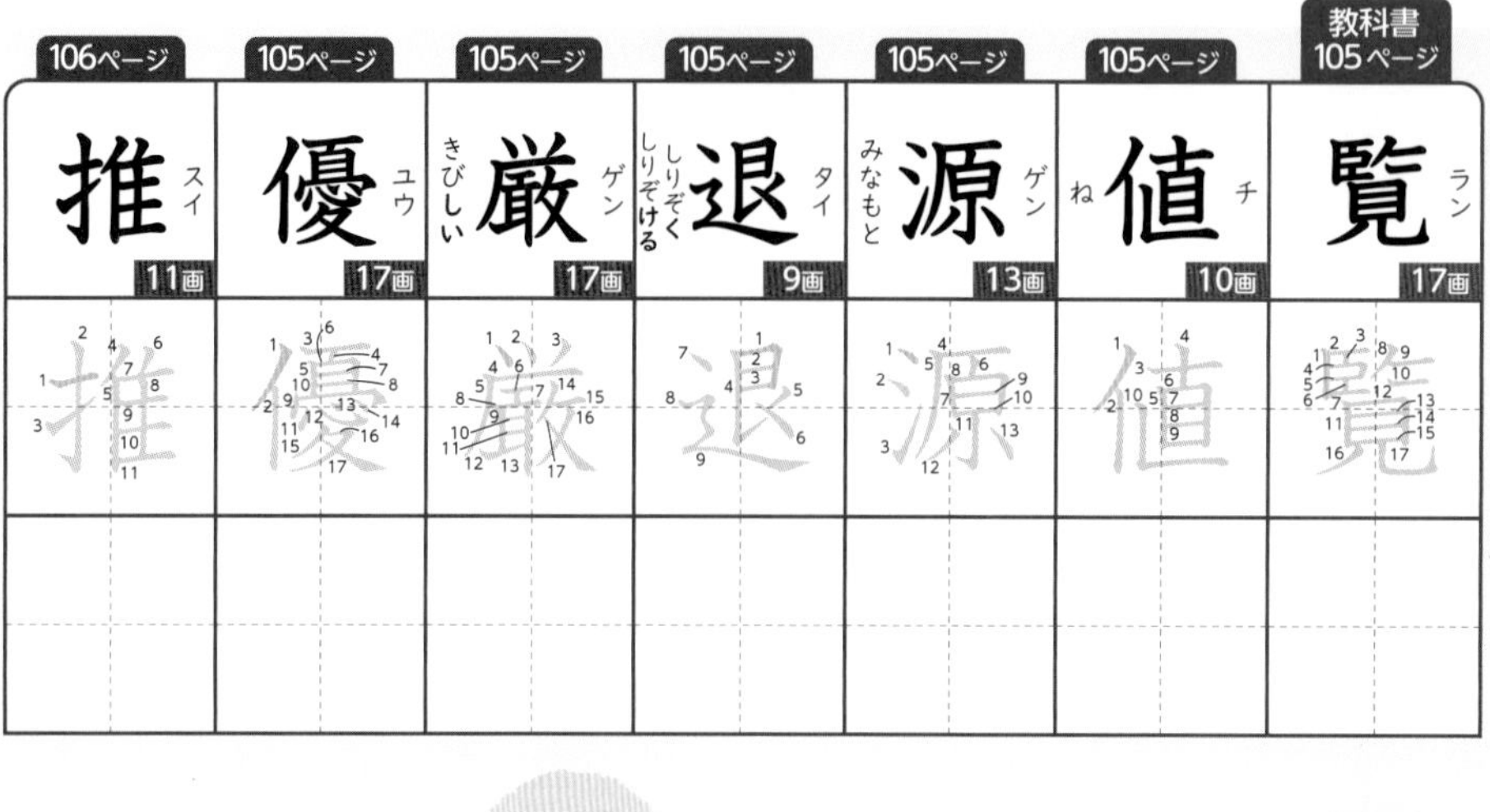

教科書105ページ	105ページ	105ページ	105ページ	105ページ	105ページ	106ページ
覧 ラン 17画	値 チ ね 10画	源 ゲン みなもと 13画	退 タイ しりぞく しりぞける 9画	厳 ゲン きびしい 17画	優 ユウ 17画	推 スイ 11画

106ページ
貴 キ 12画

「源」は「原」と音が同じで、形も似ているので、使い分けに注意しよう。

1 （ ）に読み仮名を書きましょう。

① 資料を閲(えっ)覧する。（ ）
② 商品の値上げ。（ ）
③ 資源をたくわえる。（ ）
④ チームが敗退する。（ ）
⑤ 厳しい練習。（ ）
⑥ 俳優になる。（ ）

2 □に漢字を書きましょう。

① 事件の□(はいけい)。
② 数値が□(こと)なる。
③ □(まど)の外を見る。
④ □(こうりつ)のよい方法。
⑤ 原因を□(すいてい)する。
⑥ □(きちょう)な食べ物。

3 正しい意味に○を付けましょう。

① 正しい対話のしかたを学ぶ。
ア（　）人と話し合うこと。

イ（　）自分の考えを述べること。

② 考えの背景を理解する。
ア（　）ものごとの中心にあること。

イ（　）ものごとの背後にある事情。

③ インターネットで検索（さく）する。
ア（　）調べてさがすこと。

イ（　）情報を書きこむこと。

④ 記事を更新（こう）する。
ア（　）新しいものに改めること。

イ（　）新しくつくり出すこと。

いちばん大事なものは

4 人と考えを伝え合うときの手順を、次のようにまとめました。□に当てはまる言葉を□から選んで、記号を書きましょう。

① 自分の考えを（　）に書く。
② 人と考えを伝え合う。
●聞く人は、話す人への（　）を通して理解を深める。
●たがいの考えがよく分かるように、（　）やこれまでの経験などをたずね合う。
③ 考えを深める。
●考えを伝え合うことによって、自分の考えがどう（　）かや、どう深まったのかを確かめる。

ア 理由　イ ノート　ウ 質問　エ 変わった

インターネットでニュースを読もう

5 インターネットのニュースサイトのトップページの特徴（ちょう）について、次のようにまとめました。①～③に当てはまる言葉を□から選んで、記号を書きましょう。

▼トップページにいつも表示されているもの
…サイト名、分野名のボタン、（①　）など。
▼ひんぱんに表示が入れかわるもの
…（②　）、ニュースのランキング　など。
●（②）…その日の最も重要なニュースが表示されることが多い。
●ニュースのランキング
…見ている人が多い順などに並べられた（③　）が表示される。

ア トップニュース　イ 検索窓　ウ 記事の見出し

6 ニュースサイトの記事を読むときは、どのようなことに注意しますか。一つに○を付けましょう。

ア（　）ランキングの上位にある記事かどうかを見て、信頼（らい）できる記事かどうかを判断する。

イ（　）いつ、だれによって発信された記事なのかに注意して、信頼できる情報かどうかを確かめる。

ウ（　）ニュースサイトの記事は、全て客観的な事実だけを述べたものとして読むようにする。

ぴったり1 準備

文章を推敲しよう
漢字の広場②

めあて
★読む人を意識して、書いた文章を推敲しよう。

学習日　月　日
教科書 108〜110ページ
答え 13ページ

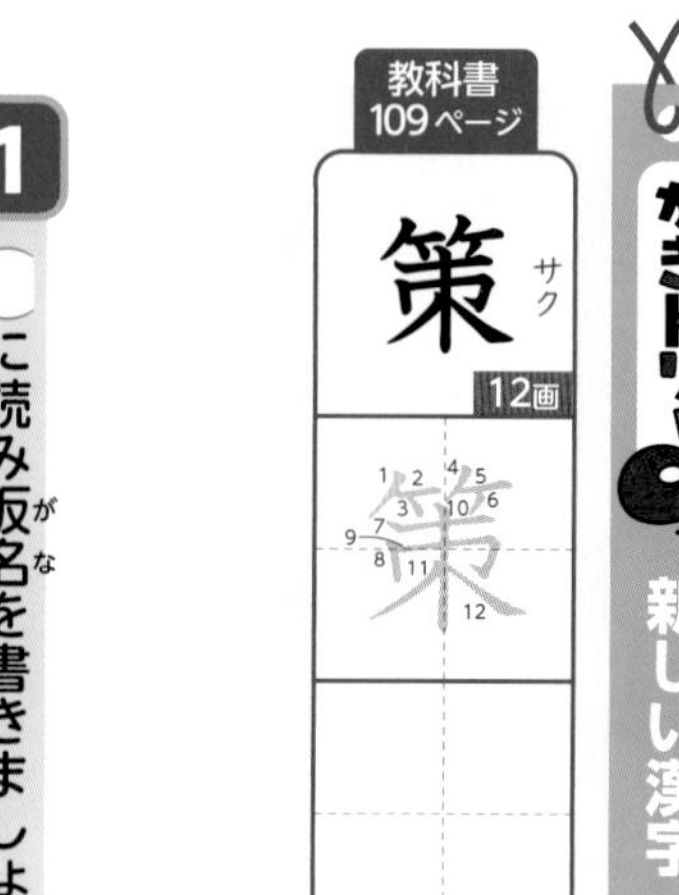

「策」の下の部分は「朿」。「束」ではないので注意しよう。

1 ＿に読み仮名を書きましょう。

① むだを減らす。（　）
② 二〇〇基の灯台。（　）
③ 商品を包装する。（　）
④ 簡素な家。（　）
⑤ 豊かな自然を守る。（　）
⑥ 対策を立てる。（　）
⑦ 許可を得る。（　）
⑧ 条件を示す。（　）
⑨ 略図を書く。（　）
⑩ 容器に入れる。（　）

2 □に漢字を、〔　〕に漢字と送り仮名を書きましょう。

① 実現は［かのう］だ。
② 申し出を〔ことわる〕。
③ ［きそく］を守る。
④ 量を〔ふやす〕。
⑤ ［さんみ］のある食べ物。
⑥ ［じゅんじょ］よく並べる。

文章を推敲しよう

3 正しい意味に〇を付けましょう。

① 文章を推敲（こう）する。
ア（　）文章をよりよくするために練り直すこと。
イ（　）文章を注意深くていねいに書くこと。

② 包装の手間をはぶく。
ア（　）ものをつつむこと。
イ（　）ものをかざること。

③ 簡素な暮らしを心がける。
ア（　）自由で、のびのびしていること。
イ（　）かざりけがなく、質素なこと。

4 次の文章を読んで、後の問いに答えましょう。

新聞記事によると、マイクロプラスチック問題が深刻化している。マイクロプラスチック問題とは、ごみなどで出されたプラスチックが小さなつぶになり、海に流れこんで、生態系にえいきょうをおよぼすおそれがあるという問題だ。

その対策として、プラスチックごみの量をおさえることが求められている。プラスチックごみを減らすための対策は、日本の行政や企業でも進められている。

例えば、レジぶくろの有料化や、包装の簡素化、プラスチック製のカップやストローの使用の見直しなどといったことだ。

私たちも、身の回りのことならば取り組みやすい。

① 「新聞記事によると、マイクロプラスチック問題が深刻化している」を推敲するとき、どう直すとよいですか。当てはまらないものを一つ選び、〇を付けましょう。

ア（　）何という新聞の記事なのかを具体的に書く。

イ（　）文末を引用や伝聞の形にする。

ウ（　）自分が感じたことをくわしく書く。

② 「私たちも、身の回りのことならば取り組みやすい。」とありますが、この文を内容を変えずに、あなた自身の意見であることが分かるように書き改めましょう。

（　　　　　　　　　　）

5 文章を推敲するときの観点を次のようにまとめました。（　）に当てはまる言葉を、[　]から選んで書きましょう。

- 伝えたいことを（　　　）に書けているか。
- 文章全体が伝えたいことを理解してもらえるような（　　　）になっているか。
- 事実と（　　　）や感想を区別して書けているか。
- （　　　）元がきちんと分かるように書けているか。
- 文と文の（　　　）は適切か。

[意見　具体的　構成　引用　つながり]

漢字の広場②

6 ——線の平仮名を漢字に直して、作文のようにます目に書きましょう。

おおぜいの人でこんざつする場内で、そふとどうぞうの前に立ち写真をとる。

せんねん　まんねん～漢字の広場②

時間 20 分　／100　合格 80 点

学習日　月　日

教科書 98～110ページ　答え 14ページ

1 詩を読んで、答えましょう。　思考・判断・表現

名づけられた葉

新川（しんかわ）和江（かずえ）

ポプラの木には　ポプラの葉
何千何万芽をふいて
緑の小さな手をひろげ
いっしんにひらひらさせても
ひとつひとつのてのひらに
載（の）せられる名はみな同じ　〈ポプラの葉〉

わたしも
いちまいの葉にすぎないけれど
あつい血の樹液をもつ
にんげんの歴史の幹から分かれた小枝に
不安げにしがみついた
おさない葉っぱにすぎないけれど
わたしは呼ばれる
わたしだけの名で　朝に夕に

だからわたし　考えなければならない
誰（だれ）のまねでもない

よく出る

(1) 「緑の小さな手をひろげ」では、どのような表現技法が使われていますか。一つに○を付けましょう。　5点

ア（　）同じ言葉をくり返すことによって、調子を整えている。
イ（　）人ではないものを、人であるかのように表現している。
ウ（　）言葉の順序をふつうとは入れかえて、強調している。

(2) この詩の第一連では、「ポプラの葉」とはどのようなものとしてえがかれていますか。　10点

ひとつひとつはちがうのに
（　　　　　　　　）もの。

よく出る

(3) 「わたしも／いちまいの葉にすぎない」について、答えましょう。

① 「いちまいの葉にすぎない」とは、どういうことですか。一つに○を付けましょう。　5点

ア（　）ポプラの葉のような画一的な存在であるということ。
イ（　）みんなとともにけんめいに生きている存在だということ。
ウ（　）この世の大勢の人間のひとりにすぎないということ。

② 「いちまいの葉にすぎない」「わたし」の気持ちが表れている言葉を、詩から四字で書きぬきましょう。　5点

□□□□

できたらスゴイ！

(4) 第一連にえがかれた「ポプラの葉」に対して、第二連にえがかれた「わたし」は、どのようなところがちがうのですか。詩の中の言葉を使って答えましょう。　10点

葉脈の走らせ方を　刻みのいれ方を
せいいっぱい緑をかがやかせて
うつくしく散る法を
名づけられた葉なのだから　考えなければならない
どんなに風がつよくとも

(5) 「考えなければならない」とありますが、どのようなことを考えなければならないのですか。詩の中から三つ書きぬきましょう。　一つ5点(15点)

（　　　　）

誰のまねでもない□や、□や、せいいっぱい緑をかがやかせて□。

考えを書こう

(6) この詩には「わたし」のどのような思いが表されていますか。　10点

（　　　　）

2 読み仮名(がな)を書きましょう。　一つ5点(20点)

① **一覧**表を作る。（　　）
② **資源**を開発する。（　　）
③ 年代を**推定**する。（　　）
④ **貴重**な文化財。（　　）

3 □に漢字を、（　）に漢字と送り仮名を書きましょう。　一つ5点(20点)

① 初戦で□（はいたい）する。
② （きびしい）冬が来る。
③ 有名な□（はいゆう）。
④ □（たいさく）を練る。

ぴったり1 準備

作品の世界を想像しながら読み、考えたことを伝え合おう

やまなし
[資料] イーハトーヴの夢
漢字の広場③

めあて
★表現や言葉の使い方に注目して、作品の世界を味わおう。
★作者の生き方について深く考えよう。

学習日 月 日
教科書 111〜135ページ
答え 15ページ

がきトリ 新しい漢字

教科書114ページ	114ページ	122ページ	125ページ	125ページ	126ページ	128ページ
縮 シュク ちぢむ・ちぢまる ちぢめる・ちぢれる ちぢらす 17画	棒 ボウ 12画	熟 ジュク 15画	尺 シャク 4画	寸 スン 3画	揮 キ 12画	痛 ツウ いたい・いたむ いためる 12画

128ページ	128ページ	129ページ	130ページ	130ページ	130ページ
批 ヒ 7画	傷 ショウ きず 13画	若 わかい 8画	閉 ヘイ とじる・しめる しまる 11画	遺 イ 15画	翌 ヨク 11画

1 （　）に読み仮名を書きましょう。

① 服が縮む。（　）
② つっかえ棒をする。（　）
③ 果物が熟す。（　）
④ 指揮をとる。（　）
⑤ 痛みをこらえる。（　）
⑥ 作品を批評する。（　）

2 □に漢字を、〔　〕に漢字と送り仮名を書きましょう。

① □（すんぽう）を測る。
② 心が□（きず）つく。
③ □（わかもの）に人気だ。
④ ドアが〔とじる〕。
⑤ □（いしょ）をのこす。
⑥ □（よくじつ）の天気。

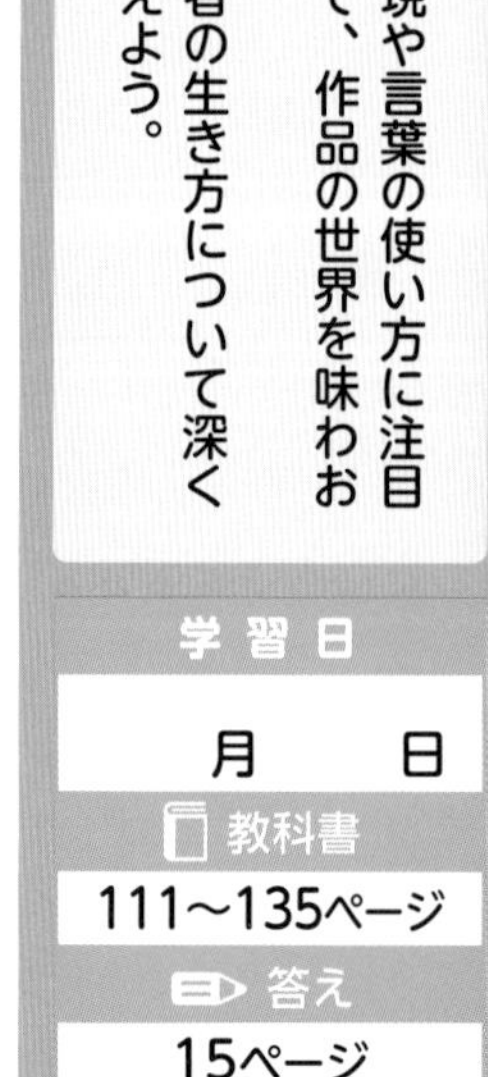

3 次の言葉の意味を［　］から選んで、記号を書きましょう。

① なめらか（　　）　② ひるがえす（　　）
③ 居すくまる（　　）　④ すくめる（　　）
⑤ あらん限り（　　）　⑥ ささげる（　　）
⑦ 目をみはる（　　）　⑧ 合理的（　　）

ア あるだけ全部。残らず。
イ すばらしさにおどろく。
ウ 理にかなっていて、むだがない様子。
エ ひらりと体をおどらせる。
オ すべすべしている様子。
カ 小さく縮める。
キ 自分の大切なものに身をすててつくす。
ク すわりこんだまま動けなくなる。

4 ――線の平仮名を漢字に直して、作文のようにます目に書きましょう。

ぼうふううにあって船がはそんし、いどうはぜつぼう的になった。

3分でワンポイント

作品の世界を味わい、作者の思いを考えよう。

★①～③に当てはまる言葉を［　］の中から選んで、記号を書きましょう。

「やまなし」（宮沢賢治）

	谷川の様子	できごと	水や光の様子
五月	●日光の黄金（昼間） ●魚が行ったり来たり	●一ぴきの魚がかわせみにおそわれる（自然の厳しさ） ↓ ●かにの子ども…（①　）	●光のあみはゆらゆらのび縮みする ●白いかばの花びらが天井をすべってくる
十二月	●ラムネのびんの月光（夜） ●辺りはしんとしている	●大きなやまなしの実が流れてくる（自然のめぐみ） ↓ ●かにの子ども…（②　）	●いいにおいでいっぱい ●波は青白いほのおを上げる ●月光のにじがもかもか集まる

「イーハトーヴの夢」（畑山博）…宮沢賢治の伝記

● 「イーハトーヴ」…賢治の書いた物語の舞台。
● 賢治の理想とする世界…人間がみんな（③　）生き方ができ、人間も動物も植物も心が通い合う世界。

ア おいしそう　イ こわい　ウ 人間らしい

やまなし

作品の世界を想像しながら読み、考えたことを伝え合おう

学習日 月 日
教科書 111〜122ページ
答え 15ページ

文章を読んで、答えましょう。

にわかにぱっと明るくなり、日光の黄金は、夢のように水の中に降ってきました。

波から来る光のあみが、底の白い岩の上で、美しくゆらゆらのびたり縮んだりしました。あわや小さなごみからは、まっすぐなかげの棒が、ななめに水の中に並んで立ちました。

魚が、今度はそこら中の黄金の光をまるっきりくちゃくちゃにして、おまけに自分は鉄色に変に底光りして、また上の方へ上りました。

「お魚は、なぜああ行ったり来たりするの。」

弟のかにが、まぶしそうに目を動かしながらたずねました。

「何か悪いことをしてるんだよ。取ってるんだよ。」

「取ってるの。」

「うん。」

そのお魚が、また上からもどってきました。今度はゆっくり落ち着いて、ひれも尾も動かさず、ただ水にだけ流されながら、お口を輪のように円くしてやって来ました。そのかげは、黒く静かに底の光のあみの上をすべりました。

「お魚は……。」

そのときです。にわかに天井に白いあわが立って、青光りのま

1 「まっすぐなかげの棒が、ななめに水の中に並んで立ちました。」とありますが、これは、どこから、だれが見た光景を表現していますか。

（　　　　　）

2 「そこら中の黄金の光をまるっきりくちゃくちゃにして」は、魚のどのような様子を表していますか。一つに○を付けましょう。

ア（　）ひれや尾を動かし、えさを取ろうと泳ぎ回っている様子。
イ（　）体をゆらしながら、水中をのんびりとただよっている様子。
ウ（　）黄金の光にまどわされて、身動きできなくなっている様子。

3 「自分は鉄色に変に底光りして」から、どんな感じを受けますか。一つに○を付けましょう。

ア（　）にぎやかな感じ。
イ（　）さびしい感じ。
ウ（　）不気味な感じ。

ヒント
「変に底光りして」の様子を想像しよう。

4 「いきなり飛びこんできました。」とありますが、飛びこんできたのは、どのようなものでしたか。文章から書きぬきましょう。

（　　　　　）

5 「青いものも魚の形も見えず」とありますが、青いものと魚はど

るでぎらぎらする鉄砲だまのようなものが、いきなり飛びこんできました。

兄さんのかには、はっきりとその青いものの先が、コンパスのように黒くとがっているのも見ました。と思ううちに、魚の白い腹がぎらっと光って一ぺんひるがえり、上の方へ上ったようでしたが、それっきりもう青いものも魚の形も見えず、光の黄金のあみはゆらゆらゆれ、あわはつぶつぶ流れました。

二ひきはまるで声も出ず、居すくまってしまいました。

お父さんのかにが出てきました。

「どうしたい。ぶるぶるふるえているじゃないか。」

「お父さん、今、おかしなものが来たよ。」

「どんなもんだ。」

「青くてね、光るんだよ。はじが、こんなに黒くとがってるの。それが来たら、お魚が上へ上っていったよ。」

「そいつの目が赤かったかい。」

「分からない。」

「ふうん。しかし、そいつは鳥だよ。かわせみというんだ。だいじょうぶだ、安心しろ。おれたちは構わないんだから。」

「お父さん、お魚はどこへ行ったの。」

「魚かい。魚はこわい所へ行った。」

「こわいよ、お父さん。」

「いい、いい、だいじょうぶだ。心配するな。そら、かばの花が流れてきた。ごらん、きれいだろう。」

宮沢賢治「やまなし」より

うなったのですか。一つに○を付けましょう。

ア（　）魚は青いものに食べられた。

イ（　）青いものは、魚に食べられた。

ウ（　）魚も青いものも、何かに食べられた。

6 「二ひきはまるで声も出ず、居すくまってしまいました。」とありますが、お父さんのかにからは、二ひきの様子がどのように見えましたか。文章から十字で書きぬきましょう。

7 「はじが、こんなに黒くとがって」とありますが、この「はじ」とは何のことですか。具体的に答えましょう。

（　　）

8 「おれたちは構わないんだから。」とは、どういう意味ですか。一つに○を付けましょう。

ア（　）「おれたち」は、どうなってもいい。

イ（　）かわせみは「おれたち」をとったりはしない。

ウ（　）かわせみは「おれたち」のことをおそれている。

9 「そら、かばの花が流れてきた。ごらん、きれいだろう。」とありますが、お父さんのかにがこう言ったのはなぜですか。

（　　）いる子どもたちを、

（　　）と思ったから。

ヒント 「こわいよ」と言う子どもたちに、かけた言葉だよ。

作品の世界を想像しながら読み、考えたことを伝え合おう

【資料】イーハトーヴの夢

学習日　月　日
教科書 123〜134ページ
答え 16ページ

文章を読んで、答えましょう。

賢治が中学に入学した年も、自然災害のために農作物がとれず、農民たちは大変な苦しみを味わった。その次の年も、また洪水。

「なんとかして農作物の被害を少なくし、人々が安心して田畑を耕せるようにできないものか。」

賢治は必死で考えた。

「そのために一生をささげたい。それにはまず、最新の農業技術を学ぶことだ。」

そう思った賢治は、盛岡高等農林学校に入学する。成績は優秀。卒業のときに、教授から、研究室に残って学者の道に進まないかとさそわれる。でも賢治は、それを断る。そして、ちょうど花巻にできたばかりの農学校の先生になる。二十五さいの冬だった。

「いねの心が分かる人間になれ。」

それが生徒たちへの口ぐせだった。

また、こんな言葉を覚えている教え子もいる。

「農学校の『農』という字を、じっと見つめてみてください。『農』の字の上半分の『曲』は、大工さんの使う曲尺のことです。そして下の『辰』は、時という意味です。年とか季節という意味もあります。」

1 「一生をささげたい。」とありますが、賢治はどんなことに一生をささげたいと思ったのですか。

（　　　　）

2 「でも賢治は、それを断る。」とありますが、賢治が断ったのはなぜですか。

盛岡高等農林学校に入学した目的は（　　）になることではなく、（　　）を学ぶことにあったから。

3 賢治の「生徒たちへの口ぐせ」は、どんな言葉でしたか。

ヒント 何と何が対比されているのかを読み取ろう。

（　　　　）

4 「『農』という字を、じっと見つめてみてください。」について、答えましょう。

(1) 「農」という字の「曲」は何のことで、「辰」はどんな意味ですか。

「曲」は一度に（　　）の寸法が測れる曲尺のこと。

「辰」は時、または年とか（　　）という意味。

曲尺というのは、直角に曲がったものさしのことだ。それを使うと、一度に二つの方向の寸法が測れる。だから賢治の言葉は、「その年の気候の特徴を、いろんな角度から見て、しっかりつかむことが大切です。」という意味になる。

また賢治は、春、生徒たちと田植えをしたとき、田んぼの真ん中に、ひまわりの種を一つぶ植えたこともあった。すると、真夏、辺り一面ただ平凡な緑の中に、それが見事に花を開く。

「田んぼが、詩に書かれた田んぼのように、かがやいて見えましたよ。」

と、昔の教え子たちが言う。

苦しい農作業の中に、楽しさを見つける。工夫することに、喜びを見つける。そうして、未来に希望をもつ。それが、先生としての賢治の理想だった。

暴れる自然に勝つためには、みんなで力を合わせなければならない。力を合わせるには、たがいにやさしい心が通い合っていなければならない。そのやさしさを人々に育ててもらうために、賢治は、たくさんの詩や童話を書いた。「風の又三郎」「グスコーブドリの伝記」「セロ弾きのゴーシュ」、そして「やまなし」。

畑山博「イーハトーヴの夢」より

② 賢治は「農」という字に注目させることで、どんなことが大切だと教えたかったのですか。それが書かれた部分を文章から探し、初めと終わりの五字を書きましょう。（符号はふくまない。）

□□□□□ 〜 □□□□□

5 「ひまわりの種を一つぶ植えた」とありますが、その種が花を開くことで、どんな田んぼに見えたのですか。文章から九字で書きぬきましょう。

□□□□□□□□□

6 「先生としての賢治の理想」とは、どんなものでしたか。それが書かれたひと続きの三文を文章から探し、初めと終わりの五字を書きましょう。

□□□□□ 〜 □□□□□

7 「そのやさしさを人々に育ててもらう」について、答えましょう。

① 賢治が「やさしさを人々に育ててもら」おうとしたのは、どうするためですか。文章から十字で書きぬきましょう。

□□□□□□□□□□

ヒント 「やさしさ」がなければ、最終的にどんなことができないのかな。

② 「やさしさを人々に育ててもらう」ために、賢治は何をしましたか。文章から書きぬきましょう。

（　　　　　　　　）

ぴったり2 練習③

作品の世界を想像しながら読み、考えたことを伝え合おう

【資料】イーハトーヴの夢

文章を読んで、答えましょう。

賢治がイーハトーヴの物語を通して追い求めた理想。それは、人間がみんな人間らしい生き方ができる社会だ。それだけでなく、人間も動物も植物も、たがいに心が通い合うような世界が、賢治の夢だった。一本の木にも、身を切られるときの痛みとか、ひなたぼっこのここちよさとか、いかりとか、思い出とか、そういうものがきっとあるにちがいない。賢治は、その木の心を自分のことのように思って、物語を書いた。

けれども、時代は、賢治の理想とはちがう方向に進んでいた。さまざまな機械の自動化が始まり、鉄道や通信が発達した。なんでも、早く、合理的にできることがよいと思われるような世の中になった。そんな世の中に、賢治の理想は受け入れられなかった。

初めのころ、賢治は、自分が書いた童話や詩の原稿をいくつかの出版社に持ちこんだ。でも、どの出版社でも断られた。しかたなく、賢治は、自分で二冊の本を出す。童話集「注文の多い料理店」、詩集「春と修羅」。でも、これもほとんど売れなかった。それどころか、ひどい批評の言葉が返ってくる。自分の作品が理解されないことに、賢治は傷ついた。次に出すつもりで準備を整えていた詩集も、出すのをやめた。

農業に対する考え方にも、変化が起こっていた。

「一度に大勢の生徒を相手に理想を語ってもだめだ。理想と現実の農業はちがう。実際に自分も農民になって、自分で耕しなが

1 「賢治がイーハトーヴの物語を通して追い求めた理想。」とありますが、賢治はどんなものを理想としていましたか。

人間がみんな［　　　　　　　］ができるだけでなく、動物や植物とも［　　　　　　］世界。

2 「その木の心」とは、どんなものですか。文章から四つ書きぬきましょう。

（　　　　）
（　　　　）
（　　　　）
（　　　　）

3 「時代は、賢治の理想とはちがう方向に進んでいた。」とありますが、この時代の世の中が、どんな方向に進んでいたかが分かる一文を文章から探し、初めの五字を書きましょう。（句読点をふくむ。）

［　　　　　］

ヒント：機械の自動化や、鉄道や通信の発達が望まれる世の中だよ。

学習日　月　日
教科書 123〜134ページ
答え 16ページ

ら人と話さなければ。」そう思った賢治は、三十さいのとき農学校をやめ、「羅須地人協会」という協会をつくる。農家の若者たちを集め、自分も耕しながら勉強する。それが賢治の目的だった。

協会に集まった農村の青年は三十人ほど。そこで賢治は、農業技術を教え、土とあせの中から新しい芸術を生み出さなければならないことを語った。農民の劇団をつくったり、みんなで歌やおどりを楽しんだりした。

毎日、北上川沿いのあれ地を耕し、真っ黒に日焼けし、土のにおいをぷんぷんさせる賢治。でもそれは、長くは続かなかった。病気のために、ねこんでしまったのだ。

羅須地人協会は、二年ほどで閉じなければならなくなった。でも次の年、病気が少しよくなると、起き出して村々を歩き回った。「あなたのこの田んぼは、こういう特徴があるから、今年は、こういう肥料をこのくらいやりなさい。」と、一人一人に教えてあげるボランティアだ。同時に、賢治は、石灰肥料会社の共同経営者になって、セールスに歩き回る。石灰肥料は土地改良に役立つものだったので、それを広めることが農民のためになると考えたのだ。岩手県内だけでなく、東北一帯を、毎日毎日飛び回った。

畑山 博「イーハトーヴの夢」より

4 「詩集も、出すのをやめた。」のは、なぜですか。一つに○を付けましょう。

ア（　）「羅須地人協会」の設立でいそがしかったから。
イ（　）詩集を出版する資金がなくなったから。
ウ（　）自分の作品は人々に理解されないと思ったから。

5 「羅須地人協会」について、答えましょう。

① 賢治が「羅須地人協会」をつくった目的が書かれている一文の初めの五字を書きぬきましょう。

□□□□□

② 「羅須地人協会」で、賢治がしたことが書かれたひと続きの二文を文章から探し、初めと終わりの五字を書きましょう。

□□□□□ ～ □□□□□

③ 「羅須地人協会」が二年ほどで閉じられたのはなぜですか。

（　　　　　　　　　　）

6 「病気が少しよくなると」とありますが、そのとき賢治は何をしましたか。一つに○を付けましょう。

ア（　）羅須地人協会を再開し、若者たちに農業を教えた。
イ（　）村々を歩き回り、田んぼの特徴を調べた。
ウ（　）ボランティアで農業を教え、石灰肥料のセールスをした。

以後の内容から賢治の行動を読み取ろう。

ぴったり1 準備

3分でまとめ

熟語の成り立ち
季節の言葉3　秋の深まり

めあて
★熟語の成り立ちを理解しよう。

学習日
月　日

教科書
136～139ページ

答え
17ページ

かきトリ 新しい漢字

漢字	読み	画数	教科書
縦	ジュウ・たて	16画	136ページ
頂	チョウ・いただく・いただき	11画	136ページ
忠	チュウ	8画	136ページ
誠	セイ	13画	136ページ
敵	テキ	15画	136ページ
蚕	サン・かいこ	10画	136ページ
己	コ	3画	136ページ
除	ジョ・のぞく	10画	136ページ
仁	ジン	4画	136ページ
泉	セン・いずみ	9画	136ページ
裏	うら	13画	136ページ
系	ケイ	7画	137ページ
盟	メイ	13画	137ページ
欲	ヨク	11画	137ページ
株	かぶ	10画	137ページ

1 （　）に読み仮名を書きましょう。

①（　）縦横に走る。

②（　）山頂に登る。

③（　）朝洗顔をする。

④（　）忠誠をちかう。

⑤（　）強敵に勝つ。

⑥（　）養蚕を営む。

⑦（　）玉石混交だ。

⑧（　）自己をかえりみる。

⑨（　）苦楽をともにする。

⑩（　）除雪を行う。

⑪（　）画一的な考え方。

⑫（　）電車から降りる。

●読み方が新しい字

2 □に漢字を書きましょう。

①（じんあい）に満ちた行い。

②（おんせん）でくつろぐ。

③（うらにわ）に種をまく。

④（ぎんがけい）のわく星。

⑤国連に（かめい）する。

⑥（いよく）的に取り組む。

⑦（かぶしき）会社

⑧（うちゅう）飛行士

3 次の熟語の成り立ちを□から選んで、記号を書きましょう。

熟語の成り立ち

①道路（　）　②古書（　）

③発着（　）　④読書（　）

⑤消火（　）　⑥寒冷（　）

⑦断続（　）　⑧最高（　）

ア　似た意味の漢字の組み合わせ

イ　意味が対になる漢字の組み合わせ

ウ　上の漢字が下の漢字を修飾する関係にある組み合わせ

エ　「――を」「――に」に当たる意味の漢字が下に来る組み合わせ

4 次の三字熟語の成り立ちと同じ成り立ちのものを□から選んで、記号を書きましょう。

①特別席（　）　②不合理（　）

③大事件（　）　④衣食住（　）

⑤画期的（　）

ア　高性能　イ　無期限　ウ　消費税

エ　天地人　オ　活性化

5 次の熟語を、例にならって、いくつかの語に分けましょう。

例　天体観測所　→　〔天体―観測―所〕

①世界新記録　→　（　）

②国際政治学者　→　（　）

6 次の俳句は、いつの情景をよんだものですか。一つに〇を付けましょう。

季節の言葉3　秋の深まり

鶏頭に霜見る秋の名残かな　正岡子規

「季節の言葉3　秋の深まり」より

ア（　）秋が始まったばかりのころ。

イ（　）秋が始まってしばらくたったころ。

ウ（　）秋が終わるころ。

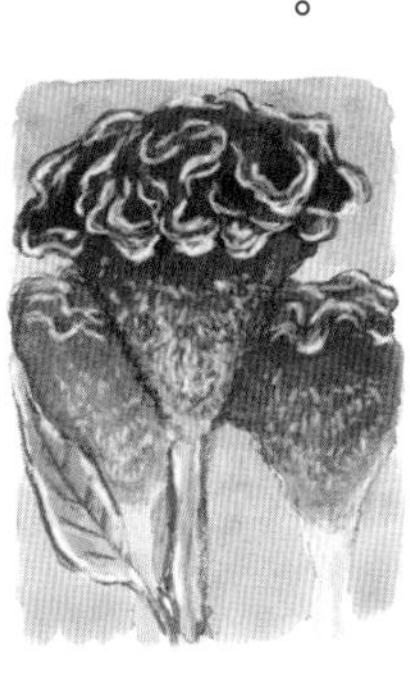

目的や条件に応じて話し合おう

みんなで楽しく過ごすために
コラム　伝えにくいことを伝える

めあて
★目的や条件を明確にして話し合いをしよう。
★伝え方を工夫して気持ちを伝えよう。

学習日　月　日
教科書　140〜147ページ
答え　17ページ

かきトリ 新しい漢字

教科書141ページ	141ページ	141ページ	142ページ	146ページ	147ページ	147ページ
善（ゼン・よい）12画	班（ハン）10画	危（キ・あぶない）6画	割（わる・わり・われる）12画	否（ヒ）7画	至（シ・いたる）6画	宅（タク）6画

147ページ	147ページ
糖（トウ）16画	紅（コウ・べに）9画

「善」↔「悪」セットで覚えよう。

1 （　）に読み仮名を書きましょう。

① 生活を　改善（　）　する。
② 班（　）　に分かれる。
③ 危険（　）　をさける。
④ 役割（　）　を果たす。
⑤ 疑いを　否定（　）　する。
⑥ 強い　口調（　）　で言う。
⑦ 至急（　）　来てください。
⑧ 学校から　帰宅（　）　する。

●読み方が新しい字

2 □に漢字を書きましょう。

① 考えを　□□（きょうゆう）　する。
② □□（けつろん）　を出す。
③ □□（さとう）　を加える。
④ □□（こうちゃ）　を飲む。

3 じゃんけんおにごっこ」について話し合う前に、自分の考えを整理します。当てはまるものを□から選んで、記号を書きましょう。

① 主張（　）
② 理由（　）
③ 根拠（　）

ア 自分が小さいときに楽しめたという経験がある。
イ 「じゃんけんおにごっこ」に賛成だ。
ウ みんなにルールが分かりやすいと考えられるため。

4 話し合いをするときに注意することを、次のようにまとめました。□に当てはまる言葉を、□から選んで、記号を書きましょう。

▼まず、話し合いを通して何を決めようとするのかという、話し合いの（　）をはっきりさせる。
▼おたがいの考えの（　）や異なる点などを意識して話し合い、歩み寄れる点はどこかをさぐる。
▼それぞれの考えの（　）や問題点など、話し合いによって（　）すべき点は何かを意識する。

ア 目的　イ 共通点
ウ 利点　エ 解決

5 伝えにくいことを伝えるときの注意点を次のようにまとめました。□に当てはまる言葉を□から選んで、記号を書きましょう。

● 事実を（　）に説明する。
● 自分の気持ちや考えを述べる。
● 自分の（　）を伝える。

ア 希望　イ 反論　ウ 具体的　エ 抽象的

6 次のような場面で自分の気持ちや考えを伝えるには、どのように言えばよいですか。それぞれ一つに○を付けましょう。

① 友達の気持ちは分からないが、自分は暑いから窓を開けたい。
ア（　）ねえ、少し暑いから窓を開けてもかまわないよね。

イ（　）少し暑いので、窓を開けたいんだけど、いいかな？

ウ（　）少し暑いんだけど、なんで窓を開けないの？

② バドミントンのラケットが二つしかないのに、いつも使う人たちが決まっているので、「みんなで交代でラケットを使いたい」という思いを伝えたい。
ア（　）私もラケットを使いたいなあ。

イ（　）あなたたちだけがラケットを使うのは、自分勝手だよ。

ウ（　）他にもラケットを使いたい人がいるんじゃないかな。ラケットの使い方のルールを決めようよ。

ぴったり1 準備

話し言葉と書き言葉
古典芸能の世界
狂言（きょう）「柿山伏（かきやまぶし）」を楽しもう

めあて

★話し言葉と書き言葉のちがいをおさえよう。
★日本の古典芸能について知ろう。
★狂言を読んで、おもしろさを味わおう。

学習日 月 日

教科書 148〜154ページ

答え 18ページ

かきトリ 新しい漢字

卵	乳	創	奏	誕	困	看
教科書148ページ	148ページ	148ページ	150ページ	151ページ	153ページ	154ページ
ニュウ／たまご	ニュウ／ちち	ソウ／つくる	ソウ	タン	コン／こまる	カン
7画	8画	12画	9画	15画	7画	9画

「創る」と「造る」の使い分けに注意しよう。

「看」の一画目は、右から左にはらうよ。

1 （　）に読み仮名（がな）を書きましょう。

① 卵 を割る。（　）

② 牛乳 を飲む。（　）

③ 会社の 創業 者。（　）

④ 伴（ばん）奏 に合わせる。（　）

⑤ 誕生 日をいわう。（　）

⑥ 返答に 困 る。（　）

2 □に漢字を、（　）に漢字と送り仮名を書きましょう。

① □□（くふう）をする。

② □□（ごかい）をあたえる。

③ 水量が（ふえる）。

④ □□（くうふく）を感じる。

⑤ 矢で的を（いる）。

⑥ 病人を□□（かんびょう）する。

3 正しい意味に○を付けましょう。

① 料理の食材にこだわる。
ア（　）とことん追求する。
イ（　）工夫をする。

② アクセントに気をつける。
ア（　）言葉の調子。
イ（　）言葉の使い方。

③ しぐさを見せる。
ア（　）顔の表情。
イ（　）動作や身のこなし。

④ セリフに独特の調子がある。
ア（　）そのものだけの力で新しくつくりだしたもの。
イ（　）そのものだけが特別にもっているもの。

話し言葉と書き言葉

4 次は話し言葉と書き言葉の特徴をまとめたものです。［　］に当てはまる言葉を［　］から選んで、記号を書きましょう。

① 話し言葉
- 声の大小や（　）、（　）などで、（　）を表せる。
- 言いまちがいを（　）直せる。
- 実物を示しながら、（　）言葉が使える。
- 相手に応じて（　）が選べる。

② 書き言葉
- （　）で書き、後に残る。
- （　）を整えて誤解をふせぐ必要がある。
- （　）がないように注意する。

ア 語順　イ 上げ下げ　ウ 共通語　エ 仮名
オ 気持ち　カ こそあど　キ すぐに　ク 誤字
ケ 言葉づかい　コ 間の取り方

古典芸能の世界

5 次の説明に当てはまる伝統芸能を［　］から選んで、記号を書きましょう。

① 室町時代に行われるようになった演劇で、主人公は多くの場合、神や死者で、面をかぶって演じる。（　）

② 江戸時代に生まれた人形を使った演劇で「太夫」「三味線」「人形つかい」によって演じられる。（　）

③ 江戸時代に生まれた演劇で、隈取という独特の化粧のしかたや見得などの特徴的な動きがある。（　）

④ 一人で身ぶりを交えて語る芸で、最後は「落ち」と呼ばれる意外な結末やしゃれなどでしめくくられる。（　）

ア 歌舞伎　イ 落語
ウ 人形浄瑠璃　エ 能

狂言「柿山伏」を楽しもう

6 次の説明に当てはまる狂言に関する言葉を［　］から選んで、記号を書きましょう。

① 主役（　）

② 主役の相手役（　）

アド　シテ

ぴったり2 練習

狂言「柿山伏」を楽しもう

文章を読んで、答えましょう。

山伏が柿の木にのぼって、柿を食べているところへ、柿主がやってきたため、山伏は身をかくしました。

柿主　あれはからすじゃ。
山伏　やあ、からすじゃと申す。
柿主　からすならば鳴くものじゃが、おのれは鳴かぬか。
山伏　これは鳴かずはなるまい。
柿主　おのれ、鳴かずは人であろう。その弓矢をおこせ、一矢に射殺いてやろう。
山伏　こかあ、こかあ、こかあ、こかあ。
柿主　（笑って）さればこそ、鳴いたり鳴いたり。また、あれをようよう見れば、からすではのうてさるじゃ。
山伏　やあ、今度はさるじゃと申す。
柿主　さるならば身せせりをして鳴くものじゃが、おのれは鳴かぬか。
山伏　身せせりをして、鳴かずはなるまい。
柿主　おのれ、鳴かずは人であろう。そのやりを持てこい、つき殺いてやろう。
山伏　（手でこしをかくようにしながら）きゃあ、きゃあ、きゃあ、きゃあ、きゃあ。
柿主　（笑って）鳴いたり鳴いたり。さてさてきゃつは、物まねの

1　「あれはからすじゃ。」とありますが、柿主はなぜそう言っているのですか。一つに○を付けましょう。

ア（　）山伏をけしからんと思い、からすのまねをさせてからかってやろうと思ったから。

イ（　）山伏のことをからすであるかのように思い、確かめようと思ったから。

ウ（　）からすがいることを山伏に知らせて、山伏をこわがらせようと思ったから。

2　「こかあ、こかあ、こかあ、こかあ。」とありますが、山伏はなぜこのような声を出したのですか。

からすのように鳴かないと、（　　　　）だと柿主に知られ、（　　　　）と思ったから。

3　「おのれ」とは、だれのことですか。

（　　　　）

ヒント　柿主の「鳴かずは人であろう」という言葉に反応しているね。

4　「鳴かずはなるまい。」の意味を書きましょう。

（　　　　）

学習日　月　日
教科書 152〜154ページ
答え 18ページ

上手なやつじゃ。何（なに）ぞ、困ることはないか知らぬ。おおそれぞれ、また、あれをようよう見れば、からすでもさるでものうて、とびじゃ。

山伏　やあ、今度はとびじゃと申す。

柿主　とびならば、羽（は）をのして（のばして）鳴くものじゃが、おのれは鳴かぬか。

山伏　羽をのして、鳴かずはなるまい。

柿主　おのれ、鳴かずは人であろう。その鉄砲（ぽう）をおこせ、一撃（う）ちにしてやろう。

山伏　（おうぎを開いて、両方のそでで羽ばたくようにしながら）ひいよろよろ、ひいよろ、ひいよろ、ひいよろ。

柿主　（笑って）鳴いたり鳴いたり。さて、最前からよほど間（ま）もござるによって、もはや飛びそうなものじゃが、飛ばぬか知らぬ。

山伏　これはいかなこと。この高い所から飛べと申す。

柿主　ちとうかいて（うかれさせて）やろう。（おうぎで左手を打ち、ひょうしを取りながら）はあ、飛ぼうぞよ。

山伏　ひい。

柿主　（だんだん速く）飛びそうな。

山伏　ひい。

柿主　飛ぼうぞよ。

山伏　ひいい。

「柿山伏」より

5　〰〰線の柿主の言葉のうち、山伏に聞こえないように言っているのはどれですか。一つに〇を付けましょう。

ア（　）「おのれ、鳴かずは人であろう。」
イ（　）「そのやりを持てこい」
ウ（　）「さてさてきゃつは、物まねの上手なやつじゃ。」

6　「何ぞ、困ることはないか知らぬ。」とありますが、柿主はどのような「困ること」を思いつきましたか。

（　　　　　　　　　　）

7　「もはや飛びそうなものじゃが、飛ばぬか知らぬ。」とありますが、柿主はなぜこのように言ったのですか。

山伏が、（　　　　　　　　）ように仕向けるため。

ヒント　この後、柿主はひょうしを取ってはやしたてているね。

8　この狂言のおもしろさは、どのようなところにありますか。一つに〇を付けましょう。

ア（　）山伏が、動物のまねをして柿主の目をごまかすことによって、まんまと柿主を出しぬいてしまうところ。
イ（　）山伏が、柿主にからかわれているとも知らずに、こっけいな動物のものまねをさせられるところ。
ウ（　）山伏が、柿主のことを笑わせてやろうとして、さまざまな動物のものまねをしてみせるところ。

やまなし～狂言「柿山伏」を楽しもう

時間 20分　／100　合格 80点

学習日　月　日

教科書 111～154ページ
答え 19ページ

文章を読んで、答えましょう。　思考・判断・表現

また、お父さんのかにが出てきました。

「もうねろねろ。おそいぞ。あしたイサドへ連れていかんぞ。」

「お父さん、ぼくたちのあわ、どっち大きいの。」

「それは兄さんのほうだろう。」

「そうじゃないよ。ぼくのほう、大きいんだよ。」

弟のかには泣きそうになりました。

そのとき、トブン。

黒い丸い大きなものが、天井から落ちてずうっとしずんで、また上へ上っていきました。きらきらっと黄金のぶちが光りました。

「かわせみだ。」

子どものかには、首をすくめて言いました。

お父さんのかには、遠眼鏡のような両方の目をあらん限りのばして、よくよく見てから言いました。

「そうじゃない。あれはやまなしだ。流れていくぞ。ついていってみよう。ああ、いいにおいだな。」

なるほど、そこらの月明かりの水の中は、やまなしのいいにおいでいっぱいでした。

三びきは、ぼかぼか流れていくやまなしの後を追いました。

1 「弟のかには泣きそうになりました。」とありますが、このことから弟のかにのどんな性格が分かりますか。一つに〇を付けましょう。　5点

ア（　）負けずぎらいな性格。
イ（　）すなおな性格。
ウ（　）思いやりのある性格。

よく出る

2 「そのとき、トブン。」について、答えましょう。

① 「トブン」という表現から、どんな感じを受けますか。一つに〇を付けましょう。　10点

ア（　）とても重いものが、勢いよく水中に落ちてしずんだ感じ。
イ（　）とても軽いものが、水面に落ちた感じ。
ウ（　）あまり重くないものが、水中に落ちてしずんだ感じ。

② そのときの情景を、どのように表現していますか。ひと続きの二文を文章から探し、初めと終わりの五字を書きましょう。（句読点はふくまない。）　10点

［　　　　　］～［　　　　　］

③ 落ちてきたのは何でしたか。四字で書きましょう。　5点

［　　　　］

よく出る

3 「子どものかには、首をすくめて言いました。」とありますが、ここから、子どものかにたちのどんな気持ちが分かりますか。一つに〇を付けましょう。　10点

ア（　）「やまなし」とは「かわせみ」のことだと気づいて、納得

その横歩きと、底の黒い三つのかげ法師が、合わせて六つ、おどるようにして、やまなしの円いかげを追いました。

まもなく、水はサラサラ鳴り、天井の波はいよいよ青いほのおを上げ、やまなしは横になって木の枝に引っかかって止まり、その上には、月光のにじがもかもか集まりました。

「どうだ、やっぱりやまなしだよ。よく熟している。いいにおいだろう。」

「おいしそうだね、お父さん。」

「待て待て。もう二日ばかり待つとね、こいつは下へしずんでくる。それから、ひとりでにおいしいお酒ができるから。さあ、もう帰ってねよう。おいで。」

親子のかには三びき、自分らのあなに帰っていきます。

波は、いよいよ青白いほのおをゆらゆらと上げました。それはまた、金剛石の粉をはいているようでした。

私の幻灯は、これでおしまいであります。

宮沢賢治「やまなし」より

した気持ち。

イ（　）やってきたのが「かわせみ」なので、つまらないなという気持ち。

ウ（　）「かわせみ」がやってきたのではないかと思って、こわがる気持ち。

4 「合わせて六つ」とありますが、何と何を合わせると六つなのですか。 10点

（　　）

5 「やまなしは……引っかかって止まり」とありますが、そのとき、次の①・②は、どんな様子でしたか。 一つ10点(20点)

① 天井の波（　　）

② やまなしの上（　　）

できたらスゴイ!

6 「待て待て。」とありますが、お父さんのかにがこう言ったのはなぜですか。 10点

（　　）

考えを書こう

7 「やまなし」は何を表していると思いますか。自分の考えを書きましょう。 20点

（　　）

ふりかえり ⑦が分からないときは、47ページの 3分でワンポイント にもどって確認してみよう。

時間 20分　／100　合格 80点

学習日　月　日
教科書 111～154ページ
答え 20ページ

1 読み仮名を書きましょう。　一つ2点(20点)

① 曲尺（かね）を使う。
② 図面の寸法。
③ 傷を手当てする。
④ 若者の代表。
⑤ 遺書を読む。
⑥ 運動会の翌日。
⑦ 仁愛の心。
⑧ 組織に加盟する。
⑨ 意欲的な活動。
⑩ 砂糖を入れる。

2 □に漢字を、〔 〕に漢字と送り仮名を書きましょう。　一つ2点(20点)

① 木の□（ぼう）。
② 道が□□（じゅうおう）に走る。
③ □□（ちゅうせい）心がある。
④ □□（ようさん）業で栄えた土地。
⑤ □□（じこ）責任だ。
⑥ □□（じょせつ）車が通る。
⑦ □□（きけん）な場所。
⑧ □□（やくわり）を分ける。
⑨ □□（ひてい）的な発言。
⑩ 使い道に〔　　〕（こまる）。

3 次の（　）に当てはまる言葉を[　]から選んで、記号を書きましょう。

一つ3点(18点)

①（　）皿に料理をもる。
②外が（　）明るくなる。
③光のあみが（　）縮んだりする。
④寒くて（　）ふるえる。
⑤夜の公園は（　）している。
⑥ガラスが（　）光る。

ア　きらきらっと　イ　しんと
ウ　平べったい　エ　にわかに
オ　ぶるぶる　カ　のびたり

4 次は、秋の季節の様子を表す言葉です。当てはまる意味を[　]から選んで、記号を書きましょう。

一つ3点(15点)

①処暑（しょしょ）（　）　②立秋（りっしゅう）（　）
③白露（はくろ）（　）　④霜降（そうこう）（　）
⑤寒露（かんろ）（　）

ア　暑さがやむこと。
イ　冷気で、つゆがこおりそうになるころ。
ウ　こよみのうえで、秋が始まる日。
エ　草木に朝のつゆが結ぶころ。
オ　しもが降り始めるころ。

5 次のそれぞれの熟語と成り立ちが同じものを、[　]から選んで、記号を書きましょう。

一つ3点(12点)

①着席（　）　②低音（　）
③重大（　）　④利害（　）

ア　衣服　イ　空港　ウ　採血　エ　左右

6 思考・判断・表現

目的や条件に応じて、計画的に話し合いを行う場合に、大切な点をまとめました。（　）に当てはまる言葉を[　]から選んで、記号を書きましょう。

一つ3点(12点)

① 自分の主張や（　）、根拠（きょ）を明確に示す。
② 目的や条件に照らしながら、たがいの（　）をよく聞く。
③ 考えを広げる話し合いと、（　）話し合いをくり返して行うことで、（　）を出していく。

ア　まとめる　イ　考え　ウ　理由　エ　結論

7 書き言葉で気をつけること全てに○を付けましょう。

全部できて3点

ア（　）相手の受け止め方を想像して、表現を選ぶ。
イ（　）「ええと」のような言葉を間にはさんで読みやすくする。
ウ（　）できるだけ方言を使うようにする。
エ（　）内容を整理して語順や構成を整える。
オ（　）誤字がないように見直しをする。

ふりかえり　6が分からないときは、57ページの3にもどって確認（にん）してみよう。

ぴったり1 準備

筆者の工夫をとらえて読み、それをいかして書こう

『鳥獣戯画(ちょうじゅうぎが)』を読む

高畑(たかはた) 勲(いさお)

めあて
★筆者の表現の工夫をとらえよう。
★効果的な表現について、友達と話し合おう。

学習日 月 日
教科書 155～165ページ
答え 20ページ

がきトリ 新しい漢字

教科書156ページ	156ページ	157ページ	157ページ	157ページ
筋 キン すじ 12画	盛 もる 11画	骨 コツ ほね 10画	巻 カン まく・まき 9画	宝 ホウ たから 8画

「盛」の下の部分は「皿」だよ。
「巻」の「己」を「巳」としないように注意しよう。

1 （　）に読み仮名(がな)を書きましょう。

① 水玉 模様（　）
② いく 筋（　）もの光が差す。
③ 地面が 盛（　）り上がる。
④ がっちりした 骨格（　）。
⑤ 本の第一 巻（　）を読む。
⑥ 国宝（　）を展示する。

2 □に漢字を、（　）に漢字と送り仮名を書きましょう。

① 美しい毛 □(な) みの犬。
② □(えまきもの) を見る。
③ （はげしい） 風がふく。
④ （いきおい） がある。
⑤ □(かさい) が起きる。
⑥ この皿は家の □(たから) だ。

3 正しい意味に○を付けましょう。

① すかさず技（わざ）を返す。
ア（　）じっくり考えてから。
イ（　）間をおかずに。

② 姉の勢いにひるむ。
ア（　）気力が弱まる。
イ（　）気力がみなぎる。

③ 人間くさいカエルの絵。
ア（　）そういう感じがする。
イ（　）そうなりたいと思っている。

④ アニメの原理と同じだ。
ア（　）物事を成り立たせている理由。
イ（　）物事の根本となる理くつ。

⑤ もんどりうってたおれる。
ア（　）宙返りして。
イ（　）つまずいて。

⑥ 和気あいあいとした時間を過ごす。
ア（　）なごやかで楽しい様子。
イ（　）張りつめていて息苦しい様子。

表現の工夫に注目して、内容を読み取ろう。

★①～③に当てはまる言葉を[　]の中から選んで、記号を書きましょう。

表現の工夫
- 「はっけよい」という書き出し→読者をいきなり話に引きこむ。
- 「返し技。」「かわづ掛（が）け。」などの名詞で言いきる文末
  →①（　　）があって読みやすく、印象的である。
- 語りかけるような口調→読者に話を身近に感じさせる。

絵の示し方
- つながっている絵を分けて見せる。→絵巻物の特徴（ちょう）を説明。
- 分けた絵をつなげて再び見せる。→②（　　）が流れる様子が分かる。

論の展開
- 漫（まん）画やアニメの話題を出して説明。→身近な話題で読者を引きこむ。
- 資料を使い、歴史的な説明を加える。
  当時の世界で他にはない③（　　）作品。
  約八百五十年間、祖先たちにより守られてきた。
  →人類の宝

ア 時間　イ リズム感　ウ 自由闊（かっ）達な

ぴったり2 練習

筆者の工夫をとらえて読み、それをいかして書こう
『鳥獣戯画』を読む

学習日　月　日
教科書 156〜165ページ
答え 21ページ

文章を読んで、答えましょう。

もう少しくわしく絵を見てみよう。まず、兎を投げ飛ばした蛙の口から線が出ているのに気がついたかな。いったいこれはなんだろう。けむりかな、それとも息かな。ポーズだけでなく、目と口の描き方で、蛙の絵には、投げ飛ばしたとたんの激しい気合いがこもっていることがわかるね。そう、きっとこれは、「ええい！」とか、「ゲロロッ」とか、気合いの声なのではないか。まるで漫画のふき出しと同じようなことを、こんな昔からやっているのだ。

もんどりうって転がった兎の、背中や右足の線。勢いがあって、絵が止まっていない。動きがある。しかも、投げられたのに目も口も笑っている。それがはっきりとわかる。そういえば、前の絵の、応援していた兎たちも笑っていた。ほんのちょっとした筆さばきだけで、見事にそれを表現している。たいしたものだ。では、なぜ、兎たちは笑っていたのだろうか。蛙

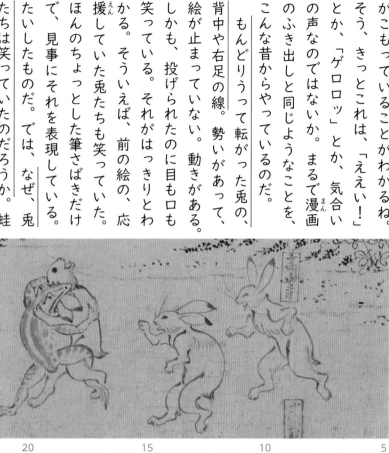

「鳥獣人物戯画」栂尾山高山寺蔵／京都国立博物館提供

1 「いったいこれはなんだろう。」について、答えましょう。

① 「これ」は何を指していますか。文章の言葉を使って答えましょう。

（　　　　）

② 筆者は「これ」を何だと考えていますか。文章から五字で書きぬきましょう。

□□□□□

③ 筆者が、②のように考えたのはなぜですか。その根拠が分かる一文を文章から探し、初めの五字を書きましょう。

□□□□□

④ 筆者は「これ」を、何と同じようだと述べていますか。文章から書きぬきましょう。

（　　　　）

「まるで……のような」という表現に着目しよう。

2 「もんどりうって転がった兎の、背中や右足の線。」とありますが、この文にはどんな表現の工夫が使われていますか。一つに○を付けましょう。

ア（　）筆者が独自のたとえで、文章の個性を引き立たせている。

と兎は仲良しで、この相撲も、対立や真剣勝負を描いているのではなく、蛙のずるをふくめ、あくまでも和気あいあいとした遊びだからにちがいない。

絵巻の絵は、くり広げるにつれて、右から左へと時間が流れていく。ではもう一度、この場面の全体を見てみよう。まず、「おいおい、それはないよ」と、笑いながら抗議する応援の兎が出てきて、その先を見ると、相撲の蛙が兎の耳をかんでいる。そして、その蛙が激しい気合いとともに兎を投げ飛ばすと、兎は応援蛙たちの足元に転がって、三匹の蛙はそれに反応する。一枚の絵だからといって、ある一瞬をとらえているのではなく、次々と時間が流れていることがわかるだろう。この三匹の応援蛙のポーズと表情もまた、実にすばらしい。それぞれが、どういう気分を表現しているのか、今度は君たちが考える番だ。

高畑勲「『鳥獣戯画』を読む」より

イ（　）話し言葉を使って、親しみやすさを表現している。

ウ（　）「線」という言葉で止めることで、注意を引いている。

3 「なぜ、兎たちは笑っていたのだろうか。」とありますが、筆者はその理由をどのように述べていますか。

蛙と兎は［　　　　］で、この相撲も、［　　　　］とした遊びだから。

4 「絵巻の絵は、……右から左へと時間が流れていく。」とありますが、この絵巻ではどのように時間が流れていますか。簡潔にまとめて答えましょう。

① 笑いながら抗議する兎が出てくる。

②（　　　　）

③（　　　　）

④（　　　　）

⑤ 三匹の蛙が反応する。

5 筆者が感想を述べている一文を最後の段落から探し、初めの五字を書きましょう。

［　　　　　］

ヒント 文末表現に注目して、筆者の感想をとらえよう。

ぴったり1 準備

発見、日本文化のみりょく

筆者の工夫をとらえて読み、それをいかして書こう

めあて
★伝えたいことが伝わる構成や表現を考える。
★意図や目的に合わせた書き方を考える。

学習日 月 日
教科書 166～169ページ
答え 21ページ

かきトリ 新しい漢字

「郷」は漢字の細かい部分に気をつけて覚えよう。

1 □に読み仮名を書きましょう。

① 話題を 提示 する。
② 素材 を生かす。
③ 郷土 料理を作る。
④ 海で 採 れる食材。
⑤ 地域 の産業。
⑥ 本当の 価値 がある。

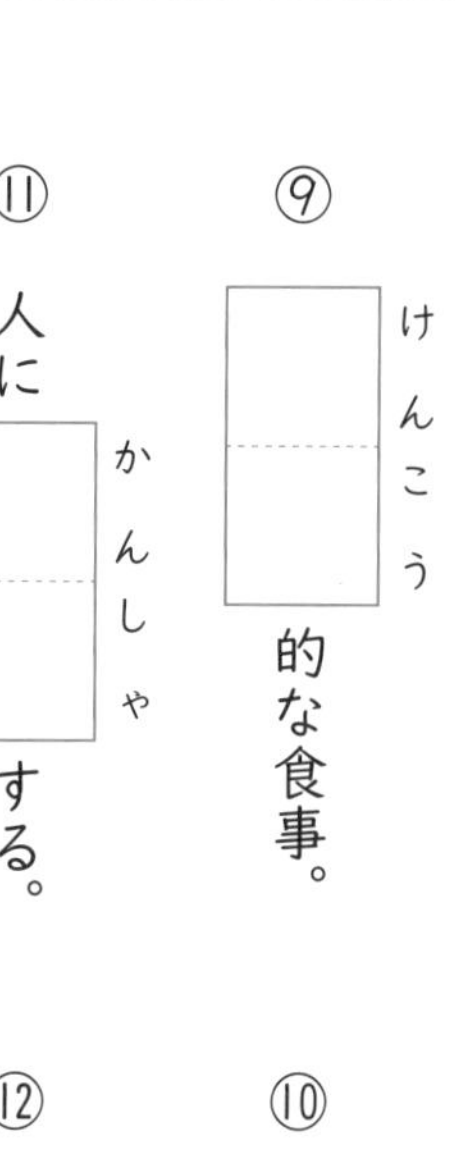

2 □に漢字を、〔 〕に漢字と送り仮名を書きましょう。

① □(きょうみ)のある話題。
② □(こうか)的な方法。
③ □(でんとう)を守る。
④ □(げいのう)の道。
⑤ 文章の□(こうせい)。
⑥ □(えいよう)のある食材。
⑦ 例を〔(あげる)〕。
⑧ □(げんいん)を調べる。
⑨ □(けんこう)的な食事。
⑩ 人を〔(うやまう)〕。
⑪ 人に□(かんしゃ)する。
⑫ □(ぶんまつ)の表現。

3 正しい意味に○を付けましょう。

① 作文の構成を考える。

ア（　）読み手を想定して文章を書くこと。

イ（　）まとまったものに組み立てること。

② 自然のめぐみをいただく。

ア（　）さまざまな目的に役立てられるもの。

イ（　）他からあたえられる好ましいもの。

③ しゅんの食材を選ぶ。

ア（　）とれたばかりでしんせんなこと。

イ（　）最も味のよい時期。

④ 和食ならではのみりょく。

ア（　）それだけがもつ特有の。

イ（　）それにふさわしくない。

4 あなたが興味をもった日本文化と、その理由を書きましょう。

・興味をもった日本文化（　　　　）

・興味をもった理由（　　　　）

5 和食のよさを伝える文章の構成を次のように考えました。（　）に当てはまる言葉を、［　］から選んで、記号を書きましょう。

初め	中	終わり
・（　）を提示する――和食	・（　）を書く。 ① 和食の（　）について ② 和食の味について ③ 和食の調理法について	・全体の（　）を書く。 和食は世界にほこる日本の文化である。

ア まとめ　イ 話題　ウ 具体例　エ 食材

6 よさを伝える文章を書くときの注意点として当てはまるものに、全て○を付けましょう。

ア（　）伝えたいことに合わせて、簡単に書くこととくわしく書くことを分ける。

イ（　）伝えたいことは文章だけで書くようにして、写真や図などは用いないようにする。

ウ（　）初めに問いを書き、それに答えるように説明をしていくなど、書き方の工夫をする。

ぴったり1 準備

カンジー博士の漢字学習の秘伝
漢字の広場④

めあて
★漢字の点や線に注意して書く。
★漢字の送り仮名を正しく書く。
★漢字の音訓をおさえる。

学習日
月　日

教科書 170～172ページ
答え 22ページ

がくトリ 新しい漢字

教科書170ページ	171ページ	171ページ	171ページ	171ページ	171ページ	171ページ
秘 ヒ 10画	聖 セイ 13画	絹 きぬ 13画	拝 ハイ おがむ 8画	鋼 コウ 16画	亡 ボウ 3画	干 カン ほす 3画

171ページ	171ページ	171ページ	171ページ	171ページ	171ページ	171ページ
衆 シュウ 12画	郵 ユウ 11画	賃 チン 13画	孝 コウ 7画	預 ヨ あずける あずかる 13画	穀 コク 14画	俵 ヒョウ たわら 10画

1 （　）に読み仮名を書きましょう。

①門外不出の秘伝。
②複雑な形。
③聖火ランナーになる。
④絹のおりもの。
⑤朝日を拝む。
⑥鉄鋼を生産する。
⑦考えは十人十色だ。
⑧死亡事故を防ぐ。
⑨梅干しを食べる。
⑩郷里を遠くはなれる。
⑪家路につく。
⑫作品を制作する。
⑬石油を輸入する。
⑭先生が指導する。

●読み方が新しい字

2 □に漢字を書きましょう。

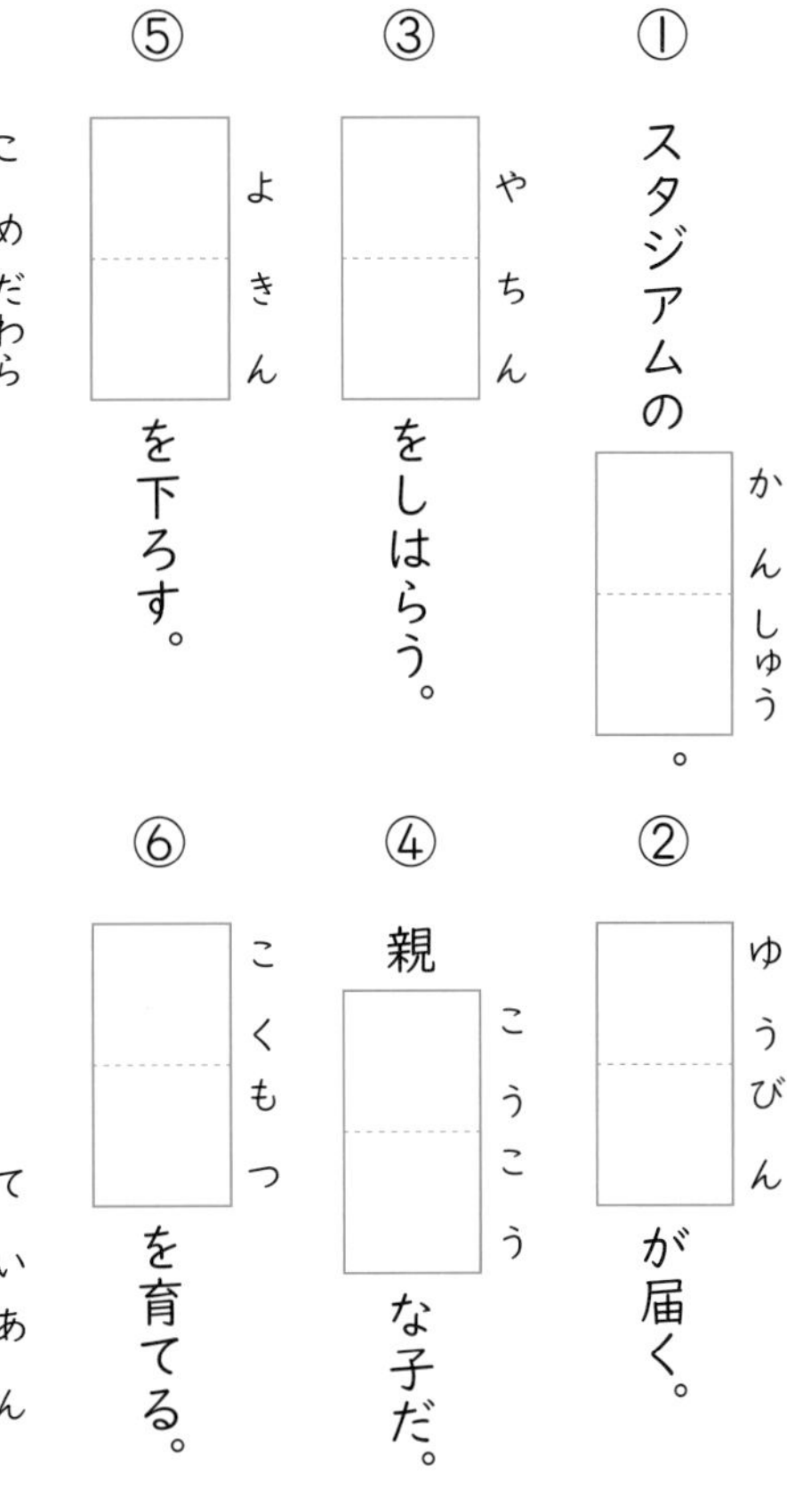

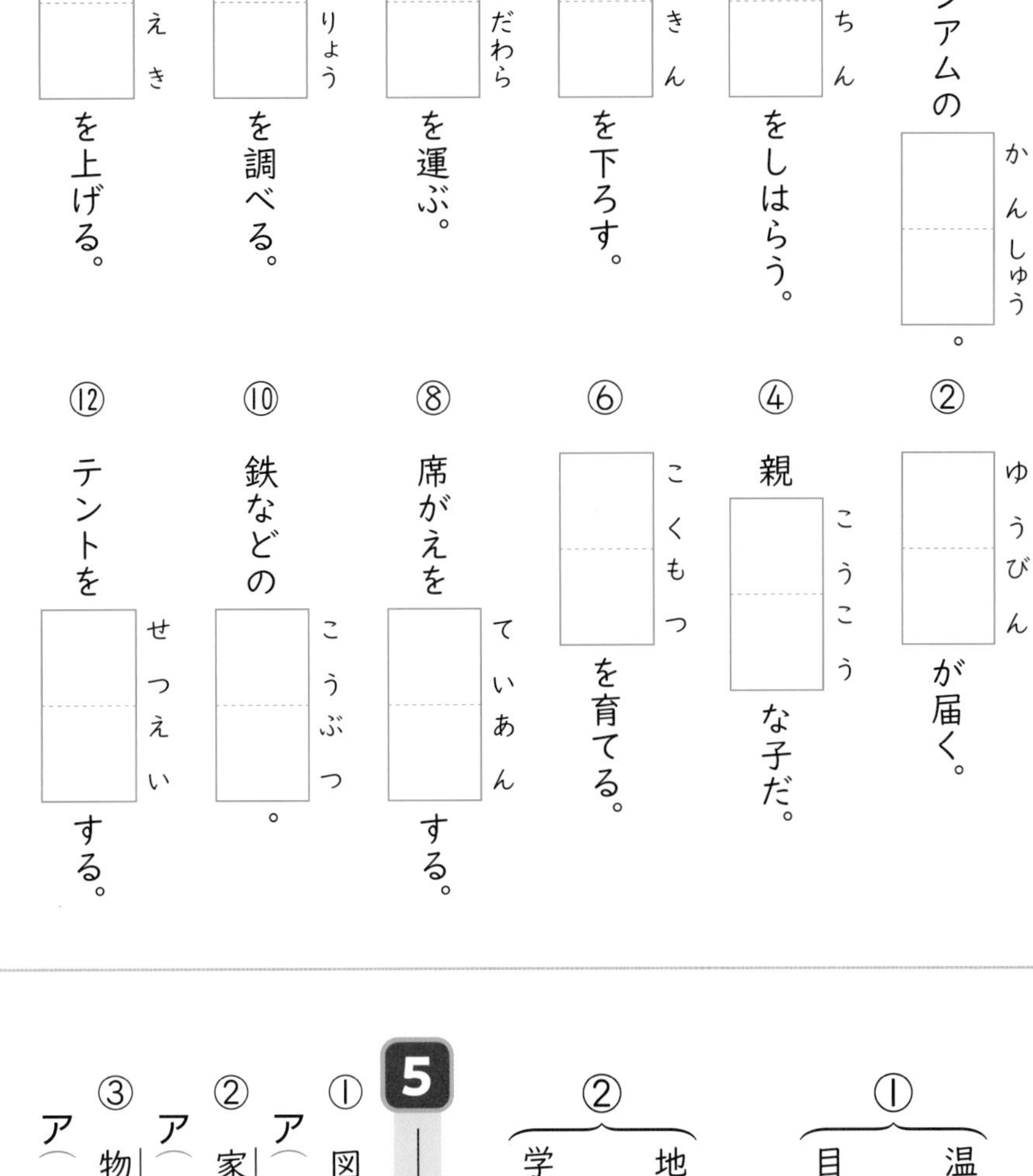

① スタジアムの□（かんしゅう）。

② □（ゆうびん）が届く。

③ □（やちん）をしはらう。

④ 親□（こうこう）な子だ。

⑤ □（よきん）を下ろす。

⑥ □（こくもつ）を育てる。

⑦ □（こめだわら）を運ぶ。

⑧ 席がえを□（ていあん）する。

⑨ □（しりょう）を調べる。

⑩ 鉄などの□（こうぶつ）。

⑪ □（りえき）を上げる。

⑫ テントを□（せつえい）する。

3 ――線の送り仮名が正しいものに、○を付けましょう。

ア（　）自転車の二人乗りは危い。

イ（　）大量生産を試みる。

ウ（　）これまでの生活をふり返える。

4 ――線の平仮名を、漢字と送り仮名で書き分けましょう。

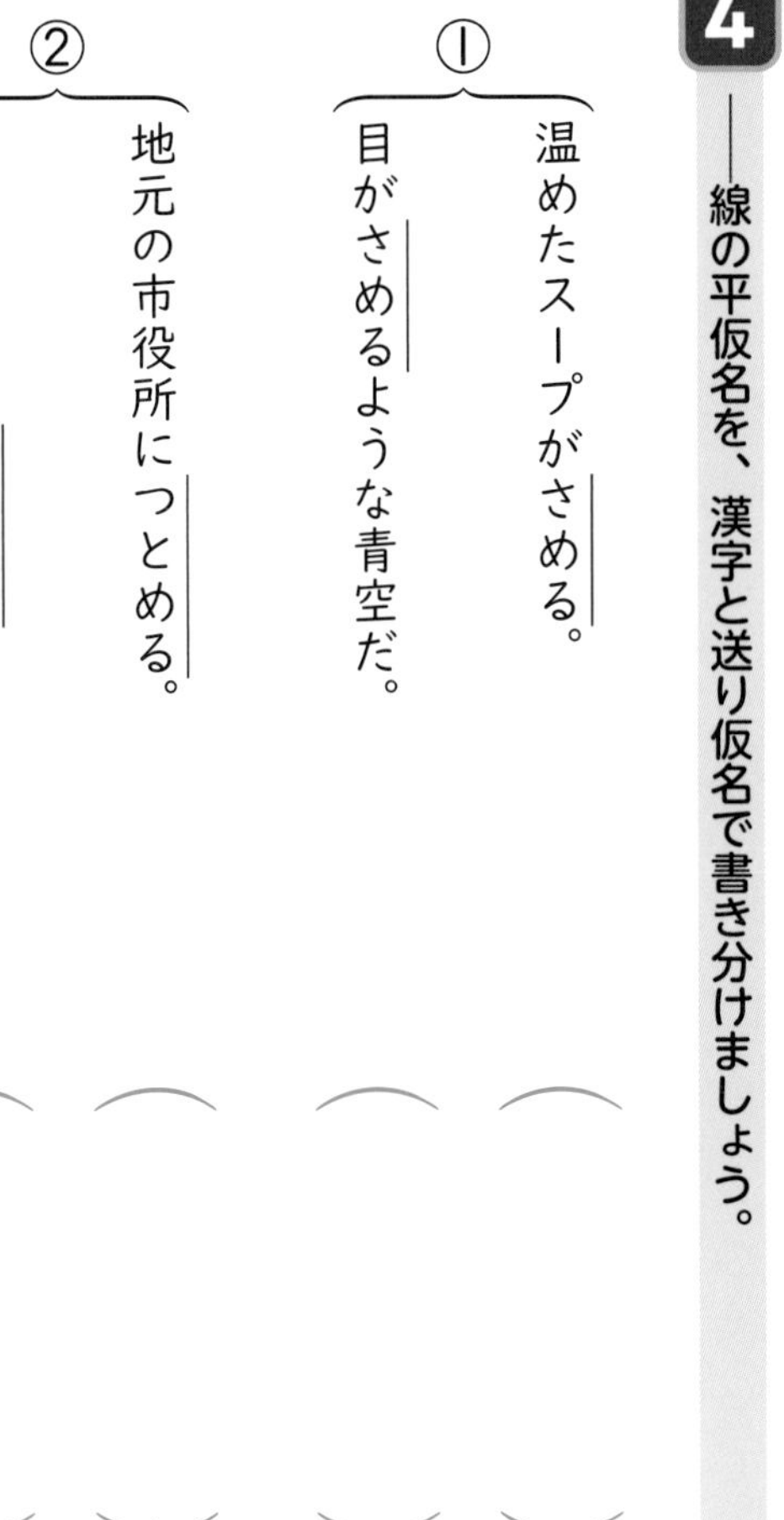

①
- 温めたスープがさめる。（　）
- 目がさめるような青空だ。（　）

②
- 地元の市役所につとめる。（　）
- 学級委員長をつとめる。（　）

5 ――線の読み方と同じものを一つ選んで、○を付けましょう。

① 図形　ア（　）人形　イ（　）形式　ウ（　）形見

② 家族　ア（　）家賃　イ（　）家路　ウ（　）画家

③ 物価　ア（　）物資　イ（　）荷物　ウ（　）物事

6 ――線の平仮名を漢字に直して、作文のようにます目に書きましょう。

ぼうえきをめぐるこくさいじょうせいについて、ほうどう番組でかいせつする。

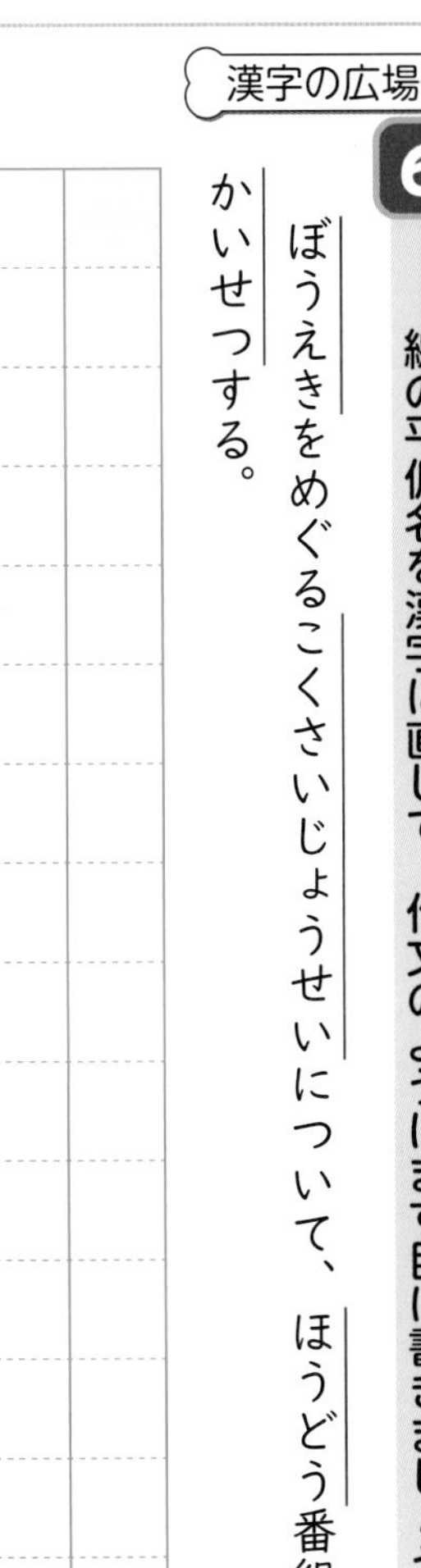

『鳥獣戯画』を読む ～ 漢字の広場④

時間 20分　／100　合格 80点

学習日　月　日

教科書 155～172ページ　答え 23ページ

文章を読んで、答えましょう。

思考・判断・表現

　この絵巻がつくられたのは、今から八百五十年ほど前、平安時代の終わり、平家が天下を取ろうとしていたころだ。『鳥獣戯画』だけではない。この時代には、ほかにもとびきりすぐれた絵巻がいくつも制作され、上手な絵と言葉で、長い物語を実に生き生きと語っている。そして、これら絵巻物に始まり、江戸時代には、絵本（絵入り読み物）や写し絵（幻灯芝居）、昭和時代には、紙芝居、漫画やアニメーションが登場し、子どもだけでなく、大人もおおいに楽しませてきた。十二世紀から今日まで、言葉だけでなく絵の力を使って物語を語るものが、とぎれることなく続いているのは、日本文化の大きな特色なのだ。

　十二世紀という大昔に、まるで漫画やアニメのような、こんなに

1 「この絵巻」について、答えましょう。

① 「この絵巻」とは、何という絵巻ですか。文章から六字で書きぬきましょう。（符号をふくむ。） 5点

② 「この絵巻」は、どの時代のいつごろにつくられましたか。文章から八字で書きぬきましょう。 10点

③ 「この絵巻」がつくられた時代、ほかにも制作されたのはどのような絵巻でしたか。文章の言葉を使って書きましょう。 15点

できたらスゴイ！

2 「これら絵巻物に始まり」とありますが、その後どんなものが登場しましたか。表されている順に文章から五つ書きぬきましょう。 一つ2点(10点)

3 「日本文化の大きな特色」とありますが、それはどんなことです

楽しく、とびきりモダンな絵巻物が生み出されたとは、なんとすてきでおどろくべきことだろう。しかも、筆で描(えが)かれたひとつひとつの絵が、実に自然でのびのびしている。描いた人はきっと、何物にもとらわれない、自由な心をもっていたにちがいない。世界を見渡(わた)しても、そのころの絵で、これほど自由闊達(かったつ)なものはどこにも見つかっていない。描かれてから八百五十年、祖先たちは、幾多(いく)の変転や火災のたびに救い出し、そのせいで一部が失われたり破れたりしたにせよ、この絵巻物を大切に保存し、私(わたくし)たちに伝えてくれた。『鳥獣戯画』は、だから、国宝であるだけでなく、人類の宝なのだ。

高畑 勲「『鳥獣戯画』を読む」より

か。「〜こと。」に続くように文章から探し、その初めと終わりの五字を書きましょう。 10点

□□□□□ 〜 □□□□□ こと。

よく出る

❹ 筆者は「絵巻物」を、現代の何にたとえていますか。文章から六字で書きぬきましょう。 10点

□□□□□□

よく出る

❺ 「筆で描かれたひとつひとつの絵」とありますが、これらの絵から、筆者はどんな人が絵を描いたと想像していますか。 10点

（　　　　）

❻ 「自由闊達」とありますが、ここではどんなことを言っていますか。一つに○を付けましょう。 10点

ア（　）とびきりモダンな絵巻物が、過去に生み出されていたとは信じられないということ。

イ（　）長い物語ではあるが、絵と言葉で上手に語られているということ。

ウ（　）絵が、何物にもとらわれず、実に自然でのびのびとしているということ。

考えを書こう

❼ 「人類の宝なのだ。」とありますが、そういえる理由を考えて書きましょう。 20点

ふりかえり ❼が分からないときは、67ページの 3分でワンポイント にもどって確認(にん)してみよう。

ぴったり3 確かめのテスト②

『鳥獣戯画（ちょうじゅうぎが）』を読む ～ 漢字の広場④

時間 20分

/100

合格 80点

学習日 月 日

教科書 155～172ページ

答え 24ページ

1 読み仮名（がな）を書きましょう。 一つ2点（20点）

① 絵巻物（　）を広げる。

② 宝（　）を見つける。

③ 先人を敬（　）う。

④ 観衆（　）が声をあげる。

⑤ 駅前の郵便（　）局。

⑥ アパートの家賃（　）。

⑦ 親孝行（　）な兄弟。

⑧ 銀行に預金（　）する。

⑨ 穀物（　）が育つ。

⑩ 米俵（　）をかつぐ。

2 □に漢字を、（　）に漢字と送り仮名を書きましょう。 一つ2点（20点）

① 川がいく□（すじ）も流れる。

② 場が（もり）上がる。

③ 人体の□□（こっかく）の標本。

④ □□（きょうど）史を学ぶ。

⑤ □□（ひでん）のたれ。

⑥ □□（せいか）台に点火する。

⑦ □（きぬ）のシャツを着る。

⑧ 神社で（おがむ）。

⑨ □□（てっこう）業を営む。

⑩ 事故で□□（しぼう）する。

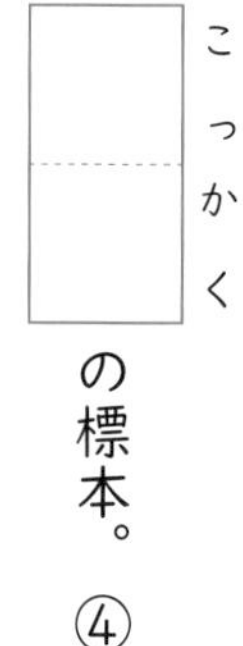
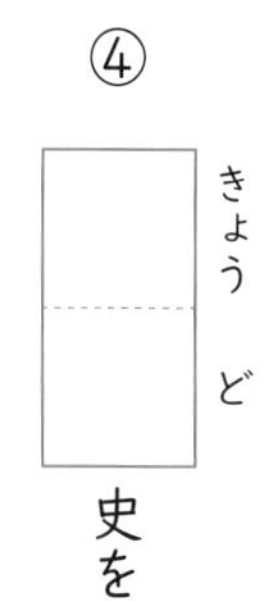
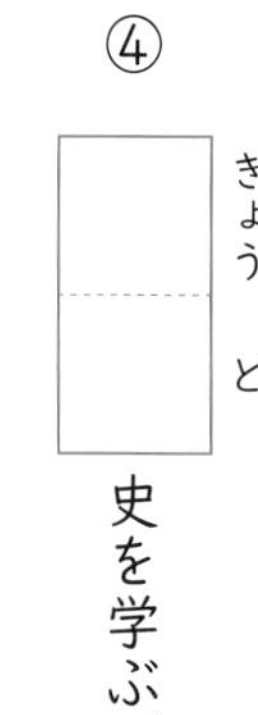

3 次の（　）に当てはまる言葉を□から選んで、記号を書きましょう。

一つ3点(15点)

① 技をかけようと相手に足を（　）。
② 気まずくて相手から顔を（　）。
③ 相手の気合いに気持ちが（　）。
④ 自転車で転んで（　）。
⑤ 巻物を机の上に（　）。

ア もんどりうつ　イ ひるむ
ウ そむける　エ からめる
オ くり広げる

4 ―線の読み方と同じものを一つ選んで、○を付けましょう。

一つ3点(15点)

① 貴重　ア（　）重要　イ（　）重大　ウ（　）尊重
② 預金　ア（　）現金　イ（　）筋金　ウ（　）金物
③ 絵画　ア（　）画数　イ（　）画面　ウ（　）計画
④ 交易　ア（　）容易　イ（　）安易　ウ（　）貿易
⑤ 興味　ア（　）余興　イ（　）興行　ウ（　）新興

5 ―線の送り仮名が正しいものを二つ選んで、○を付けましょう。

全部できて10点

ア（　）畑を耕やす。
イ（　）姿を現わす。
ウ（　）幼いころの思い出。
エ（　）荷物を届ける。

6 思考・判断・表現

あなたは和食のみりょくを伝える文章を書くことになりました。これについて後の問いに答えましょう。

① あなたなら和食のどんなみりょくを最も伝えたいですか。また、それを伝えるためにどんな写真を使いますか。考えて書きましょう。　一つ5点(10点)

●伝えたい和食のみりょく
（　　　　）

●写真
（　　　　）

② 和食のみりょくを伝える文章を「初め」「中」「終わり」の構成で書くことにしました。①に挙げたことは、どの部分に書くとよいですか。一つに○を付けましょう。　10点

ア（　）初め　イ（　）中　ウ（　）終わり

ふりかえり　6②が分からないときは、71ページの5にもどって確認してみよう。

ぴったり1 準備

ぼくのブック・ウーマン

物語を読んで考えたことを、伝え合おう

ヘザー＝ヘンソン 作
藤原宏之（ふじわらひろゆき） 訳

めあて
★人物の考え方の変化を読み取って主題をつかもう。
★物語にえがかれていることを、自分の生活や経験と結び付けて考えよう。

学習日 月 日
教科書 173〜187ページ
答え 24ページ

かきトリ 新しい漢字

教科書174ページ	178ページ	179ページ
訳 ヤク わけ 11画	忘 わすれる 7画	暖 ダン あたたか・あたたかい あたたまる・あたためる 13画

「暖かい」と「温かい」
使い分けに注意しよう。

1 □に読み仮名（がな）を書きましょう。

① 英語の 訳。（　）
② この 辺 の地域。（　）
③ 空を 飛 ぶ。（　）
④ 気分が打ち 解 ける。（　）
⑤ ものを 忘 れる。（　）
⑥ 暖 炉（ろ）に火を入れる。（　）

2 □に漢字を、〔　〕に漢字と送り仮名を書きましょう。

① □□（まいご）の子犬。
② 中学校の□□（せいと）。
③ □□（たからもの）を探す。
④ □□（しょっき）を洗う。
⑤ □□（いっさつ）の本。
⑥ □□（やさい）を育てる。
⑦ 〔いさましい〕馬。
⑧ □（まど）ガラスが割れる。
⑨ 夜道は〔あぶない〕。
⑩ □（わけ）が分からない。
⑪ □□□（ふしぎ）な話。
⑫ □□（いぜん）の出来事。
⑬ □□（してん）を変える。
⑭ □□（そうぞう）上の話。

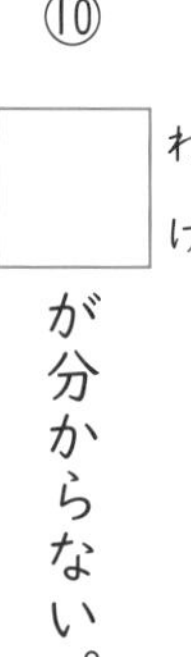
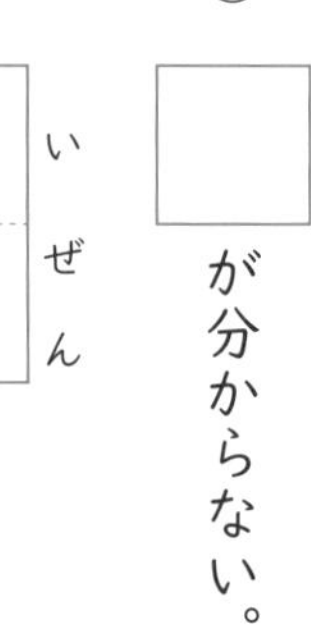

3 正しい意味に○を付けましょう。

① 生き物の気配がする。
ア（　）しっかりとした感じ。
イ（　）どうもそうらしいという感じ。

② 争いごとなんてまっぴらだ。
ア（　）全くいやであること。
イ（　）できればさけたいこと。

③ 人のすることに口をはさむ。
ア（　）反対をする。
イ（　）割りこんで話す。

④ 物音におどろいて首をすくめる。
ア（　）首を縮ませる。
イ（　）首をそらせる。

4 次の□に当てはまる言葉を□から選んで、記号を書きましょう。

①（　）ないことが、起きた。
②（　）黄金でも見るかのように目をかがやかせる。
③ 相手の申し出を（　）断る。
④（　）友達にたのまれても、そんなことはしない。
⑤ 理由を（　）知りたい。

ア まるで　イ めったに　ウ きっぱりと
エ たとえ　オ どうしても

3分でワンポイント

「ぼく」の変化を読み取り、主題をつかもう。

★①〜③に当てはまる言葉を□の中から選んで、記号を書きましょう。

[背景] 一九三〇年代のアメリカ。学校や図書館が近くにない場所。
ぼく「ニワトリの引っかいたあとみたいな文字」を、じっと見つめているのは無理。↓本が読めず、本好きな妹に批判的。

ある日	女の人が本をつめこんだ荷物を持ってやって来た。 ぼく 女の人の行動は（①　）こと。 ↓本などほしくないし、もう来なくてもいい。
ふぶきの日	女の人はやって来た。 ぼく 危険をおそれずかの女がやってくる訳を（②　）。 ↓本を読もうと思い、妹に教えをこう。
冬	ぼく 家にこもりきりだが、不思議と気にならなかった。
春も近い日	ブック・ウーマンが来る。 ぼく 本が（③　）ようになった。 ↓お礼として、だきかかえていた本を読んでみせた。

ア 知りたい　イ むだな　ウ 読める

ぴったり2 練習

物語を読んで考えたことを、伝え合おう

ぼくのブック・ウーマン

学習日 月 日
教科書 173〜187ページ
答え 25ページ

文章を読んで、答えましょう。

やがて、冬をむかえた。雪が積もって、真っ白な世界へと変わる。夜の暗やみの中で、風が、ヤマネコの鳴き声みたいな音を立ててふいている。

ぼくたち家族は、家から一歩も外へ出られない。暖炉（ろ）を囲んで、体をくっつけ合って、じっとしている。こんなふぶきじゃあ、森の小さな生き物だって、ひっそりとかくれているのだろう。

ところが、そんな雪の日に、窓ガラスをトントンとたたく音が聞こえた。そう、あの女の人だった。頭のてっぺんから足の先まで着こんで。

女の人は、家の中に冷たい風が入りこまないように、ドアのすき間から本を手わたした。

父さんが、

「今夜は、とまっていけばいい。」

と言っても、女の人は断った。

「この馬が、私をちゃんと家まで連れていってくれます。」

と言うんだ。

ぼくは、その女の人、ブック・ウーマンが去っていくのを、しばらく見つめていた。いろんな考えが、ぼくの頭の中をぐるぐる回った。まるで、外で風に舞（ま）っている雪のように――。

勇気があるのは馬だけじゃないんだ。乗っている人だって勇気がある。

1 「そんな雪の日」とありますが、この日はどのような日でしたか。

[　　　　　　]みたいな音を立てて風がふきあれ、家から一歩も[　　　　　　]ほど雪がふりしきっている、[　　　]の日。

2 「ぼくは、その女の人、ブック・ウーマンが去っていくのを、しばらく見つめていた。」について、次の問いに答えましょう。

① このとき「ぼく」は、女の人を見て、どのような人だと思いましたか。

とても[　　　　　]人だと思った。

② 「ぼく」が女の人を①のような人だと思ったのは、どのようなことに気づいたからですか。

女の人が、（　　　　）にあうことも（　　　　）、（　　　　）を持ってここにやって来ているということ。

ヒント 女の人のどのような様子に気づいたのかをとらえよう。

3 「外で風に舞っている雪のように」とありますが、ここで「雪」にたとえられているものとは何ですか。文章中から六字で書きぬきとつぜん、ぼくはあのブック・ウーマンが、かぜをひくことも、それよりもっと危ないめにあうこともおそれずに、ここにやって来る訳を、どうしても知りたくなった。

ぼくは、文字と絵のある本を選んで、ラークの方へ差し出した。

「何て書いてあるか、教えて。」

ラークは、笑いもしなければ、からかったりもしなかった。代わりに、ぼくのすわる場所を空けてくれた。

ぼくたち二人は、静かに本を読み始めた。

父さんは、自然をよく見ていれば、冬が長いか短いかはなんとなく分かる、と言う。今年は、これまでになく雪が深く積もり、いつまでも寒さが続くと予想していた。

ほとんど毎日、ぼくら家族は、家にこもりっきりの生活をしていたけれど、ぼくは気にならなかった。自分でも不思議に思うけれど、でも、本当なんだ。

ヘザー＝ヘンソン 作／藤原 宏之 訳「ぼくのブック・ウーマン」より

ましょう。

4 「何て書いてあるか、教えて。」とありますが、「ぼく」はなぜこのように言ったのですか。一つに○を付けましょう。

ア（　）女の人がせっかく大変な思いをして持ってきてくれた本なのだから、読まないと申し訳ないと思ったから。

イ（　）わざわざふぶきの中を来たのだから、女の人はよほどおもしろい本を持ってきたのだろうと思ったから。

ウ（　）女の人が危険をおかして持ってきてくれる本とは、どういうものなのかを知りたくなったから。

5 「ラークは、笑いもしなければ、からかったりもしなかった。」とありますが、このときのラークの様子について述べたものとして、当てはまるものを一つ選んで、○を付けましょう。

ア（　）本に何が書いてあるのかも分からずにいる「ぼく」を、内心ではばかにしている。

イ（　）本ぎらいだった「ぼく」が、自分から本を読む気になったことをかんげいしている。

ウ（　）本に興味のなかった「ぼく」がいきなり本を読みたがりだしたのを見て、とまどっている。

6 「ぼくは気にならなかった。」とありますが、なぜですか。

「ぼく」が家の中で何をして過ごしていたかを考えよう。

ぴったり1 準備

3分でまとめ

相手や目的を明確にして、すいせんする文章を書こう
おすすめパンフレットを作ろう
季節の言葉4　冬のおとずれ

めあて
★相手や目的を明確にしてすいせんする文章を書く。
★誌面を工夫してパンフレットを作る。

学習日
月　日

教科書
188〜195ページ

答え
25ページ

かきトリ！　新しい漢字

「司」は「シ」という音読みを表しているよ。

1 （　）に読み仮名を書きましょう。

①（　）映画を見る。
②（　）興味がある。
③ 情報を（　）確かめる。
④（　）割り付けを工夫する。
⑤（　）実際の出来事。
⑥（　）作詞家になりたい。

2 □に漢字を、（　）に漢字と送り仮名を書きましょう。

① 本の［うらびょうし］。
② 例文を［さんこう］にする。
③ 協力を（よび）かける。
④ 思いを［ひょうげん］する。
⑤［てきせつ］に判断する。
⑥ 時間が（すぎる）。

おすすめパンフレットを作ろう

3 正しい意味に○を付けましょう。

① ページの割り付けを考える。
　ア（　）難しい言葉を簡単な言葉に直すこと。
　イ（　）記事を書く場所を指定すること。
② 自分の部屋でリラックスする。
　ア（　）元気が出ること。
　イ（　）くつろぐこと。
③ 曲がクライマックスをむかえる。
　ア（　）最も盛り上がるところ。
　イ（　）全てがおさまる最後の場面。

4 おすすめパンフレットの作り方をまとめました。□に当てはまる言葉を□から選んで、記号を書きましょう。

① テーマを決め、それにそって（　）するものを選ぶ。
② （　）を集め、くわしく調べる。
③ パンフレット全体の（　）を決める。
④ ページの（　）を考える。
⑤ 文章を書き、推敲して完成させる。

ア 構成　イ 情報　ウ すいせん　エ 割り付け

5 おすすめパンフレットを作るときの注意点を次のようにまとめました。□に当てはまる言葉を□から選んで、記号を書きましょう。

① どのような（　）で、すいせんするものを並べると効果的かを考えて、パンフレットの構成を決める。
② 文章を書く際は、相手や目的、すいせんする（　）を明確にする。
③ 読む人を引きつけるような（　）の工夫をする。
④ 伝えたいことに合った文章を（　）したり、（　）をのせたりする。

ア 引用　イ 理由　ウ 順序
エ 表現　オ 写真

6 次の意味を表す言葉を□から選んで書きましょう。

① 一年の中で最も寒いころ。（　）
② こよみのうえで、冬が始まる日。（　）
③ 「寒の入り」ともいわれる日。この日から、立春までを「寒」という。（　）
④ 一年の中で、昼の時間が最も短く、夜の時間が最も長い日。（　）

冬至　大寒　小寒　立冬

7 友人に冬の便りを書くことにしました。あなたの地域の冬の様子や、あなたがした冬らしいことなどを伝える一文を書きましょう。

例 今日は雪がたくさん積もったので、弟と大きな雪だるまを作りました。

（　）

8 冬に目にする光景や冬を感じる言葉を使って、冬を表す俳句を作りましょう。

（　）

ぴったり3 確かめのテスト

ぼくのブック・ウーマン ～季節の言葉4 冬のおとずれ

時間 20 分

／100

合格 80 点

学習日 月 日

教科書 173～195ページ

答え 26ページ

1 次の文章を読んで、答えましょう。 思考・判断・表現

父さんは、自然をよく見ていれば、冬が長いか短いかはなんとなく分かる、と言う。今年は、これまでになく雪が深く積もり、いつまでも寒さが続くと予想していた。

ほとんど毎日、ぼくら家族は、家にこもりっきりの生活をしていたけれど、ぼくは気にならなかった。自分でも不思議に思うけれど、でも、本当なんだ。

春も近くなって、あのブック・ウーマンがぼくらの家に立ち寄った。

母さんは、女の人に、自分のできるただ一つのプレゼントをした。それは、母さんが大切にしている、キイチゴを使ったパイのレシピだ。母さんの作るパイは、世界一おいしい。

「たいしたことはできませんが、こんな所まで来ていただいたお礼です。」

それから母さんは、声を低くして、ほこらしげに続けた。

「それに、本を読める子をもう一人増やしていただきましたので――。」

ぼくは照れて、首をすくめた。女の人が行こうとしたとき、思い切って自分の気持ちを伝えた。

「ぼくも、何かプレゼントできればいいんだけど――。」

ブック・ウーマンはふり向いて、大きな黒いひとみでぼくを見

(1) 「ほとんど毎日、ぼくら家族は、家にこもりっきりの生活をしていた」とありますが、家で「ぼく」は何をしていましたか。一つに○を付けましょう。 5点

ア（ ）本は読まず、父の手伝いをしていた。

イ（ ）ブック・ウーマンが持ってきた本を読んでいた。

ウ（ ）ブック・ウーマンへのお礼を考えていた。

よく出る

(2) 「自分のできるただ一つのプレゼントをした。」とありますが、どのようなことのお礼として、プレゼントをしたのですか。二つ書きましょう。 一つ5点(10点)

（ ）

（ ）

よく出る

(3) 「自分の気持ち」とは、どのような気持ちですか。書きましょう。 10点

（ ）

(4) 女の人が持ってきてくれた本を、「ぼく」が大切にしている様子が分かる表現を、文章中から八字で書きぬきましょう。 5点

□□□□□□□□

できたらスゴイ！

(5) 「ニワトリの引っかいたあとみたいな文字だと、以前のぼくは思っ

つめた。

「こっちにいらっしゃい、カル。」

とてもやさしい声だった。ぼくは近づいた。

「私のために本を読んでほしいわ。」

ぼくは、だきかかえていた本を開いた。それは、この日届けられたばかりの新しい本だ。ニワトリの引っかいたあとみたいな文字だと、以前のぼくは思っていた。でも、今は、何が書いてあるか分かる。ほんの少しだけ、声に出して読んだ。

「プレゼントは、それで十分。」

女の人はそう言って、顔いっぱいにえみをうかべた。

思わず、ぼくもほほえみ返した。

〈ザー＝ヘンソン 作／藤原 宏之 訳「ぼくのブック・ウーマン」より〉

ていた。」とありますが、「以前のぼく」はなぜこのように思っていたのですか。 10点

（　　　　）

(6)「プレゼントは、それで十分。」とありますが、女の人はどのような気持ちでこのように言ったと考えられますか。 10点

（　　　　）

考えを書こう

(7) この物語の「ぼく」のように、人との関わりがきっかけで、ものの見方や考え方が変わったという自分の経験をふり返って書きましょう。 10点

（　　　　）

2 読み仮名(がな)を書きましょう。　一つ5点(20点)

① 日が暮れる。（　　）
② 紅茶をいれる。（　　）
③ 宝物を見つける。（　　）
④ 危ないことはしない。（　　）

3 □に漢字を、〔　〕に漢字と送り仮名を書きましょう。　一つ5点(20点)

① 英語を□(やく)する。
② 約束を〔　　〕(わすれる)。
③ □(だん)炉(ろ)の火にあたる。
④ 曲の□□(さくし)をする。

この本の終わりにある「冬のチャレンジテスト」をやってみよう！

ふりかえり ❶(5)が分からないときは、79ページの 3分でワンポイント にもどって確認(にん)してみよう。

ぴったり1 準備

詩を朗読してしょうかいしよう
知ってほしい、この名言

めあて
★詩から感じたことを、声で表現する。
★しょうかいしたい言葉を、理由をはっきりさせて選んで伝える。

学習日　月　日
教科書 196〜199ページ
答え 27ページ

がきトリ 新しい漢字

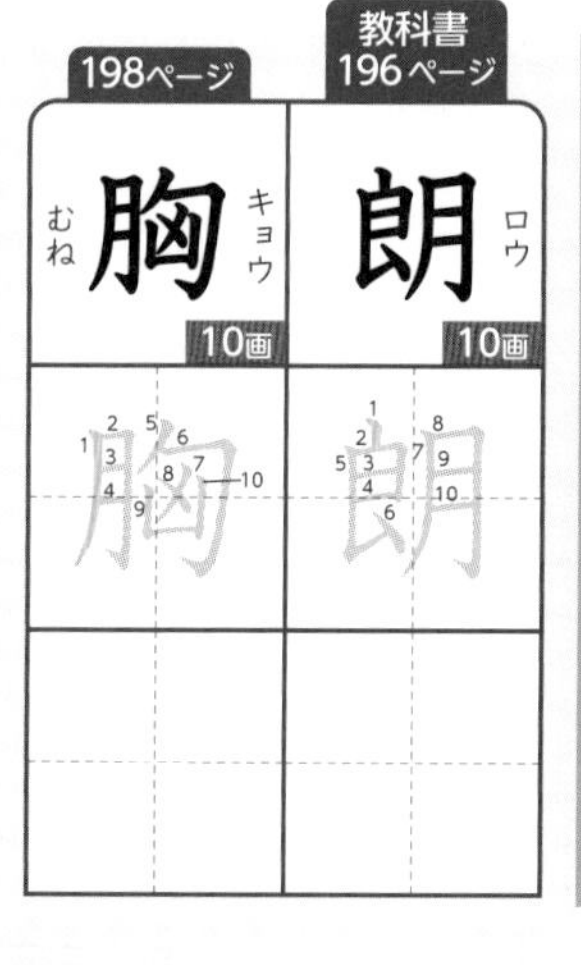

「朗」にも「胸」にも「月」があるけど、「朗」の部首は「月(つき)」、「胸」の部首は「月(にくづき)」だよ。

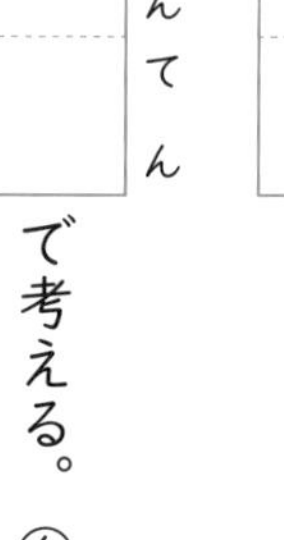

1 □に読み仮名を書きましょう。

①本を朗読する。（　）
②こわい夢を見る。（　）
③未来を想像する。（　）
④品物を選ぶ。（　）
⑤内容を読み取る。（　）
⑥背中をおす。（　）

2 □に漢字を書きましょう。

①（にちじょう）の出来事。
②（むね）を張る。
③国語（じてん）を引く。
④（じゅしょう）式に出る。
⑤別の（かんてん）で考える。
⑥歩行者を（ゆうせん）する。

3 正しい意味に○を付けましょう。

①文章を朗読する。
ア（　）じっくりと読むこと。
イ（　）声を出して読むこと。

②からまった毛糸をほぐす。
ア（　）きつくしめる。
イ（　）ほどいてゆるめる。

③雨だれ石をうがつということわざがある。
ア（　）小さな積み重ねが大きな結果につながる。
イ（　）ちょっとした油断が大きな失敗をまねく。

4 詩を読んで、答えましょう。

〈ぽくぽく〉　八木重吉（やぎじゅうきち）

ぽくぽく
ぽくぽく
まりを　ついてると
にがい　にがい　いままでのことが
ぽくぽく
ぽくぽく
むすびめが　ほぐされて
花がさいたようにみえてくる

(1) 「ぽくぽく／ぽくぽく」について、答えましょう。

① 「ぽくぽく／ぽくぽく」は、何の音ですか。「〜音。」に続くように、七字で書きましょう。

［　　　　　　　］音。

② 「ぽくぽく／ぽくぽく」は、どのように読めばよいですか。一つに○を付けましょう。

ア（　）早口で、力強く読む。
イ（　）ゆったりと、落ち着いた感じで読む。
ウ（　）一定のリズムで、楽しそうに読む。

(2) 「花がさいたようにみえてくる」とありますが、何がそのように見えてくるのですか。詩の中から書きぬきましょう。

（　　　　　　　　）

5 名言を選んでしょうかいするときの手順を次のようにまとめました。［　］に当てはまる言葉を［　］から選んで、記号を書きましょう。

① 自分が「いい言葉だな。」と思う言葉を、（　　）などに書き出す。
② （　　）を立て、図などを使って集めた言葉を比べる。
③ 自分にとっての意味や、伝えたい（　　）を考えて、それぞれの言葉に優先順位をつける。
④ 選んだ言葉を、（　　）や意味とともにカードに書く。
⑤ カードに書いたことを読み合い、心に残ったものをノートに書く。

ア 理由　イ 観点　ウ ふせん　エ 出典

6 田中さんはしょうかいしたい名言を選び、図で整理しました。最も伝える優先順位の高い名言はどれですか。一つに○を付けましょう。

ア（　）好きこそものの上手なれ（ことわざ）

イ（　）明日は明日の風が吹（ふ）く（ことわざ）

ウ（　）たまには逃（に）げてもいいんだよ（私の母）

エ（　）失敗は成功の母（格言）

（縦軸）自分にとって大事な言葉

（横軸）みんなに教えたい言葉

日本の文字文化
コラム　仮名（かな）づかい
漢字の広場⑤

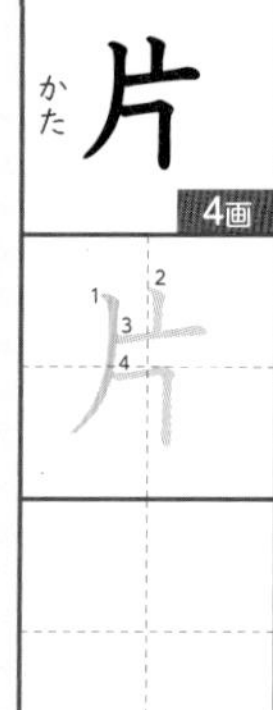

「片」は、字の形と筆順をまちがえないようにしようね。

1 （　）に読み仮名（がな）を書きましょう。

①（　　）由来を調べる。
②（　　）片仮名を書く。
③（　　）綿織物を生産する。
④血液を（　　）採る。

2 □に漢字を書きましょう。

①食料を［ちょぞう］する。
②［はんが］をする。
③手を［しょうどく］する。
④客に［おうたい］する。

日本の文字文化

3 次の言葉の意味を下から選び、――で結びましょう。

① もともと　・　　・ア　初めから。
② 由来する　・　　・イ　一つにまとめる。
③ 統一する　・　　・ウ　いつも。
④ ふだん　・　　・エ　そこからつながりがある。

4 日本語の表記について次のようにまとめました。（　）に当てはまる言葉を［　］から選んで、記号を書きましょう。

① 現在の日本語はふつう、漢字と仮名を使った（　　）で表記される。
② 漢字は一字一字が意味を表す（　　）である。
③ これに対して、仮名は音だけを表す（　　）である。
④ 漢字、仮名のほかに（　　）で表すローマ字も使われる。
⑤ 漢字は（　　）が複数あるが、仮名やローマ字は一つしかない。

ア　表音文字　　イ　漢字仮名交じり文　　ウ　表意文字
エ　読み方　　オ　アルファベット　　カ　意味

めあて
★日本語の表記の特徴（ちょう）や文字の由来を知る。
★正しい仮名づかいで書けるようになる。

学習日
月　日
教科書
200～204ページ
答え
27ページ

5 次のそれぞれの文を、意味がよく分かるように、漢字と平仮名、片仮名を交えて書きましょう。

① しょうがいのあるひとのためにすろーぷをせっちする。

（　　　　）

② きかいをさどうさせるにはこのすいっちをいれます。

（　　　　）

③ しょうがくせいをたいしょうとしたあんけーとにかいとうする。

（　　　　）

6 仮名の由来についてまとめました。（　）に当てはまる言葉を［　］から選んで書きましょう。（同じ言葉は二度使えません。）

① 日本には、もともと（　　　）がなかった。

② （　　　）言葉（和語）を書き表すために、（　　　）から伝わった（　　　）を利用する方法が考え出された。

［中国　やまと　文字　漢字］

7 「万葉仮名（まんようがな）」とは、どんなものですか。一つに○を付けましょう。

ア（　）中国語の発音をまねて、日本語を発音し、それに漢字の音を借りて表したもので、平仮名の元となった。

イ（　）日本語の発音を表すために、意味をそこなわないように、漢字の音を借りて表したもので、片仮名の元となった。

ウ（　）日本語の発音を表すために、漢字の音を借りて表したもので、これを元にして平仮名や片仮名が生まれた。

コラム　仮名づかい

8 次の言葉を仮名づかいに注意して全て平仮名に直して書きましょう。

① 縮まる（　　　）　② 地続き（　　　）

漢字の広場⑤

9 ——線の平仮名を漢字に直して、作文を書くようにます目に書きましょう。

① ひょうばんのいいがんかのいしから、つかれ目にきく薬を処方してもらう。

② おべんとう屋さんでは、えいせいに気をつけて、店内をせいけつにしている。

ぴったり1 準備

筆者の考えを読み取り、テーマについて考えを述べ合おう

「考える」とは
考えることとなやむこと／考えることを考え続ける／考える人の行動が世界を変える

◎めあて
★展開や表現に注目して、筆者の主張をとらえる。
★筆者の主張について、考えを深め、話し合う。

学習日　月　日
教科書 205〜214ページ
答え 28ページ

かきトリ 新しい漢字

教科書206ページ	206ページ
劇 ゲキ 15画	将 ショウ 10画

「将」は、「はらい」や「点」の向きに注意して、バランスよく書こう。

1 （　）に読み仮名を書きましょう。

① 演劇（　）サークルに入る。
② 将来（　）の目標。
③ 両者を混同（　）する。
④ よく似（　）た兄弟。
⑤ 利益（　）を生む。
⑥ アジア系（　）の人。

2 □に漢字を、〔　〕に漢字と送り仮名を書きましょう。

① □（たいおうさく）を練る。
② □（じむしょ）で働く。
③ □（つま）と子。
④ 本を〔　〕（さがす）。
⑤ □（てき）と味方。
⑥ 学校の□（そうりつ）記念日。

考えることとなやむこと

3 正しい意味に○を付けましょう。

① 友達に計画を打ち明ける。
ア（　）どうするか意見を聞く。
イ（　）心のうちをかくさず話す。

② 先生の話を聞いて目からうろこが落ちる。
ア（　）分からなかったことが急に分かるようになる。
イ（　）思いも寄らなかった出来事におどろく。

③ とりあえず準備をする。
ア（　）ほかのことはさしおいてまず。
イ（　）非常に急いで。

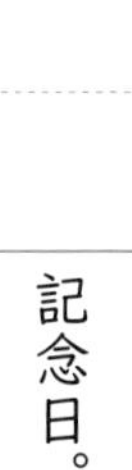
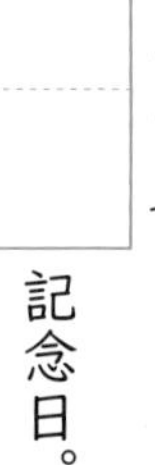
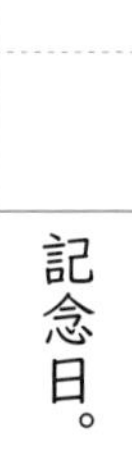
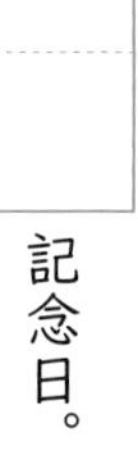

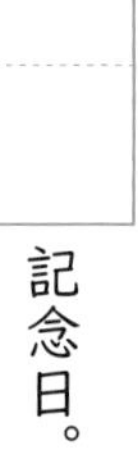

4 次の言葉の意味を□から選んで、記号を書きましょう。

① 根本的な問題を解決する。（　）
② 部屋のかたすみに荷物を置く。（　）
③ 見かけは人間と変わらないロボットを作る。（　）
④ 夢の実現にはほど遠い。（　）
⑤ データを集めて分せきする。（　）
⑥ 雨にもかかわらず、試合は続けられた。（　）

ア 中心部分からはなれた、はじの部分。
イ かなりへだたりがある。
ウ 物事のおおもとになっているさま。
エ 数値などの情報。
オ それなのに。そうであるのに。
カ 外から見た印象。

5 次の言葉に続く言葉を下から選んで、――で結びましょう。

① 難民を　・　　・ ア 起こる
② 紛争が　・　　・ イ かくまう
③ 危険を　・　　・ ウ おかす
④ 社会の流れに　・　　・ エ いつわる
⑤ 身元を　・　　・ オ ほんろうされる
⑥ 関心を　・　　・ カ 寄せる

3分でワンポイント

論の展開に注目して、筆者の考えや主張をとらえよう

★①～③に当てはまる言葉を□の中から選んで、記号を書きましょう。

	考えることとなやむこと（鴻上尚史）	考えることを考え続ける（石黒浩）	考える人の行動が世界を変える（中満泉）
筆者の体験	先輩から、考えることとなやむことを混同してはだめだと言われた。↓目からうろこが落ちた。	小学五年生のとき、人の気持ちを考えろと言われた。↓それ以来、「気持ち」や「考える」とは何かという疑問をもち続けた。	紛争地の国連の事務所に、クロアチア系の男性が、かくまっていたムスリム系の女性を連れてきた。↓隣人が敵同士になるのはおかしいと考えての行動。
筆者の考え・主張	●両者を（①　　）ために、箇条書きにする。←●今やることがはっきりする。	●ロボットが人間のように「考える」ことはまだ難しい。←●「考える」とは何かという問題を（②　　）必要がある。	●社会の流れに疑問をもち、何が正しいかを考えて行動する人が世界を変えてきた。←●AIではなく、人間が考え、（③　　）ことが重要。

ア 行動する　イ 考え続ける　ウ 区別する

筆者の考えを読み取り、テーマについて考えを述べ合おう

考えることとなやむこと

学習日	
月　日	
教科書	206〜207ページ
答え	28ページ

文章を読んで、答えましょう。

するとその先輩は、「それは考えてないよ。なやんでいるだけだね。」と言った。

そして、「考えることとなやむことを混同したらだめだよ。考えるというのは、自分と似た作品を作っている劇団があるか調査したり、観客が何人以上なら利益が出るか計算したりすることさ。おまえは『うまくいくかなあ。』『不安なんですよねえ。』となやんでいるだけだよ。」と続けた。

目からうろこが落ちるとは、このことかと思った。確かに、先輩が言うようなことを三時間考えると、とりあえずやるべきことがうかぶ。でも、三時間なやむだけだと、何もうかばない。ただ時間だけが過ぎていく。

あなたはどうだろう。自分の夢や生き方、友達との関係や勉強のことなどについて、考えているだろうか。それとも、なやんでいるだろうか。

この二つを区別するいちばん簡単な方法は、箇条書きにしてみることだ。例えば、あなたが来週、大勢の前で何かの発表をするとする。なやんでいると、「うまくいくかな。」「失敗したくないな。」「どきどきする。」という思いしか生まれてこない。でも、考えていると、

「一　どんな話し方をしたら聞き取りやすいか。」

「二　いちばん伝えたいことは何か。」

1 「考えることとなやむことを混同したらだめだよ。」について、次の問いに答えましょう。

(1) 「考える」とは、例えばどのようなことだと先輩は述べていますか。二つ書きましょう。

（　　　　）

（　　　　）

(2) 「なやむ」とは、どのようなことですか。一つに○を付けましょう。

ア（　）自分は何をすべきなのかばかりを考えてしまうこと。

イ（　）不安や心配などの思いばかりがうかんでくること。

ウ（　）どんな考えや感情も思いうかんでこないこと。

(3) なぜ「考える」ことと「なやむこと」を混同してはいけないのですか。一つに○を付けましょう。

ア（　）たとえなやんでいるのではなく、考えているのだとしても、よいアイデアが出てくることはないから。

イ（　）考えずになやんでいるのだとすると、何時間たっても何もうかんでこず、時間のむだになるだけだから。

ウ（　）考えることをせずに、なやんでばかりいると、苦しさのあまり前向きな気持ちになることができないから。

と書き出すことができる。そうすると、あなたがやるべきことがはっきりしてくるのだ。

　あなたが今、何かに迷っていたり困っていたりするのなら、何が問題なのかを、箇条書きにしてみよう。それが、「考えることとなやむことを区別する」ということだ。そうすれば、問題を解決するためにやるべきことが、はっきりと見えてくる。

鴻上尚史「考えることとなやむこと」より

2 「目からうろこが落ちるとは、このことかと思った。」とありますが、このときの筆者の気持ちとして当てはまるものを一つ選んで、○を付けましょう。

ア（　）半分はなっとくし、半分は信じられないという気持ち。
イ（　）自分の思っていたとおりだと、自信をもつ気持ち。
ウ（　）はっと気づかされて、なっとくする気持ち。

3 「この二つを区別するいちばん簡単な方法は、箇条書きにしてみることだ。」について、次の問いに答えましょう。

① 「この二つ」とは何と何を指していますか。

（　　　　　　　　　　）

② 箇条書きにしてみることで、どう区別できるのですか。

もし自分が［　　　］いるのなら、具体的なことを［　　　　］ことができるが、［　　　　］いるのなら、できない、というように区別できる。

ヒント　後の部分に具体的に説明されているよ。

③ 二つを区別することは、どのようなことにつながるのですか。

（　　　　　　　　　　）

ヒント　結論が書かれている最後の部分に注目しよう。

ぴったり2

練習②

筆者の考えを読み取り、テーマについて考えを述べ合おう

考えることを考え続ける

学習日
月　日
教科書 208〜209ページ
答え 29ページ

文章を読んで、答えましょう。

人のような見かけをもち、人と話をする、人間らしいロボットの研究に取り組む現在では、五年生からの疑問であった「気持ち」や「考える」が、研究テーマそのものになっている。人間らしいロボットを作るためには、人間みたいに感じたり、考えたりできるよう、ロボットをプログラムしなければならない。そのためには、人の「気持ち」とは何か、人が「考える」とは、何をどうすることなのかを、深く理解する必要がある。

これが、非常に難しい。これまでにも、多くの研究者が、「考える」ロボットの研究に取り組んできた。だが、いまだ人間の「考える」には、ほど遠い。「考える」にも、簡単なものから難しいものがある。計算式をもとに正しく計算したり、多くのデータをもとに対応策を出したりすることは、何をどうするのかをプログラムできるから、ロボットにもできる。しかし、新しいアイデアを出すとか、よく分からないものの仕組みを理解するとか、そういったことは、どのようにプログラムすればよいかが分かっていない。だから、ロボットにはできない。人間がプログラムできないので、ロボットは、人間のように「考える」ことができないのである。

いっぽう人間は、そういったことを説明できなくても、「考える」ことができる。できるけれど、なぜできるのかは説明できない。しかし、いつかは説明できると信じている。だから、私は、まだ

1 「人間らしいロボットの研究」について、次の問いに答えましょう。

① 「人間らしいロボット」は、どうするようにプログラムする必要がありますか。

（　　　）するようにプログラムする必要がある。

② ①のようにして「人間らしいロボット」を作るには、まずどうすることが必要なのですか。書きましょう。

（　　　）

2 「『考える』にも、簡単なものから難しいものがある。」について、次の問いに答えましょう。

① 「簡単なもの」とは、具体的にどのようなことですか。二つ書きましょう。

（　　　）
（　　　）

② 「難しいもの」とは、具体的にどのようなことですか。二つ書きましょう。

まだ研究を続ける必要がある。「考える」とは何かという難しい問題について、考え続けないといけないのである。「考える」ということがどういうことか、解明されていないにもかかわらず。

石黒 浩「考えることを考え続ける」より

（　　　　）

（　　　　）

「ロボットにもできる」「ロボットにはできない」と書かれているよ。

3 「ロボットにはできない。」とありますが、それはなぜですか。一つに○を付けましょう。

ア（　）現時点でのロボットの計算能力では、人間のように考えるには不十分だから。

イ（　）ロボットの思考法がどのようなものなのかを、人間がまだ理解できていないから。

ウ（　）ロボットに人間のように考えさせるプログラムのしかたを、人間がまだ分かっていないから。

4 「そういったこと」とは、どのようなことを指していますか。一つに○を付けましょう。

ア（　）「考える」とは、どういうことなのかということ。

イ（　）ロボットはどのように「考える」のかということ。

ウ（　）どうすれば「考える」ロボットを作れるのかということ。

5 この文章で筆者はどのような思いを伝えようとしていますか。「～という思い。」に続くように、文章から書きぬきましょう。

（　　　　）という思い。

最後の段落に筆者の思いが書かれているよ。

ぴったり2

練習③

筆者の考えを読み取り、テーマについて考えを述べ合おう

考える人の行動が世界を変える

文章を読んで、答えましょう。

一九九三年、私は、ボスニア・ヘルツェゴビナにある国際連合難民高等弁務官事務所で仕事をしていた。当時、この国では、セルビア系、クロアチア系、ムスリム系の三つの民族間で紛争が起こっていた。ある日、事務所に、五十代ぐらいのクロアチア系男性が、二人の女性を連れてやって来た。その二人は、数か月前に戦死したムスリム系の友人の妻とむすめだという。「なんとか、これまで私の家にかくまってきたのですが、もう無理なんです。クロアチア系の兵士たちが見回りに来て、ムスリム系住民がいないか探すのです。ここに連れてくれば、助けてくれるのではないかと思って来ました。」自ら危険をおかし、自分の妻とむすめだといつわってここまで来たかれは、「だって、おかしいじゃないですか。隣人として暮らしていた人たちと、敵・味方になるなんて。」と続けた。

人間は、いつの時代も、社会の大きな流れにほんろうされる存在かもしれない。しかし、一見、どうすることもできないような、その時々の世界の流れの中で、何かがおかしいと感じ、どうすればよいかを考え、行動した人たちがいた。戦争のほりょやぎせい者を救う国際赤十字を創立したデュナンや、敵・味方を問わず、負傷した兵士を看護したナイチンゲール。そして、あのクロアチア系男性だって、そうだ。かれらは、それまで当然とされていたことに疑問をもち、何が正しいのか、どのような社会にしたいの

1 「なんとか、これまで私の家にかくまってきたのですが、もう無理なんです。」とありますが、その男性が女性たちをかくまったのは、どのようなことに疑問をもったからですか。

2 二人の女性を連れてきたクロアチア系の男性について、次の問いに答えましょう。

ヒント　クロアチア系の男性が話したことに注目しよう。

① 筆者はその男性を、どのような人だととらえていますか。一つに○を付けましょう。

ア（　）戦争に協力しながらも、最低限の良心を忘れることがなかった人。

イ（　）時代の流れにしたがって、どうすればよいかを考えて行動した人。

ウ（　）社会の大きな流れに疑問をもち、何が正しいかを考えて行動した人。

② このクロアチア系男性と同じような人の例を、文章から二つ挙げましょう。

学習日　月　日

教科書 210〜211ページ
答え 29ページ

かを考えた。かれらのような人々の行動が、世界を変えてきたのだ。

　これからの世界では、AI（エーアイ）に判断を任せればよいという人がいるが、私はちがうと思う。AIは、過去の多くのデータから効率的な結論を導くだけである。よりよい世界を築くには、人間が、弱い立場の人に心を寄せること、そして、何が大切なのか、何が正しいのか、どういう未来にしたいのかを考え、行動することが重要なのだ。私たち一人一人が、そんな「考える葦（あし）」になれば、どんな課題も解決することができるだろう。

中満 泉「考える人の行動が世界を変える」より

③ このクロアチア系男性のような人がいる一方で、人間の多くはどのような存在だというのですか。文章から書きぬきましょう。

（　　　　　　　　）

3 「それまで当然とされていたこと」とありますが、それはここではどのようなことだと考えられますか。一つに○を付けましょう。

ア（　）戦争はけっしてやってはいけないということ。

イ（　）戦争では敵と味方は戦わなければならないということ。

ウ（　）戦争では敵側とされた人を助けたりはしないということ。

4 「私はちがうと思う。」とありますが、なぜＡＩではだめなのですか。

ＡＩは、（　　　　　　　　）だから。

5 「どんな課題も解決することができるだろう。」とありますが、そのためには、人間がどうすることが重要なのですか。文章中の言葉を使って書きましょう。

（　　　　　　　　）

筆者の主張は最後の部分に書かれているよ。

ぴったり1 準備

言葉について考えよう
使える言葉にするために
日本語の特徴（ちょう）

3分でまとめ

めあて
★場面や状きょうに応じて言葉を適切に使えるようになる。
★日本語の特徴をおさえる。

学習日　月　日
教科書 215～220ページ
答え 30ページ

かきトリ 新しい漢字

教科書216ページ	216ページ	216ページ	216ページ	216ページ	216ページ	216ページ
皇 コウ・オウ 9画	后 コウ 6画	陛 ヘイ 10画	憲 ケン 16画	党 トウ 10画	閣 カク 14画	革 カク 9画

216ページ	216ページ	216ページ	216ページ
宗 シュウ 8画	垂 スイ たれる・たらす 8画	層 ソウ 14画	磁 ジ 14画

「垂」の書き順に注意しよう。

1 （　）に読み仮名（がな）を書きましょう。

① 日本の 天皇。
② 国王 陛下
③ 憲法 を守る。
④ 政党 を支持する。
⑤ 改革 を行う。
⑥ 方位 磁石

●読み方が新しい字

2 □に漢字を書きましょう。

① （こうごう）さまのお言葉。
② （ないかく）総理大臣
③ （しゅうきょう）の歴史。
④ （すいちょく）に立つ。
⑤ 古代の（ちそう）。
⑥ （きんにく）をきたえる。

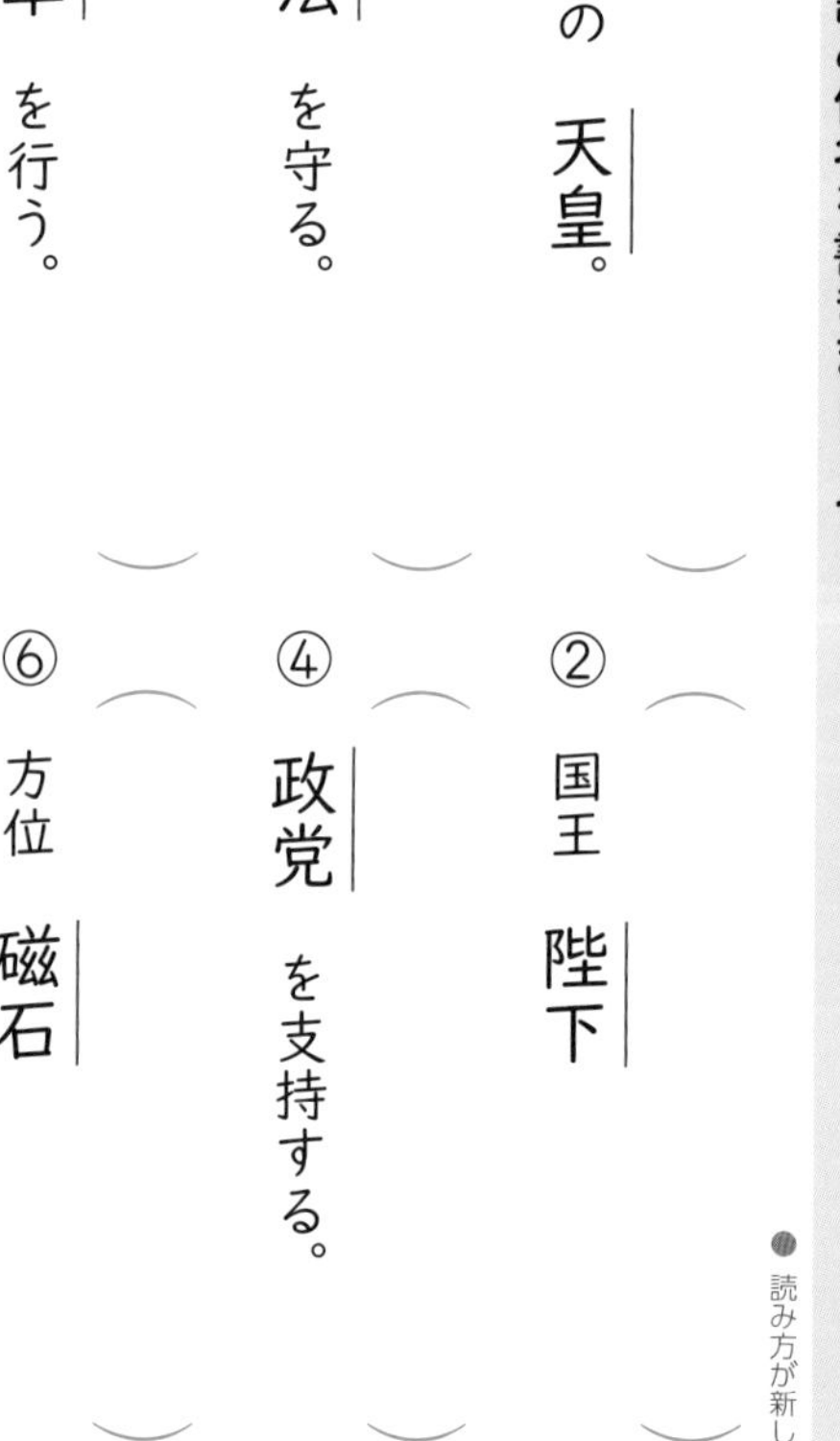

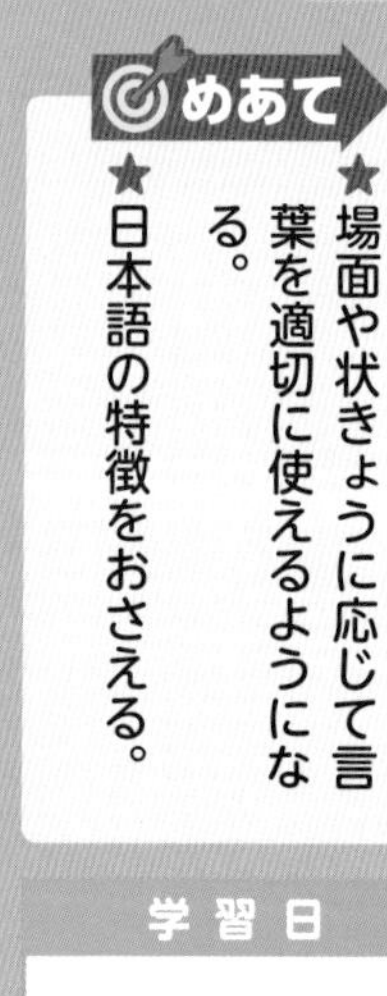

3 次の言葉の意味を[　]から選んで、記号を書きましょう。

① 意図（　　） ② 要旨（　　）

③ 納税（　　） ④ 条約（　　）

⑤ 側面（　　） ⑥ 単位（　　）

ア 税金をおさめること。
イ 文章などの中心となる内容。
ウ 何かをしようとするおもわく。
エ 国と国とでかわされる取り決め。
オ ものごとを数値で表す基準として定められた量のこと。
カ ものの上下や前後ではない横の面。

4 次のそれぞれの言葉の使い方が正しいほうに○を付けましょう。

① 権利
ア（　）国民には自由に発言する権利がある。

イ（　）国民は納税の権利を果たさなければならない。

② 資源
ア（　）多額の資源を使ってイベントを行う。

イ（　）貴重な資源をめぐって争いが起こる。

③ 改革
ア（　）組織の改革を進める。

イ（　）古い規則を改革する。

5 日本語を外国語と比べる場合に注目する点をまとめました。（　）に当てはまる言葉を[　]から選んで、記号を書きましょう。

① 主語・述語・修飾語の（　　）や、主語の（　　）のあるなしなど、文の組み立てに注目する。

② 使っている文字や、言葉のまとまりの示し方など、（　　）のしかたに注目する。

③ どんな（　　）の言葉が多いかや、どんなことを（　　）しているかなど、言葉や表現に注目する。

ア 表記　イ 分野　ウ 語順
エ 区別　オ 省略

6 日本語の特徴を述べたものとして合うものに、全て○を付けましょう。

ア（　）日本語は、文の最後になって、肯定の文なのか否定の文なのかがはっきりする。

イ（　）日本語は、ふつうは主語を省略することがない。

ウ（　）日本語は、漢字と平仮名・片仮名の三種類の文字だけを使って表記する。

エ（　）日本語には、「雨」を表す言葉や、雨に関する表現が非常に少ない。

オ（　）日本語には、自分を指す言葉が「わたし」以外に何通りもある。

書き表し方を工夫して、経験と考えを伝えよう／資料を使って、みりょく的なスピーチをしよう

大切にしたい言葉

今、私は、ぼくは

めあて
★表現を工夫して、自分の思いや経験を的確に伝える。
★資料を使って自分の思いを効果的に伝える。

学習日　月　日
教科書 221〜230ページ
答え 30ページ

かきトリ 新しい漢字

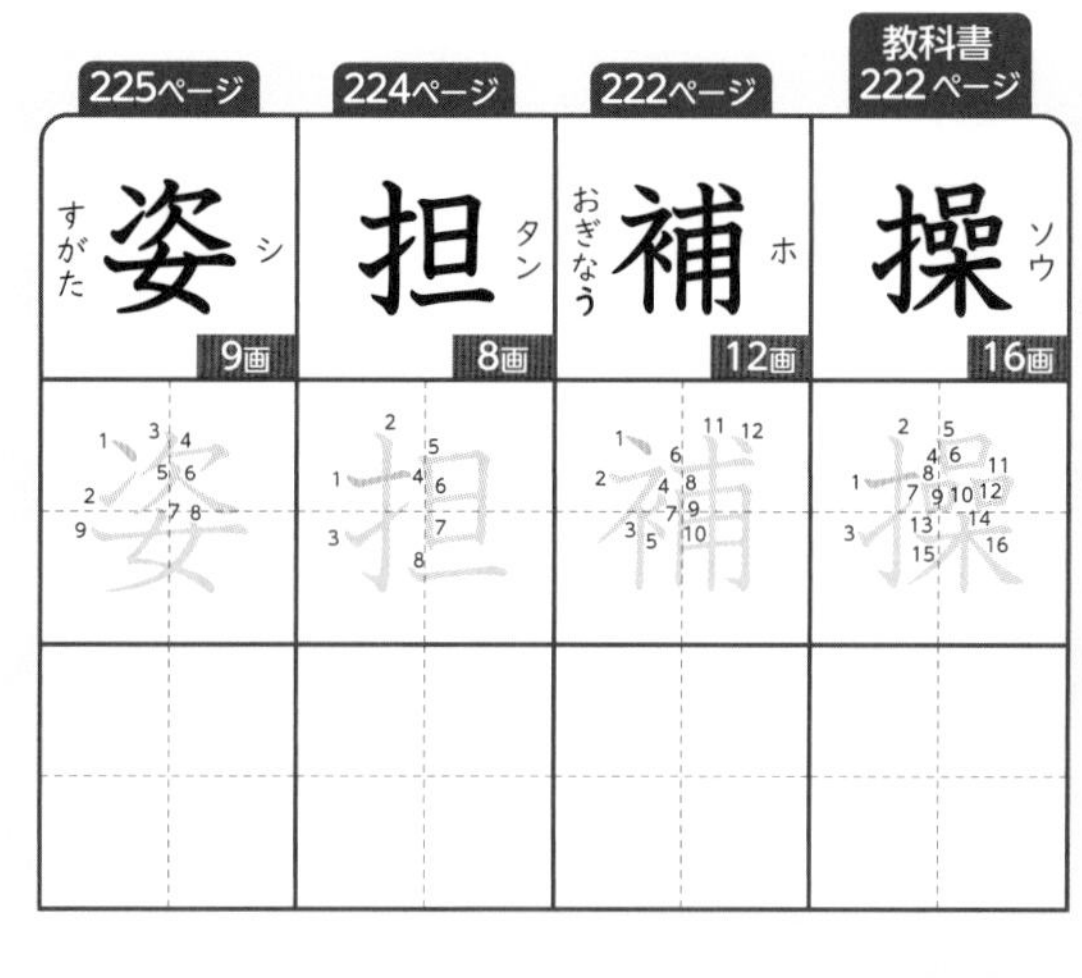

操（ソウ）16画 教科書222ページ
補（ホ・おぎなう）12画 222ページ
担（タン）8画 224ページ
姿（シ・すがた）9画 225ページ
討（トウ）10画 228ページ
専（セン）9画 228ページ

「補」の部首は「ネ（ころもへん）」。「ネ（しめすへん）」ではないよ。

1 　に読み仮名を書きましょう。

① ラジオ 体操 をする。（　　）
② 優勝 を争う。（　　）
③ 選挙に 立候補 する。（　　）
④ 司会を 担当 する。（　　）

2 □に漢字を、〔　〕に漢字と送り仮名を書きましょう。

① 主役を □（えん） じる。
② □（すがた） を現す。
③ □□（しょうらい） の夢を語る。
④ 中止を □□（けんとう） する。
⑤ □□（せんぞく） の通訳。
⑥ 栄養を〔（おぎなう）〕。

大切にしたい言葉

3 八百字程度の字数で、自分の大切にしたい言葉について書く場合、構成の各部分に書く内容を　から選んで、記号を書きましょう。

① 初め（　　）
② 中（　　）
③ 終わり（　　）

ア 大切にしたい言葉に結び付く自分の経験。
イ 選んだ言葉とそれについての説明。
ウ 大切にしたい言葉を、今後どのように生かしていくか。

4 経験と考えを伝える文章の下書きを推敲するときに気をつけることについて、書き直しの例を［　］から選んで、記号を書きましょう。

① 読みにくいところ、分かりにくいところがないか。（　）
② よりくわしく書いたほうがよいところや、簡単に書いたほうがよいところがないか。（　）
③ 自分の考えや感じたことがよく伝わる表現になっているか。（　）

ア 長い文を二文に分ける。
イ 「光栄」を、よりふさわしい言葉に置きかえる。
ウ 「光栄に思った」は、どう光栄だったのか、くわしく書く。

5 次の言葉の意味を［　］から選んで、記号を書きましょう。

① 提示（　）　② 管理（　）　③ 要点（　）
④ 改善（　）　⑤ 一員（　）

ア 主な内容。大切な部分。
イ さし出して見せること。
ウ 悪い点を直してよくすること。
エ よい状態で保てるように注意すること。
オ 仲間の一人。

6 資料を使って、効果的なスピーチをする手順をまとめました。［　］に当てはまる言葉を［　］から選んで、記号を書きましょう

▼スピーチの（①）を決め、内容を整理する。
▼必要な内容や、（②）を考えて、スピーチメモを作る。
● 「初め」「中」「終わり」の三段構成にする。

初め ＝考えていること
中 ＝（③）・感じたこと
終わり ＝（④）思い

▼資料を準備する。
●（②）をもとに、効果的な資料を作る。
▼練習して、スピーチをする。

ア 構成　イ 話題　ウ きっかけ　エ 伝えたい

①（　）　②（　）　③（　）　④（　）

7 スピーチの資料を準備するときに、気をつけることをまとめました。［　］に当てはまる言葉を［　］から選んで、記号を書きましょう。

① 伝えたい内容や、聞き手の知識、（　）に合わせて資料を作る。
② スピーチの（　）が伝わるように、必要な（　）を選んで簡潔に示す。
③ 効果的に伝えるために、必要に応じて、図や表、（　）や絵などを用意する。

ア 関心　イ 写真　ウ 要点　エ 情報

「考える」とは～今、私は、ぼくは

時間 20分 ／100 合格80点

学習日 月 日

教科書 205～230ページ

答え 31ページ

一 二つの文章を読んで、答えましょう。 思考・判断・表現

これが、非常に難しい。これまでにも、多くの研究者が、「考える」ロボットの研究に取り組んできた。だが、いまだ人間の「考える」には、ほど遠い。「考える」にも、簡単なものから難しいものがある。計算式をもとに正しく計算したり、多くのデータをもとに対応策を出したりすることは、何をどうするのかをプログラムできるから、ロボットにもできる。しかし、新しいアイデアを出すとか、よく分からないものの仕組みを理解するとか、そういったことは、どのようにプログラムすればよいかが分かっていない。だから、ロボットにはできない。人間がプログラムできないので、ロボットは、人間のように「考える」ことができないのである。

いっぽう人間は、そういったことを説明できなくても、「考える」ことができる。できるけれど、なぜできるのかは説明できない。しかし、いつかは説明できると信じている。だから、私は、まだ研究を続ける必要がある。「考える」とは何かという難しい問題について、考え続けないといけないのである。「考える」ということがどういうことか、解明されていないにもかかわらず。

石黒 浩「考えることを考え続ける」より

よく出る

1 「いまだ人間の『考える』には、ほど遠い。」について、次の問いに答えましょう。

① 具体的にどのような点が人間の「考える」から「ほど遠い」のですか。「ロボットは、……という点。」という形になるように書きましょう。 20点

( )

② なぜ、ロボットは人間の「考える」から「ほど遠い」ことしか考えられないのですか。 一つ5点(10点)

ロボットをどのように[　　]すればよいかが[　　]から。

よく出る

2 「いつかは説明できる」とありますが、何が説明できるというのですか。一つに○を付けましょう。 10点

ア( )「考える」ロボットが社会に必要である理由。

イ( )人間が説明できないことを「考える」ことができる理由。

ウ( )自分がこれからも研究を続けていく理由。

3 「かれらのような人々」とは、どのような人々ですか。 一つ5点(10点)

2

人間は、いつの時代も、社会の大きな流れにほんろうされる存在かもしれない。しかし、一見、どうすることもできないような、その時々の世界の流れの中で、何かがおかしいと感じ、どうすればよいかを考え、行動した人たちがいた。戦争のほりょやぎせい者を救う国際赤十字を創立したデュナンや、敵・味方を問わず、負傷した兵士を看護したナイチンゲール。そして、あのクロアチア系男性だって、そうだ。かれらは、それまで当然とされていたことに疑問をもち、何が正しいのか、どのような社会にしたいのかを考えた。かれらのような人々の行動が、世界を変えてきたのだ。

これからの世界では、AI（エーアイ）に判断を任せればよいという人がいるが、私はちがうと思う。AIは、過去の多くのデータから効率的な結論を導くだけである。よりよい世界を築くには、人間が、弱い立場の人に心を寄せること、そして、何が大切なのか、何が正しいのか、どういう未来にしたいのかを考え、行動することが重要なのだ。私たち一人一人が、そんな「考える葦（あし）」になれば、どんな課題も解決することができるだろう。

中満泉「考える人の行動が世界を変える」より

その時々の［　　　　　］に疑問をもち、どうすればよいかを考えて、［　　　　］人々。

4 「AI」とありますが、「AI」にできるのは、どのようなことだと述べていますか。「〜こと。」につながるように書きぬきましょう。 10点

［　　　　　　　　］こと。

できたらスゴイ!

5 1と2の文章の筆者は、それぞれどのようなことを「考える」ことが大事だと述べていますか。 一つ10点（20点）

1［　　　　　　　　］

2［　　　　　　　　］

考えを書こう

6 あなたにとって「考える」とはどういうことですか。 20点

［　　　　　　　　］

ふりかえり 5が分からないときは、91ページの 3分でワンポイント にもどって確認（にん）してみよう。

ぴったり3 確かめのテスト②

「考える」とは〜今、私は、ぼくは

時間 20分
／100
合格 80点
学習日 月 日
教科書 205〜230ページ
答え 32ページ

1 読み仮名を書きましょう。 一つ2点(20点)

① 道で転んで 負傷 する。（　　）
② 皇后 になられる。（　　）
③ 内閣 が発足する。（　　）
④ 世界の 宗教。（　　）
⑤ 直線が 垂直 に交わる。（　　）
⑥ 古い 地層 を調べる。（　　）
⑦ 人が 姿 を見せる。（　　）
⑧ 方法を 検討 する。（　　）
⑨ 専属 のコーチ。（　　）
⑩ 説明を 補 う。（　　）

2 漢字を書きましょう。 一つ2点(20点)

① □□（えんげき）を見に行く。
② □□（しょうらい）に備える。
③ □□（てんのう）家の方々。
④ 英国の国王 □□（へいか）。
⑤ □□（けんぽう）記念日
⑥ □□（せいとう）の支持者。
⑦ □□（かいかく）を断行する。
⑧ 鉄が □□（じしゃく）に付く。
⑨ □□（たいそう）の選手。
⑩ 役割を □□（たんとう）する。

3 次の言葉はどの教科に関係する言葉ですか。［　］から選んで、記号を書きましょう。 一つ3点(12点)

① 推敲（　　） ② 消化（　　）
③ 倍数（　　） ④ 貿易（　　）

ア 国語　イ 算数　ウ 理科　エ 社会

4 次の言葉を使って短文を作りましょう。 一つ5点(15点)

① 主張（　　）
② 義務（　　）
③ 調理（　　）

5 日本語の特徴として正しくないものはどれですか。一つに○を付けましょう。 5点

ア（　）ふつう、述語は文の最後にくる。

イ（　）主語は省略されることが少なくない。

ウ（　）漢字を使って少ない文字数で意味を表すことができる。

エ（　）全ての分野で外国語より表現が豊かである。

6 思考・判断・表現 文章の書き表し方を工夫するときのポイントをまとめました。（　）に当てはまる言葉を［　］から選んで、記号を書きましょう。 一つ3点(18点)

① 事実や経験を、分かりやすい文章で書くように心がける。
- 一文が（　）なりすぎないように注意する。
- くわしく書くところと、（　）書くところを区別する。

② 思いが的確に伝わるように書く。
- 伝えたいことに対して、適切な（　）を選ぶようにする。
- 音読したときの言葉の（　）やリズムに注意する。
- （　）や、様子を表す言葉などを効果的に使う。
- （　）を入れかえたり、文末表現を変えたりしてもよい。

ア 言葉　イ 簡単に　ウ 長く
エ ひびき　オ たとえ　カ 語順

7 思考・判断・表現 スピーチをするときの注意点として当てはまるものを全て選んで、○を付けましょう。 全部できて10点

ア（　）何を特に伝えたいのかを考えて、声の強弱や話す速さを工夫する。

イ（　）話しているとちゅうで間を取ることはせず、同じ調子で話すようにする。

ウ（　）聞いている人の表情や反応を見て、必要なら言葉をくり返したり補ったりする。

エ（　）資料を示すときも聞いている人から目をはなさず、話すことに集中する。

ふりかえり 6が分からないときは、101ページの4にもどって確認してみよう。

ぴったり1 準備

登場人物の生き方について、考えたことを話し合おう

海の命
立松(たてまつ) 和平(わへい)

漢字の広場⑥

めあて
★場面ごとの出来事をつかみ、結末までの展開をとらえる。
★主人公の考え方や生き方をとらえる。

学習日 月 日
教科書 231～247ページ
答え 32ページ

かきトリ 新しい漢字

教科書232ページ	235ページ	240ページ	241ページ	241ページ	243ページ
潮 チョウ しお 15画	針 シン はり 10画	穴 あな 5画	灰 はい 6画	奮 フン ふるう 16画	済 サイ すむ・すます 11画

「奮う」は送り仮名に注意しよう。

1 ◯に読み仮名を書きましょう。

① 潮の満ち引き。
② つり針に魚がかかる。
③ 穴を空ける。
④ チームに所属する。

2 □に漢字を、◯に漢字と送り仮名を書きましょう。

① □(はいいろ)の雲。
② 観客が□(こうふん)する。
③ 夕食の準備が◯(すむ)。
④ □(さくら)の花を見る。
⑤ 毎日の□(しゅうかん)に従う。
⑥ 国語の□(じゅぎょう)。

3 次の言葉に続く言葉を下から選び、――で結びましょう。 海の命

① 岩かげに魚が ・
② つり糸を ・
③ 海の魚は多くて ・
④ ついに夢が ・

・ア 実現する
・イ ひそむ
・ウ 数限りない
・エ たぐる

4 正しい意味に○を付けましょう。

① 勝つと言ってはばからない。

ア（　）実は、自信がない。
イ（　）えんりょしない。

② 病院で事切れる。

ア（　）息が絶える。
イ（　）言葉がとぎれる。

③ 全てをさとる。

ア（　）分かる。気づく。
イ（　）あきらめる。断念する。

④ いつしか雨もやんだ。

ア（　）待っているうちに。
イ（　）いつの間にか。

5 ——線の平仮名を漢字に直して、作文のようにます目に書きましょう。

しんかんせんに乗って、しゅうがくりょこうに出かけた。旅のけいけんをきこうぶんに書き、記念としておんしにおくった。

3分でワンポイント

物語の展開に注目して、人物の生き方をとらえる。

★①～③に当てはまる言葉を□の中から選んで、記号を書きましょう。

場面	太一と他の人物とのかかわり
父と太一	太一　漁師になり、父とともに海に出ることを志す。 父　けんきょなもぐり漁師。瀬の主をとろうとして死ぬ。
与吉じいさと太一	太一　中学卒業後、与吉じいさに弟子にしてもらう。 与吉じいさ　「千びきに一ぴきでいい」と語る。 ↓太一は①（　）になっていた。 与吉じいさの死を受け入れ、与吉じいさに感謝した。
母と太一	母　太一が父親が死んだ瀬にもぐるのではないかと心配。 ↔　太一は②（　）をも背負おうとする。 太一　海は、自由な世界。↓父の死んだ瀬にもぐる。
瀬の主と太一	クエ　おだやかな目で殺されたがっているように見えた。 太一　クエが、父だとも③（　）だとも思え、殺さなかった。
その後	太一　やがてけっこんし、家族と海を守り続けた。

ア 海の命　イ 母の悲しみ　ウ 村一番の漁師

海の命

登場人物の生き方について、考えたことを話し合おう

文章を読んで、答えましょう。

中学校を卒業する年の夏、太一は与吉じいさに弟子にしてくれるようたのみに行った。与吉じいさは、太一の父が死んだ瀬に、毎日一本づりに行っている漁師だった。

「わしも年じゃ。ずいぶん魚をとってきたが、もう魚を海に自然に遊ばせてやりたくなっとる。」

「年を取ったのなら、ぼくをつえの代わりに使ってくれ。」

こうして太一は、無理やり与吉じいさの弟子になったのだ。

与吉じいさは瀬に着くや、小イワシをつり針にかけて水に投げる。それから、ゆっくりと糸をたぐっていくと、ぬれた金色の光をはね返して、五十センチもあるタイが上がってきた。バタバタ、バタバタと、タイが暴れて尾で甲板を打つ音が、船全体を共鳴させている。

太一は、なかなかつり糸をにぎらせてもらえなかった。つり針にえさを付け、上がってきた魚からつり針を外す仕事ばかりだ。つりをしながら、与吉じいさは独り言のように語ってくれた。

「千びきに一ぴきでいいんだ。千びきいるうち一ぴきをつれば、ずっとこの海で生きていけるよ。」

1 「無理やり与吉じいさの弟子になったのだ。」とありますが、なぜ「無理やり」なのですか。

与吉じいさは、もう［　　］なので、［　　］をやめようと考えていたから。

2 「太一は、なかなかつり糸をにぎらせてもらえなかった。」とありますが、なぜだと考えられますか。一つに○を付けましょう。

ア（　）与吉じいさは、太一に漁師になることをあきらめさせようと思っていたから。

イ（　）与吉じいさは、太一に漁師の仕事の心構えから教えようとしているから。

ウ（　）つり糸をにぎるのは師である与吉じいさの仕事で、弟子である太一がその手伝いをするのは当然だったから。

3 「千びきに一ぴきでいいんだ。」について、答えましょう。

(1) 「千びきに一ぴきでいいんだ。」という言葉で、与吉じいさは太一にどんなことを伝えようとしたのですか。一つに○を付けましょう。

ア（　）少しでも多くの魚をとろうとするのではなく、必要な分だけとればよいということ。

イ（　）千びきに一ぴきをとれるようになれば、一人前の漁師だということ。

ウ（　）千びきに一ぴきしかとれないほど、漁師は大変であるということ。

学習日
月　日
教科書
231～246ページ
答え
33ページ

与吉じいさは、毎日タイを二十ぴきとると、もう道具を片づけた。

季節によって、タイがイサキになったりブリになったりした。

弟子になって何年もたったある朝、いつものように同じ瀬に漁に出た太一に向かって、与吉じいさはふっと声をもらした。そのころには、与吉じいさは船に乗ってこそきたが、作業はほとんど太一がやるようになっていた。

「自分では気づかないだろうが、おまえは村一番の漁師だよ。太一、ここはおまえの海だ。」

船に乗らなくなった与吉じいさの家に、太一は漁から帰ると、毎日魚を届けに行った。真夏のある日、与吉じいさは暑いのに、毛布をのどまでかけてねむっていた。太一は全てをさとった。

「海に帰りましたか。与吉じいさ、心から感謝しております。おかげさまでぼくも海で生きられます。」

悲しみがふき上がってきたが、今の太一は自然な気持ちで、顔の前に両手を合わせることができた。父がそうであったように、与吉じいさも海に帰っていったのだ。

立松 和平「海の命」より

② 「千びきに一ぴきでいいんだ。」と言う与吉じいさが、実際にしていたことが書かれた一文を文章から探し、初めと終わりの五字を書きましょう。

□□□□□ 〜 □□□□□

4 「弟子になって何年もたった」とありますが、そのころ、与吉じいさは太一のことをどう思っていましたか。文章から六字で書きぬきましょう。

□□□□□□

ヒント 与吉じいさは太一に向かって、どんなことをふっともらしているかな。

5 「太一は全てをさとった。」とありますが、太一はどんなことをさとったのですか。

（　　　　　　　　　　）

ヒント 直後の太一の言葉に着目しよう。

6 「両手を合わせることができた。」とありますが、このとき太一はどんな気持ちでしたか。一つに○を付けましょう。

ア（　）与吉じいさに少しでも長生きしてほしかったが、しかたがないと思っている。

イ（　）与吉じいさにもっといろいろ教えてもらえばよかったと、くやんでいる。

ウ（　）自分を海で生きていけるようにしてくれた与吉じいさに、感謝している。

海の命
漢字の広場⑥

時間 20分

／100

合格 80点

学習日 月 日

教科書 231～247ページ

答え 34ページ

文章を読んで、答えましょう。

思考・判断・表現

追い求めているうちに、不意に夢は実現するものだ。

太一は海草のゆれる穴のおくに、青い宝石の目を見た。

海底の砂にもりをさして場所を見失わないようにしてから、太一は銀色にゆれる水面にうかんでいった。息を吸ってもどると、同じ所に同じ青い目がある。ひとみは黒いしんじゅのようだった。刃物のような歯が並んだ灰色のくちびるは、ふくらんでいて大きい。魚がえらを動かすたび、水が動くのが分かった。岩そのものが魚のようだった。全体は見えないのだが、百五十キロはゆうにこえているだろう。

興奮していながら、太一は冷静だった。これが自分の追い求めてきたまぼろしの魚、村一番のもぐり漁師だった父を破った瀬の主なのかもしれない。太一は鼻づらに向かってもりをつき出すのだが、クエは動こうとはしない。そうしたままで時間が過ぎた。しかし、息が苦

よく出る

1 「追い求めているうちに、不意に夢は実現するものだ。」とありますが、太一はどんな夢を追い求めていたのですか。一つに○を付けましょう。 10点

ア（　）村一番のもぐり漁師になること。

イ（　）青い宝石の目の正体をあばくこと。

ウ（　）父を破った瀬の主をしとめること。

2 「同じ所」とはどこですか。文章から十字で書きぬきましょう。 5点

3 「魚がえらを動かすたび、水が動く」という表現から、どんな魚であることが分かりますか。 10点

（　　　　）

4 「太一は冷静だった。」とありますが、それはなぜですか。一つに○を付けましょう。 10点

ア（　）父を破った瀬の主かどうかを見きわめ、命をうばおうと思ったから。

イ（　）瀬の主の命をうばう力が自分にあるかどうかを確かめていたから。

ウ（　）瀬の主のおだやかな目を見ているうちに、気持ちが落ち着いたから。

5 「そうしたまま」とありますが、これはどんな状態を指していますか。 10点

しくなって、またうかんでいく。

もう一度もどってきても、瀬の主は全く動こうとはせずに太一を見ていた。おだやかな目だった。この大魚（たいぎょ）は自分に殺されたがっているのだと、太一は思ったほどだった。これまで数限りなく魚を殺してきたのだが、こんな感情になったのは初めてだ。この魚をとらなければ、本当の一人前の漁師にはなれないのだと、太一は泣きそうになりながら思う。

水の中で太一はふっとほほえみ、口から銀のあぶくを出した。もりの刃先を足の方にどけ、クエに向かってもう一度えがおを作った。

「おとう、ここにおられたのですか。また会いに来ますから。」

こう思うことによって、太一は瀬の主を殺さないで済んだのだ。大魚はこの海の命だと思えた。

立松 和平「海の命」より

6 できたらスゴイ！

「こんな感情」について、答えましょう。

① 「こんな感情」とは、どんな感情ですか。 10点

② 太一は、なぜ「こんな感情」をいだいたのですか。 10点

7 「太一は泣きそうになりながら」とありますが、太一が泣きそうになったのはなぜですか。一つに〇を付けましょう。 10点

ア（　）あまりにも大きな魚をしとめる自信がなかったから。

イ（　）父のかたきの魚をしとめることに喜びを感じたから。

ウ（　）この魚を殺したくないという気持ちが生じていたから。

よく出る

8 「大魚はこの海の命だと思えた。」とありますが、「海の命」とはどのようなものですか。一つに〇を付けましょう。 10点

ア（　）海で生きる漁師にとっての、守り神のようなもの。

イ（　）半人前の太一の力では、命をうばうことのできないもの。

ウ（　）海に生きる全てを包みこむ、海の自然そのもの。

考えを書こう

9 太一が瀬の主を殺さなかったのはなぜですか。「海の命」という言葉を使って書きましょう。 15点

ふりかえり 9が分からないときは、107ページの 3分でワンポイント にもどって確認（にん）してみよう。

ぴったり1 準備

卒業するみなさんへ 中学校へつなげよう 生きる

人間は他の生物と何がちがうのか

福岡(ふくおか) 伸一(しんいち)

めあて
★これまで学習した言葉の力を確かめよう。
★キーワードをおさえて、内容を読み取ろう。
★対比に注目して、筆者の主張をとらえよう。

学習日 月 日
教科書 248〜260ページ
答え 35ページ

1 （ ）に読み仮名(がな)を書きましょう。

① 出来事を 報告（ ）する。
② 会議で 提案（ ）する。
③ 俳句（ ）をよむ。
④ 反論（ ）を予想する。
⑤ 物語が 展開（ ）する。
⑥ 泣（ ）ける話だ。
⑦ 心が 傷（ ）つく。
⑧ 時間が 過（ ）ぎる。
⑨ チョウの 幼虫（ ）。
⑩ 上の 段階（ ）に進む。
⑪ 植物の 花粉（ ）。
⑫ 不確（ ）かな話。
⑬ 基本（ ）的人権を学ぶ。
⑭ 脳（ ）をきたえる。

2 □に漢字を、（ ）には漢字と送り仮名を書きましょう。

① 小説を □（ろうどく） する。
② 文章を □（ようやく） する。
③ □（じょうけい） を想像する。
④ 地面に □（あな） をほる。
⑤ チョウが □（たまご） を産む。
⑥ みつを （ す う ）。
⑦ □（せいぞん） 競争に勝つ。
⑧ □（じっさい） の体験。
⑨ 必死で生き （ の び る ）。
⑩ 人間の （ と う と い ） 命。
⑪ □（かち） を認める。
⑫ □（さいがい） に備える。
⑬ 興味深い □（げんしょう）。
⑭ 命の □（こんげん）。

3 六年間の国語の学習で、「書く」ことについて、次のときにできるようになったことを一つずつ書きましょう。

① 提案する文章を書くときの構成を考えるとき。

（　　　　）

② 提案する文章を書くとき。

（　　　　）

③ 自分が書いた提案する文章を見直すとき。

（　　　　）

4 正しい意味に○を付けましょう。

① 元気な産声（うぶごえ）が聞こえる。

ア（　）赤ちゃんが生まれたとき、はじめて出す泣き声。

イ（　）赤ちゃんが生まれたとき、周りの人が喜ぶ声。

② 人がおもむろに現れる。

ア（　）ゆっくりと。

イ（　）急に。

③ ひるがえって人間の場合はどうだろうか。

ア（　）だからこそ。したがって。

イ（　）反対に。その一方で。

3分でワンポイント

対比に着目して筆者の考えをとらえよう。

★①〜③に当てはまる言葉を□の中から選んで、記号を書きましょう。

ツチハンミョウ

数千個の卵のうち、一ぴきか二ひきしか育たない、不確かで非効率的な生存方法をとっている。

←

①（　　）の命より②（　　）の保存を重視。

これは、ツチハンミョウだけでなく他の生物も同様。

↔

人間

②（　　）の保存よりも、①（　　）の命が最重要。←人間の特性

● だれもが平等で大切な存在 ＝基本的人権の尊重

筆者の主張

人間は、脳を発達させ、言葉を生み出した。

そして、①（　　）の命を大切にしたほうが、みんなが幸せになれるという考えを、言葉で共有してきた。＝言葉の力

↕いっぽうで

言葉の力は万能ではないから、③（　　）が必要。

● 言葉の力をみがき、言葉で世界を解き明かしてほしい。

ア 種　イ 個体　ウ けんきょさ

生きる

学習日 月 日
教科書 252～255ページ
答え 35ページ

詩を読んで、答えましょう。

生きる
谷川(たにかわ) 俊太郎(しゅんたろう)

生きているということ
いま生きているということ
それはのどがかわくということ
木もれ陽(び)がまぶしいということ
ふっと或(あ)るメロディを思い出すということ
くしゃみすること
あなたと手をつなぐこと

生きているということ
いま生きているということ
それはミニスカート
それはプラネタリウム
それはヨハン・シュトラウス
それはピカソ
それはアルプス
すべての美しいものに出会うということ
そして
かくされた悪を注意深くこばむこと

1 この詩は、いくつの連からできていますか。漢数字で書きましょう。

（　　　）連

2 この詩は、どんな形式で、どんな表現を用いて書かれていますか。一つに○を付けましょう。

ア（　）現代の話し言葉を用いていて、行の音数に決まりはなく、くり返しの表現が多用されている。

イ（　）現代の話し言葉を用いていて、行の音数に一定の決まりがあり、くり返しの表現が多用されている。

ウ（　）昔の話し言葉を用いていて、行の音数に決まりはなく、たとえの表現が多用されている。

3 第一連では、どんな観点から「生きている」ということを表現していますか。一つに○を付けましょう。

ア（　）人間として、創造的に生きているということ。

イ（　）何事にも無関心に、生きているということ。

ウ（　）人間として、ふつうの日常を生きているということ。

ヒント 「のどがかわく」「思い出す」「手をつなぐ」などから考えよう。

4 「美しいもの」として挙げられているものを、詩から順に五つ書きぬきましょう。

（　　　）（　　　）

（　　　）（　　　）

（　　　）

生きているということ
いま生きているということ
泣けるということ
笑えるということ
怒(おこ)れるということ
自由ということ

生きているということ
いま生きているということ
いま遠くで犬がほえるということ
いま地球がまわっているということ
いまどこかで産声(うぶごえ)があがるということ
いまどこかで兵士が傷つくということ
いまぶらんこがゆれているということ
いまいまが過ぎてゆくこと

生きているということ
いま生きているということ
鳥ははばたくということ
海はとどろくということ
かたつむりははうということ
人は愛するということ
あなたの手のぬくみ
いのちということ

5 「かくされた悪を注意深くこばむこと」とは、どういうことですか。一つに○を付けましょう。

ア（　）どんなことにも注意して、疑いの目を向けるということ。
イ（　）物事の本質を見きわめ、悪を退けるということ。
ウ（　）自分にある悪の部分には目をつぶるということ。

6 第三連では、生きていることは何だと表現していますか。漢字二字で書きましょう。

7 第四連で強調されている言葉を書きぬきましょう。

8 「鳥ははばたく……はうということ」に表現されているのは、何の様子ですか。一つに○を付けましょう。

ア（　）生きている自分とはかけはなれた自然の様子。
イ（　）生きている自分のまわりにある自然の様子。
ウ（　）生きている自分にえいきょうをあたえた自然の様子。

9 この詩はどんなことを表現していますか。一つに○を付けましょう。

ア（　）生まれてきたからには、何かをすべきだということ。
イ（　）いま生きているということは、どういうことかということ。
ウ（　）人にはいろいろな生き方があるということ。

この詩でくり返されているのはどんなことかな。

卒業するみなさんへ

人間は他の生物と何がちがうのか

文章を読んで、答えましょう。

一ぴきのメスが穴をほり、数千個もの卵を産みます。卵からかえった幼虫は、いっせいに、穴から地上へはい出してきます。そして、コハナバチというハチを探します。幼虫は、コハナバチを見つけると、その手足や胴体に、必死にしがみつきます。幼虫とともにコハナバチは飛び立ち、花のある場所へ行きます。

この段階までで、ツチハンミョウの幼虫の大半は、死んでしまいます。コハナバチを見つけられなかったものや、コハナバチにしがみつくことができても、とちゅうでふり落とされたり、風で飛ばされてしまったりしたものたちです。コハナバチに連れられて、なんとか花にたどり着いたツチハンミョウの幼虫は、ここで花のみつを吸うわけではありません。また別のハチがやって来るのを、じっと待つのです。それは、ヒメハナバチというハチです。運よくヒメハナバチがやって来ると、ツチハンミョウの幼虫は、すかさずヒメハナバチの体にしがみつき、今度は、ヒメハナバチの巣に運ばれます。巣といっても、それは地面にほられた穴です。ヒメハナバチは、集めた花粉で団子を作り、団子に卵を産み付けて、立ち去ります。すると、かげにかくれていたツチハンミョウの幼虫がおもむろに現れて、花粉で

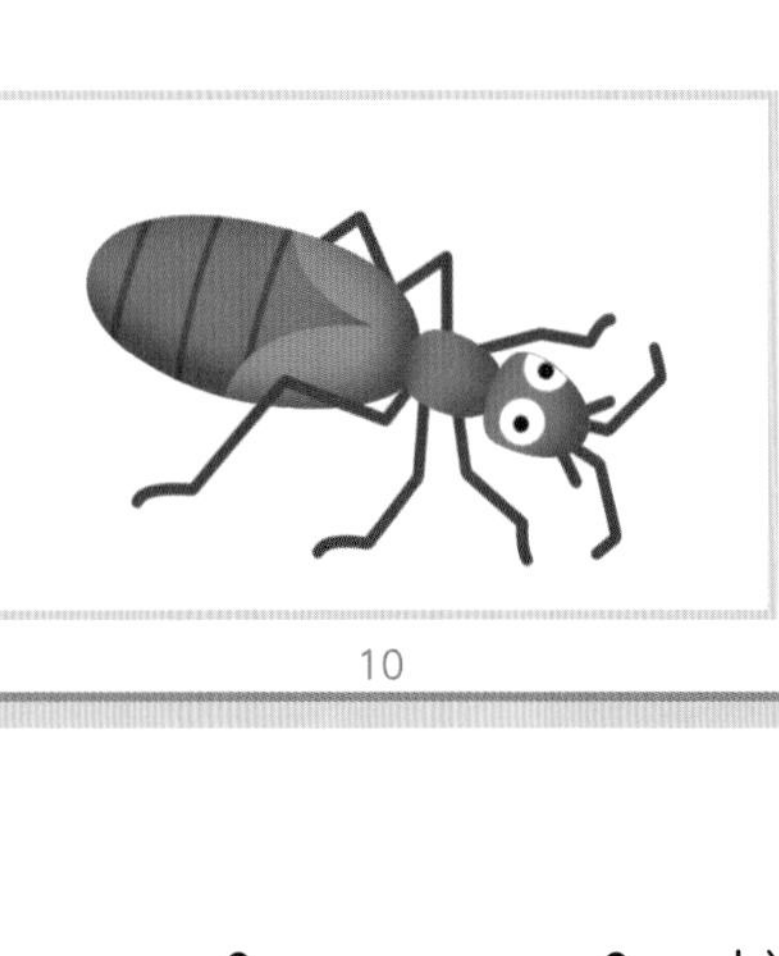

1 「コハナバチというハチを探します。」とありますが、ツチハンミョウの幼虫は、なぜコハナバチを探すのですか。

コハナバチの［　　　］にしがみついて、［　　　］へ運んでもらうため。

2 「この段階までで、ツチハンミョウの幼虫の大半は、死んでしまいます。」とありますが、どのような個体が死んでしまうのですか。

●コハナバチを［　　　］個体。

●コハナバチに運ばれるとちゅうで［　　　］たり、風で［　　　］たりした個体。

3 「ここ」について、次の問いに答えましょう。

① 「ここ」とはどこですか。一つに○を付けましょう。

ア（　）幼虫が卵からかえった場所。
イ（　）地面にほられた穴の中。
ウ（　）花のある場所。

② ここで、ツチハンミョウの幼虫は、何をするのですか。一つに○を付けましょう。

学習日　月　日
教科書 256～260ページ
答え 36ページ

できた団子を横取りし、そこで育つのです。最初に数千個もあった卵のうち、運よくここまでたどり着ける個体は、ほんの一ぴきか二ひきです。なぜ、こんなにめんどうで、不確かで、効率の悪い生存方法を選ぶのか、だれにも分かりません。でも、ツチハンミョウにとっては、それでよいのです。大半の個体がぎせいになっても、そのうちのどれかが、ツチハンミョウという種をつないでくれさえすればよいからです。そして実際、この方法で、ツチハンミョウは、何万年も前から生き延びてきたのです。

福岡 伸一「人間は他の生物と何がちがうのか」より

ア（　）花のみつを吸って育つ。

イ（　）ヒメハナバチがやって来るのをじっと待つ。

ウ（　）コハナバチが集めた花粉を横取りする。

4 「今度は、ヒメハナバチの巣に運ばれます。」とありますが、ツチハンミョウの幼虫はそこでどうするのですか。

「すると」の後に幼虫の行動が書かれているよ。

5 「ツチハンミョウにとっては、それでよいのです。」について、次の問いに答えましょう。

① 「それ」とはどういうことですか。一つに○を付けましょう。

ア（　）幼虫のほとんどをぎせいにしてしまうような生存方法をとっていること。

イ（　）幼虫のほとんどが生き残ることができず、種がほろびてしまうこと。

ウ（　）とても不確かで一ぴきの幼虫も生き残れないような生存方法を選んでいること。

② なぜ「それでよい」のですか。

いければよいから。

直後の文に「〜からです。」と理由が書かれているね。

ぴったり3 確かめのテスト①

中学校へつなげよう ～人間は他の生物と何がちがうのか

時間 20分　／100　合格80点

学習日　月　日
教科書 248～260ページ
答え 37ページ

文章を読んで、答えましょう。　思考・判断・表現

では、なぜ、人間だけが、このような考え方に達することができたと思いますか。それは、進化の過程で、人間だけがすばらしいものを発明することができたからです。その発明とは、言葉です。人間は脳を発達させ、言葉を生み出しました。言葉は、コミュニケーションの道具であるとともに、世界を知るための道具です。言葉があることで、物事に名前をつけたり、その仕組みを解明したり、説明したりすることができます。例えば、生物には「種」と「個体」があり、自然界には「種の保存」というものがあることを、人間は、言葉で明らかにしました。そして、私たち人間は、種の保存より大切なことがないかを言葉を使って考え、一人一人の命を大切にしたほうが、みんなが幸せになるということに気づき、その考えを言葉で共有してきました。言葉で世界を知り、言葉で世界を作ってきたのです。それゆえにこそ、私たちは言葉を大切にしなければならないのです。

いっぽうで、言葉の力だけであらゆることを制御(ぎょ)することはできません。私たちがいつ、どこで生まれるのかを言葉で決めることはできません。気象や自然災害も、言葉で説明することはできても、コントロールすることはできません。言葉があるからといって、何もかも人間の思いどおりにできるわけではありません。時に、自然現象に対してけんきょであることも大切です。

人間と他の生物とのちがいの根源には、言葉があります。だか

1 「すばらしいもの」について、次の問いに答えましょう。

① 「すばらしいもの」とは何ですか。　10点

② 「すばらしいもの」は、何の道具としてすばらしいものなのですか。二つ書きぬきましょう。　一つ10点(20点)

よく出る

2 「その考え」について、次の問いに答えましょう。

① 「その考え」とは、どのような考えですか。　一つ5点(10点)

□よりも、□を大切にしたほうが、みんなが幸せになるという考え。

② 人間が①のような考えをもつことができたのはなぜですか。「進化」「脳」という言葉を使って書きましょう。　10点

らこそ、みなさんは、言葉の力をみがかなければなりません。これが、学ぶということです。そして、けんきょさをもちつつ、言葉で世界を解き明かしていってほしいと思います。

福岡 伸一「人間は他の生物と何がちがうのか」より

よく出る

3 「私たちは言葉を大切にしなければならない」とありますが、なぜですか。 10点

4 「言葉の力だけであらゆることを制御することはできません。」について、次の問いに答えましょう。

① これを言いかえた一文を探し、初めの七字を書きましょう。 5点

② 「言葉の力」で制御できないものとしてどのようなものが挙げられていますか。 5点

人間の誕生や、気象・自然災害といった［　　］。

できたらスゴイ！

5 筆者がこの文章で最も伝えようとしているのは、どのようなことですか。 15点

考えを書こう

6 「言葉の力」について、あなたの考えを自由に書きましょう。 15点

ふりかえり 5が分からないときは、113ページの 3分でワンポイント にもどって確認してみよう。

ぴったり3

確かめのテスト②

中学校へつなげよう ～人間は他の生物と何がちがうのか

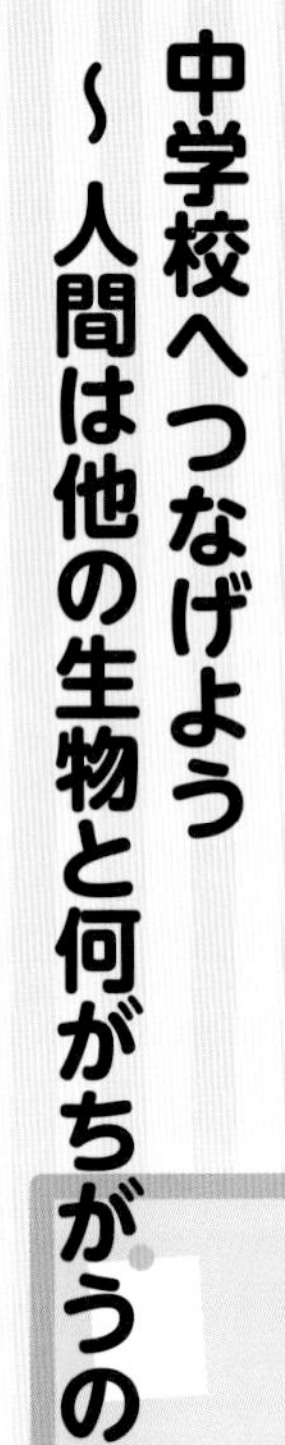

時間 10分

／100

合格80点

学習日 月 日

教科書 248～260ページ

答え 38ページ

1 読み仮名（がな）を書きましょう。 一つ5点（20点）

① 卵（ ）をゆでる。
② データを保存（ ）する。
③ 尊（ ）い命。
④ 根源（ ）的な問題。

2 □に漢字を書きましょう。 一つ5点（20点）

① 議論を［てんかい］する。
② セミの［ようちゅう］。
③ ［しょうがい］を取り除く。
④ ［けんり］を主張する。

3 次の言葉の意味を［ ］から選び、記号で答えましょう。 一つ8点（32点）

① 地味（ ）
② 個体（ ）
③ 指向（ ）
④ 認（にん）識（ ）

ア ある方向に向かうこと。
イ かざりけがなく目立たないようす。
ウ 独立して生きているそれぞれの生物体。
エ 物事を理解したり区別したりすること。

4 次の（ ）に当てはまる言葉を［ ］から選び、記号で答えましょう。 一つ7点（28点）

① 笛の音とともに全員が（ ）走り出した。
② 身をひそめて（ ）えものを待ちぶせる。
③ かれはベッドから（ ）起き上がった。
④ 大自然に対して人間は（ ）なるべきだ。

ア おもむろに
イ けんきょに
ウ いっせいに
エ じっと

この本の終わりにある「春のチャレンジテスト」をやってみよう！

この本の終わりにある「学力診断（しんだん）テスト」をやってみよう！

練習① 6〜7ページ

帰り道

文章を読んで、答えましょう。

周也の話があちこち飛ぶのは、いつものこと。なのに、今日のぼくにはついていけない。まるでなんにもなかったみたいに、周也はふだんと変わらない。ぼくだけがあのことを引きずっているみたいで、一歩前を行く紺色のパーカーが、どんどんにくらしく見えてくる。

今日の昼休み、友達五人でしゃべっているうちに、「どっちが好き。」って話になった。「海と山は。」「夏と冬は。」「ラーメンとカレーは。」「歯ブラシのかたいのとやわらかいのは。」——みんなで順に質問を出し合い、「海。」「山。」「海。」と、ぽんぽん答えていく。そのテンポに、ぼくだけついていけなかった。「どっちかなあ。」とか、「どっちもかな。」とか、一人でごによごによ言っていたら、周也が急にいらついた目でぼくをにらんだんだ。

「どっちも好きってのは、どっちも好きじゃないのと、いっしょじゃないの。」

先のとがったするどいものが、みぞおちの辺りにずきっとささった。

そんな気がした。そのまま今もささり続けて、歩いても、歩いても、ふり落とせない。

返事をしないぼくに白けたのか、周也の口数もしだいに減って、大通りの歩道橋をわたるころには、二人してすっかりだまりこんでいた。階段を上る周也と、ぼくとの間に、きょりが開く。広がる。

ここ一年でぐんと高くなった頭の位置。たくましくなった足取り。ぼくより半年早く生まれた周也は、これからもずっと、どんなこともテンポよく乗りこえて、ぐんぐん前へ進んでいくんだろう。

はあ。声にならないため息が、ぼくの口からこぼれて、足元のかげにとけていく。どうして、ぼく、すぐに立ち止まっちゃうんだろう。思っていることが、なんで言えないんだろう。ぼくは海のこんなところが好きだ。山のこんなところも好きだ。その「こんな」をうまく言葉にできたなら、周也とちゃんとかたを並べて、歩いていけるのかな。「どっちも好き」と「どっちも好きじゃない」がいっしょなら、「言えなかったこと」と「なかったこと」もいっしょになっちゃうのかな。考えるほどに、みぞおちの辺りが重くなる。

森絵都「帰り道」より

❶ ①「今日のぼくにはついていけない。」について、答えましょう。

① どうして「ついていけない」のですか。

周也は、ふだんと（変わらない）のに、ぼくだけが「あのこと」を（引きずっている）みたいに感じたから。

② 「ぼく」はこのとき、周也のことをどう思っていましたか。それが分かる部分を、文章から十四字で書きぬきましょう。

どんどんにくらしく見えてくる

ヒント 「周也」のことを、着ている物で表現しているよ。

❷ 「そのテンポに、ぼくだけついていけなかった。」について、答えましょう。

① 「そのテンポ」とは、何のテンポですか。

（例 みんなで順に質問を出し合い、ぽんぽん答えていくテンポ。）

② どうして「ついていけなかった」のですか。一つに○を付けましょう。

ア（　）「ぼく」が予想していた質問と、全くちがっていたから。

イ（　）「ぼく」は、みんなと話をするのが苦手だったから。

ウ（○）「ぼく」には、ひと言で答えられる質問ではないから。

❸ 「先のとがったするどいものが、……ずきっとささった。」とは、どういうことを意味していますか。

周也の言葉に（例 きずついた）ということ。

❹ 「きょりが開く。広がる。」とありますが、この「きょり」とは、何のことですか。一つに○を付けましょう。

ア（　）実際の「きょり」と、「ぼく」と周也との知力のへだたり。

イ（○）実際の「きょり」と、「ぼく」と「ぼく」が成長したと考える周也とのへだたり。

ウ（　）実際の「きょり」と、「ぼく」と周也との性格のへだたり。

❺ 「すぐに立ち止まっちゃうんだろう。」とは、どんなことをいっていますか。それを言いかえた一文の、初めの七字を書きましょう。

思っていること

❻ 「考えるほどに、みぞおちの辺りが重くなる。」とありますが、このとき「ぼく」は、どんなことを考えていましたか。一つに○を付けましょう。

ア（　）みんなのテンポについていけるようになったら、周也は見直してくれるだろうか。

イ（○）思っていることをうまく言葉にできたら、周也とまた仲よくなれるだろうか。

ウ（　）思っていることを言えば、周也の言葉がまちがいだったことを、周也に認めさせられるだろうか。

ヒント 「かたを並べて」とは、どんなことをいうのか考えよう。

❶ ①「今日のぼくには」とあることから、「今日」何かがあったことが分かります。それはここでは、「あのこと」と表現されていますが、それが「ぼく」に強いえいきょうをおよぼしているのです。

②周也が着ている「紺色のパーカー」に対して、気持ちをはき出している部分を書きぬきます。

❷ ②「ぼく」はみんなのようにひと言では言えず、決めかねているのです。

❸ 周也の放った言葉です。それが「そのまま今もささり続けて、……ふり落とせない。」のですから、相当なショックを受けたのでしょう。

❹ 「ぼく」は、周也はこれからもテンポよく何事も乗りこえて、「ぐんぐん前へ進んでいく」のだろうが、自分はそうできないと思っています。ここの「きょり」は、その意味を重ねています。

❻ 前に「かたを並べて、歩いていけるのかな。」とあります。「ぼく」は周也との関係を修復したいと思っているのです。

練習② 8〜9ページ

帰り道

文章を読んで、答えましょう。

何もなかったみたいにふるまえば、何もなかったことになる。そんなあまい考えを捨てたのは、校門を出てから数分後、最初の角を曲がった辺りだった。どんなに必死で話題をふっても、律はうんともすんとも言わない。背中に感じる気配は冷たくなるばかり。やっぱり、律はおこってるんだ。そりゃそうだ。

昼休み、みんなで話をしていたとき、はっきりしない律にじりじりして、つい、言わなくてもいいことを言った。軽くつっこんだつもりが、律の顔を見て、重くひびいてしまったのが分かった。まずい、と思うも、もうおそい。以降、絶対にぼくの顔を見ようとしない律のことが気になって、野球の練習を休んでまでげんかん口で待ちぶせをしたのに、いざ並んで歩きだすと、気まずいちんもくにたえられず、またぺらぺらとよけいなことばかりしゃべっている自分がいた。

「この前、給食でプリンが出てから、もうずいぶんたつよな。」

「むし歯が自然に治ればなあ。」

「山田んちの姉ちゃん、一輪車が得意なの、知ってたか。」

何を言っても、背中ごしに聞こえてくるのは、さえない足音だけ。ぼくがしゃべればしゃべるほど、その音は遠のいていくような気がする。

ふいに母親の小言が頭をかすめたのは、下校中の人かげがあちこっちへ枝分かれして、道がすいてきたころだった。

「周也。あなた、おしゃべりなくせして、どうして会話のキャッチボールができないの。会話っていうのは、相手の言葉を受け止めて、それをきちんと投げ返すことよ。あなたは一人でぽんぽん球を放っているだけで、それじゃ、ピンポンの壁打ちといっしょ。」

ピンポン。なんだそりゃ、とそのときは思ったけど、今、こうして壁みたいにだまりこくっている律を相手にしていると、その意味が分かるような気がしてくる。たしかに、ぼくの言葉は軽すぎる。ぽんぽん、むだに打ちすぎる。もっとじっくりねらいを定めて、いい球を投げられたなら、律だって何か返してくれるんじゃないか。

でも、いい球って、どんなのだろう。考えたとたんに、舌が止まった。何も言えない。言葉が出ない。どうしよう。あわてるほどにぼくの口は動かなくなって、逆に、足は律からにげるようにスピードを増していく。

無言のまま歩道橋をわたった先には、しかも、市立公園が待ち受けていた。道の両側から木々のこずえがたれこめた通り道。人声も、車の音も、工事の騒音も聞こえない緑のトンネル。ぼくはこの静けさが大の苦手だった。

森絵都「帰り道」より

❶ 「そんなあまい考えを捨てた」について、答えましょう。

① 「あまい考え」とは、どんな考えですか。

（例 何もなかったみたいにふるまえば、何もなかったことになる、という考え。）

② なぜ、「あまい考えを捨てた」のですか。

律に話題をふっても、（例 何とも）言わないし、背中に感じる気配から、律はおこっていると思ったから。

❷ 「まずい、と思うも、もうおそい。」と思ったのは、なぜですか。一つに○を付けましょう。

ア（　）いつもの調子で、言わなくてもいいことをみんなに言って、白けさせてしまったと分かったから。

イ（○）軽くつっこんだつもりだったのに、律には重くひびいてしまったことが、律の顔から分かったから。

ウ（　）はっきりしない律のことは分かっているはずなのに、ついみんなの手前、強く責めてしまったから。

❸ 「野球の練習を休んでまでげんかん口で待ちぶせをした」とありますが、「ぼく」はなぜそうしたのですか。一つに○を付けましょう。

ア（○）いっしょに帰りながら話すことで、律との気まずくなった関係を修復したいと思ったから。

イ（　）いつまでも「ぼく」の顔を見ようとしない律に、言いたいことがあれば言える機会を作ってやろうと思ったから。

ウ（　）前からはっきりしない律にじりじりしていたので、この際、きちんと言い聞かせようと思ったから。

ヒント 「ぼく」は何を見て、自分の失敗に気づいたのかな。

❹ 「その意味」とありますが、何の、どういった意味ですか。

会話とは、相手の言葉を受け止めて、きちんと言葉を投げ返すことだが、周也の会話は放っているだけで、相手から返ってこないということ。

ヒント 「ぼく」は、「律のことが気になって」そうしたんだよ。

❺ 「考えたとたんに、舌が止まった。」のは、なぜですか。一つに○を付けましょう。

ア（　）今さら考えても、とうてい「ぼく」には無理だと分かったから。

イ（　）今までの「ぼく」が「ぼく」でなくなるような感じがして、こわかったから。

ウ（○）今まで、相手のことを考えて言葉を言うことなどなかったから。

❻ 「ぼく」が言葉をむだに打つ理由が分かる一文の、初めの八字を書きましょう。

ぼくはこの静けさ

❶ ②同じ段落に書かれています。律の様子から、「ぼく」は律が本当におこっているのだと感じたのです。

❷ 律の顔に、それが表れていたのです。そのことが分かるくらい、二人が親しいということもおさえておきましょう。

❸ 直前の「絶対にぼくの顔を見ようとしない律のことが気になって」に注目。「ぼく」が律を待ちぶせていたのは、律と気まずくなってしまった関係を修復したかったからだと分かります。

❺ 律から何か返してくれるような言葉を言いたいのですが、相手の言葉を受け止めることをしてこなかった「ぼく」は、何を言えばいいのか分からないのです。

❻ 「ぼく」は「静けさが大の苦手」なので、ちんもくにたえられずに言葉がむだに出てしまうのです。

おうちのかたへ

周也の視点からえがかれた周也自身の気持ちや、律の様子を読み取ります。律の視点からえがかれていた前半の内容と読み比べてみましょう。

準備　10~11ページ
漢字の形と音・意味／季節の言葉１　春のいぶき

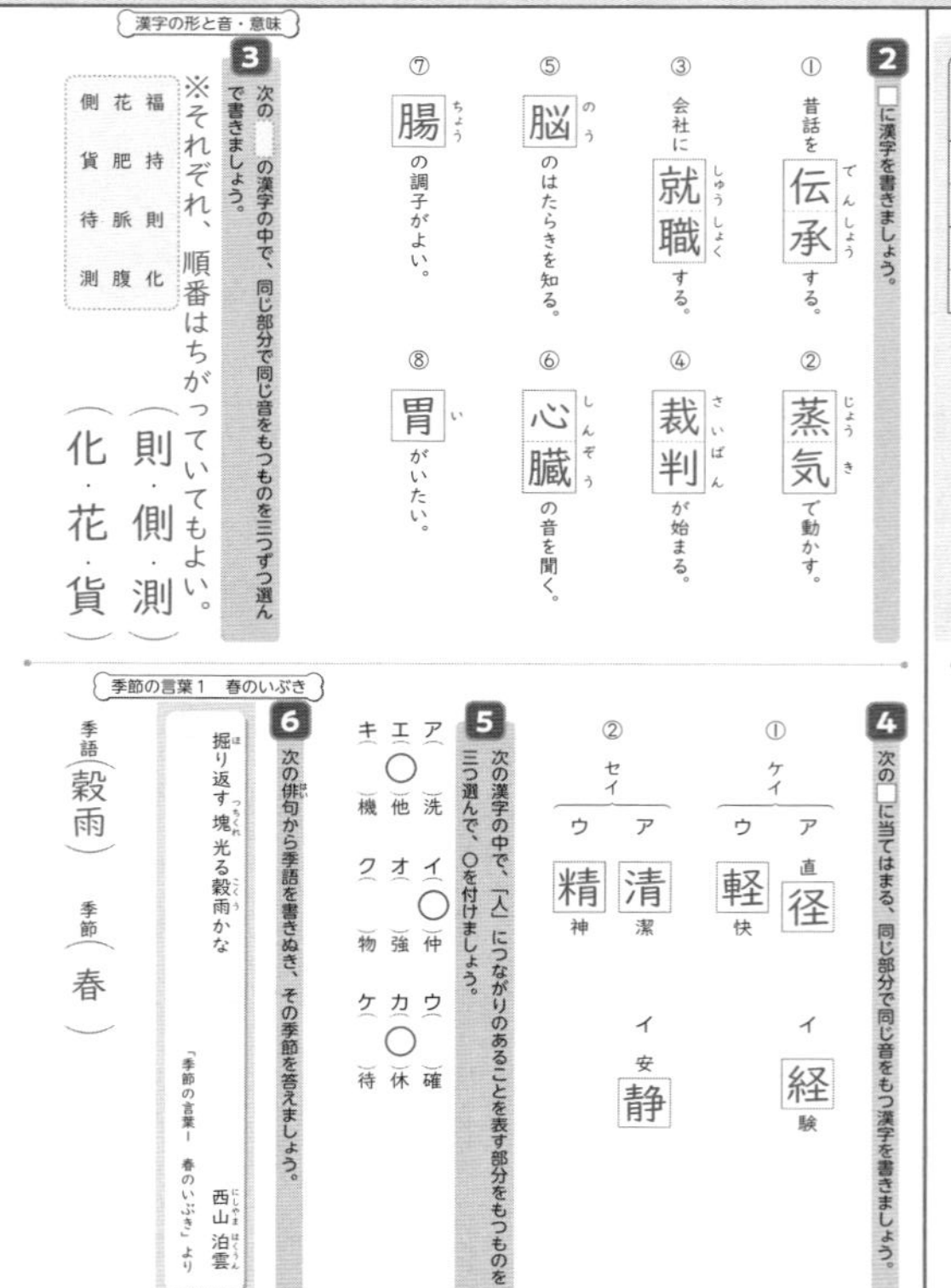

1 ②「細心」とは細かなことまで心を配ることです。
③「対処」とは、事件や状況などに対して、適切な処置をとることです。

2 ①「伝承」とは、古くから伝わることを受けついでいくことです。
③「就職」とは、仕事につくことです。
⑤「脳」と「能」を混同しないようにしましょう。

3 同じ部分をもち、音が共通している漢字の組み合わせを選びましょう。まず、「則・側・測」は、「則」の部分が同じで、「ソク」という音を表しています。さらに、「化・花・貨」は、「化」の部分が同じで、「カ」という音を表しています。

4 ②いずれも「青」を表す部分が共通していて、「セイ」という音を表している漢字です。

5 「仲」「他」「休」は、「イ」の部分が「人」につながりのあることを表します。

準備　12~13ページ
聞いて、考えを深めよう／漢字の広場①

3 教科書の51ページ「たいせつ」の部分をよく読みましょう。相手の話を自分の考えと比べることで、理解を深めることができます。

4 ①インタビューの相手は、どのようなことについて聞きたいのかに合わせて選ぶようにします。
②インタビューの準備として、相手のどのような思いや考えを聞きたいのかを想定して、質問を決めておきます。
③インタビューは、どうしたら相手から思いや考えをくわしく引き出せるかを考えながら質問を工夫することが大事です。
④話を聞いた後は、自分の考えがどう変わったかや、どう深まったかをふりかえることが大事です。

5 ①インタビューの準備としては、あらかじめ相手の答えや話の流れを「想定」しておくとよいでしょう。
③相手の話の中で、特に興味をもったことについて追加で質問することで、話を発展させることができます。
④事実と意見を意識して聞き分けることは、相手の意図や事実を正しく受け取るうえで重要です。

確かめのテスト① 14〜15ページ

帰り道 〜 漢字の広場①

おうちのかたへ
問題を解くときには、問題文に沿った答え方をすることもポイントです。「なぜ」「どうして」など理由を問われたときは、文末を「〜から。」「〜ため。」などで結びます。「どんなこと」や「どんな様子」と問われたときは、それぞれ「〜こと。」「〜様子。」と結びます。

文章を読んで、答えましょう。　思考・判断・表現

正確にいうと、だれかといるときのちんもくが苦手だ。たちまち、そわそわと落ち着きをなくす。何か言わなきゃってあせる。野球チームに入る前、律とよくいっしょに帰っていたころも、ぼくはこの公園を通りかかるたび、しんとした空気をかき混ぜるみたいに、ピンポン球を乱打せずにいられなかった。律のほうはちんもくなんてちっとも気にせず、いつだって、マイペースなものだったけど。

そっと後ろをふり返ると、やっぱり、今日も律はおっとりと一歩一歩をきざんでいる。まぶしげに目を細め、木もれ日をふりあおぐしぐさにも、よゆうが見て取れる。ぼくにはない落ち着きっぷりに見入っていると、とつぜん、律の両目が大きく見開かれた。

なんだ、と思う間もなく、ぼくのほおに最初の一滴が当たった。大つぶの水玉がみるみる地面をおおっていく。天気雨――頭では分かっていながらも、ピンポン球のことばかり考えていたせいか、空からじゃんじゃん降ってくるそれが、ぼくの目には一瞬、無数の白い球みたいにうつったんだ。

ぼくがむだに放ってきた球の逆襲。「うおっ。」と思わずとび上がったら、後ろからも「何これ。」と律の声がして、ぼくたちは全身に雨を浴びながら、しばらくの間、ばたばたと暴れまくった。はね上がる水しぶき。びしょぬれのくつ。たがいのあわてっぷり。何もかもがむしょうにおかしくて、雨が通り過ぎるなり、笑いがあふれ出した。律もいっしょに笑ってくれたのがうれしくて、ぼくはことさらに大声を張り上げた。

はっとしたのは、爆発的な笑いが去った後、律が急にひとみを険しくしてつぶやいたときだ。

「ぼく、晴れが好きだけど、たまには、雨も好きだ。ほんとに両方、好きなんだ。」

たしかに、そうだ。晴れがいいけど、こんな雨なら大かんげい。どっちも好きってこともある。心で賛成しながらも、ぼくはとっさにそれを言葉にできなかった。こんなときに限って口が動かず、できたのは、だまってうなずくだけ。なのに、なぜだか律は雨あがりみたいなえがおにもどって、ぼくにうなずき返したんだ。

「行こっか。」

「うん。」

しめった土のにおいがただようトンネルを、律と並んで再び歩きだしながら、ひょっとして――と、ぼくは思った。投げそこなった。でも、ぼくは初めて、律の言葉をちゃんと受け止められたのかもしれない。

森 絵都「帰り道」より

1 「だれかといるときのちんもくが苦手だ。」とありますが、「ぼく」は、「ぼく」と律の「ちんもく」への対処のしかたのちがいを、どのように思っていますか。　一つ5点(20点)

「ぼく」＝**落ち着き**をなくし、何か言わなければとあせり、言葉を**乱打**せずにはいられない。

律　＝少しも**気にせず**、いつも**マイペース**である。

よく出る **2** 「やっぱり」とありますが、「ぼく」は律のことをどんな人物だと思っていますか。　10点

（例 よゆうがあり、落ち着いている人物。）

3 「とつぜん、律の両目が大きく見開かれた。」とありますが、それはなぜですか。　10点

（例 いきなり大つぶの雨が降ってきたから。）

4 「無数の白い球みたいにうつった」とありますが、それはなぜですか。　10点

（例 ピンポン球のことばかり考えていたから。）

よく出る **5** 「ぼくがむだに放ってきた球」とありますが、これは何のことを言っているのですか。一つに○を付けましょう。　15点

ア（　）相手の言葉を受け止め、投げ返してきた言葉のこと。
イ（○）相手のことを考えず、ただ自分の都合だけで言ってきた言葉のこと。
ウ（　）思っているだけで、口に出せなかった言葉のこと。

できたらスゴイ! **6** 「律もいっしょに笑ってくれたのがうれしくて」とありますが、ここからどんなことが分かりますか。一つに○を付けましょう。　10点

ア（　）「ぼく」と律は仲よしで、いつもいっしょに笑っていたということ。
イ（　）いつも自分のペースを守り、気取った態度でいる律が、急な雨でどんな顔をするか、楽しみにしていたということ。
ウ（○）「ぼく」と律の間には、何か気づまりなことがあり、「ぼく」はそれを解消したいと思っていたこと。

7 「ぼくはとっさにそれを言葉にできなかった。」とありますが、これをたとえを用いて言いかえた一文を書きぬきましょう。　10点

（投げそこなった。）

考える力を問う **8** 「ぼくは初めて、律の言葉をちゃんと受け止められたのかもしれない。」とありますが、このとき「ぼく」はどんな気持ちだったと思いますか。考えて書きましょう。　15点

（例 律と心が通じ合ったように感じられて、うれしい気持ち。）

---

1 「ぼく」が、「ぼく」と律とのちがいをどう思っているのか確かめましょう。

2 前の「いつだってマイペース」や、直後の「おっとりと一歩一歩をきざんでいる。」に注目しましょう。

3 「大つぶの水玉がみるみる地面をおおっていく。」などから、大つぶの雨が降ってきたことが分かります。

4 前のほうで、「ぼく」は律との関係について「ピンポン球を乱打せずにいられなかった。」と考えています。そのことを考えていたため、雨が球に見えたのです。

6 「うれしくて」という言葉に着目します。アは「いつもいっしょに笑っていた」のなら、「うれしくて」とは思いません。イ「どんな顔をするか、楽しみにしていた」のならば、「うれしい」とは思わないでしょう。このように、消去法を使うのも、一つのテクニックです。

8 いろいろな答えが想定できますが、「ぼく」が相手の言葉を受けとめることで相手と心を通わせられたと思い、うれしくなっている点をおさえていれば、正解とします。
例2 律の言葉をきちんと受け止めることができて、律とほんとうに分かり合えたと思い、うれしい気持ち。

確かめのテスト② 16~17ページ

帰り道 ～ 漢字の広場①

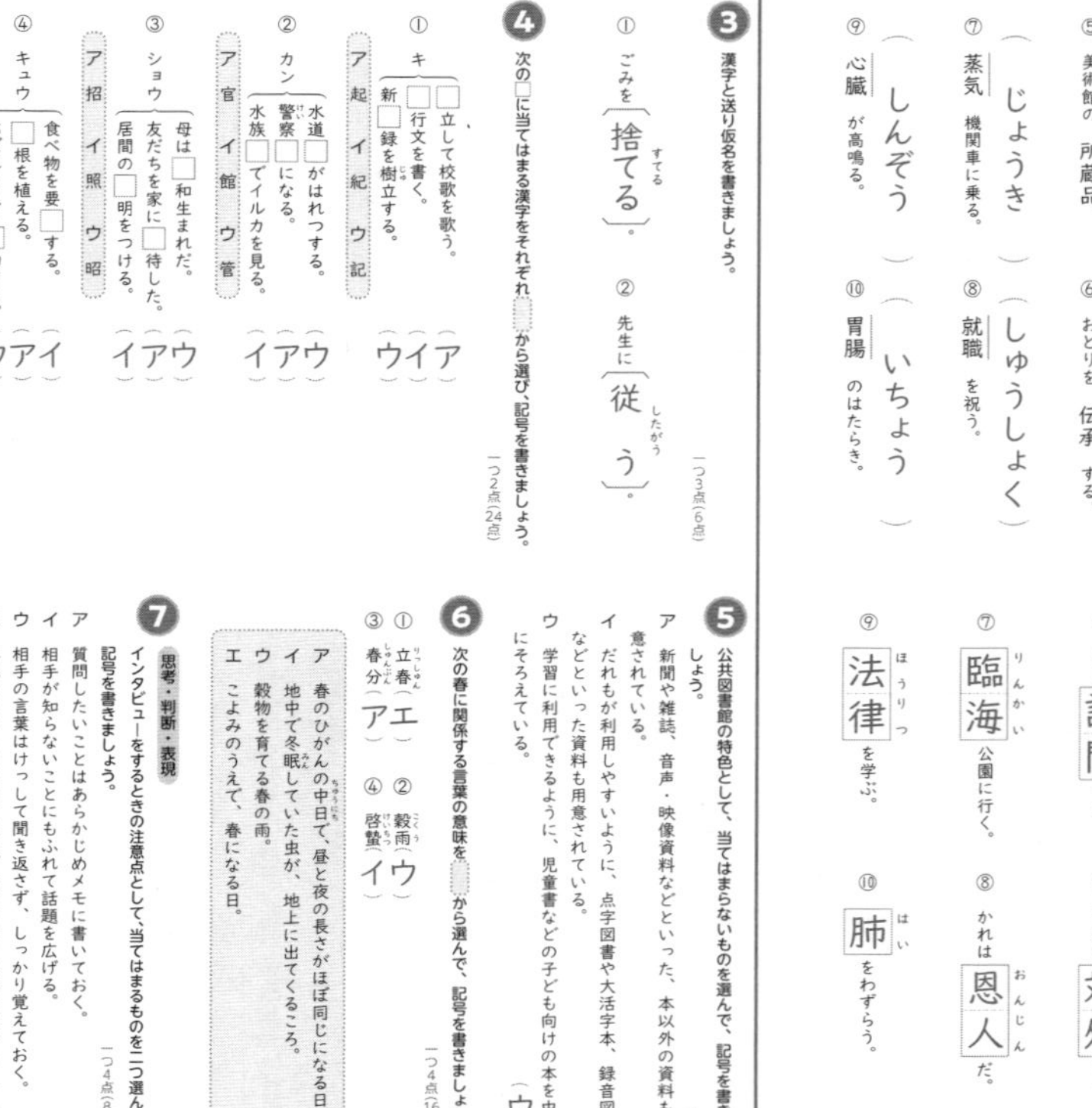

1 読み仮名を書きましょう。 一つ2点(20点)

① 水面に 反射 する。（はんしゃ）
② 新聞や 雑誌 を読む。（ざっし）
③ 映像 が乱れる。（えいぞう）
④ 文字を 拡大 する。（かくだい）
⑤ 美術館の 所蔵品。（しょぞうひん）
⑥ おどりを 伝承 する。（でんしょう）
⑦ 蒸気 機関車に乗る。（じょうき）
⑧ 就職 を祝う。（しゅうしょく）
⑨ 心臓 が高鳴る。（しんぞう）
⑩ 胃腸 のはたらき。（いちょう）

2 漢字を書きましょう。 一つ2点(20点)

① 腹(はら) がすいた。
② 雪が 降(ふ) る。
③ 異物(いぶつ) がまざる。
④ 日本の 地域(ちいき)。
⑤ 家庭 訪問(ほうもん) を行う。
⑥ 問題に 対処(たいしょ) する。
⑦ 臨海(りんかい) 公園に行く。
⑧ かれは 恩人(おんじん) だ。
⑨ 法律(ほうりつ) を学ぶ。
⑩ 肺(はい) をわずらう。

3 漢字と送り仮名を書きましょう。 一つ3点(6点)

① ごみを〔捨てる〕。
② 先生に〔従う〕。

4 次の□に当てはまる漢字をそれぞれ〔　〕から選び、記号を書きましょう。 一つ2点(24点)

① キ ｛□立して校歌を歌う。／□行文を書く。／新□録を樹立する。｝ 〔ア 起　イ 紀　ウ 記〕 （ア）（イ）（ウ）
② カン ｛水道□がはれつする。／警察□になる。／水族□でイルカを見る。｝ 〔ア 官　イ 館　ウ 管〕 （ウ）（ア）（イ）
③ ショウ ｛母は□和生まれだ。／友だちを家に□待した。／居間の□明をつける。｝ 〔ア 招　イ 照　ウ 昭〕 （ウ）（ア）（イ）
④ キュウ ｛食べ物を要□する。／□根を植える。／おぼれた人を□助する。｝ 〔ア 球　イ 求　ウ 救〕 （イ）（ア）（ウ）

5 公共図書館の特色として、当てはまらないものを選んで、記号を書きましょう。 6点

ア 新聞や雑誌、音声・映像資料などといった、本以外の資料も用意されている。
イ だれもが利用しやすいように、点字図書や大活字本、録音図書などといった資料も用意されている。
ウ 学習に利用できるように、児童書などの子ども向けの本を中心にそろえている。
（ウ）

6 次の春に関係する言葉の意味を〔　〕から選んで、記号を書きましょう。 一つ4点(16点)

① 立春(りっしゅん)（エ）
② 穀雨(こくう)（ウ）
③ 春分(しゅんぶん)（ア）
④ 啓蟄(けいちつ)（イ）

〔ア 春のひがんの中日(ちゅうにち)で、昼と夜の長さがほぼ同じになる日。
イ 地中で冬眠(みん)していた虫が、地上に出てくるころ。
ウ 穀物を育てる春の雨。
エ こよみのうえで、春になる日。〕

7 思考・判断・表現 インタビューをするときの注意点として、当てはまるものを二つ選んで、記号を書きましょう。 一つ4点(8点)

ア 質問したいことはあらかじめメモに書いておく。
イ 相手が知らないことにもふれて話題を広げる。
ウ 相手の言葉はけっして聞き返さず、しっかり覚えておく。
エ 興味をもったことは、追加で質問したり感想を述べたりする。
（ア）（エ）

準備 18~19ページ

[練習] 笑うから楽しい／時計の時間と心の時間／主張と事例

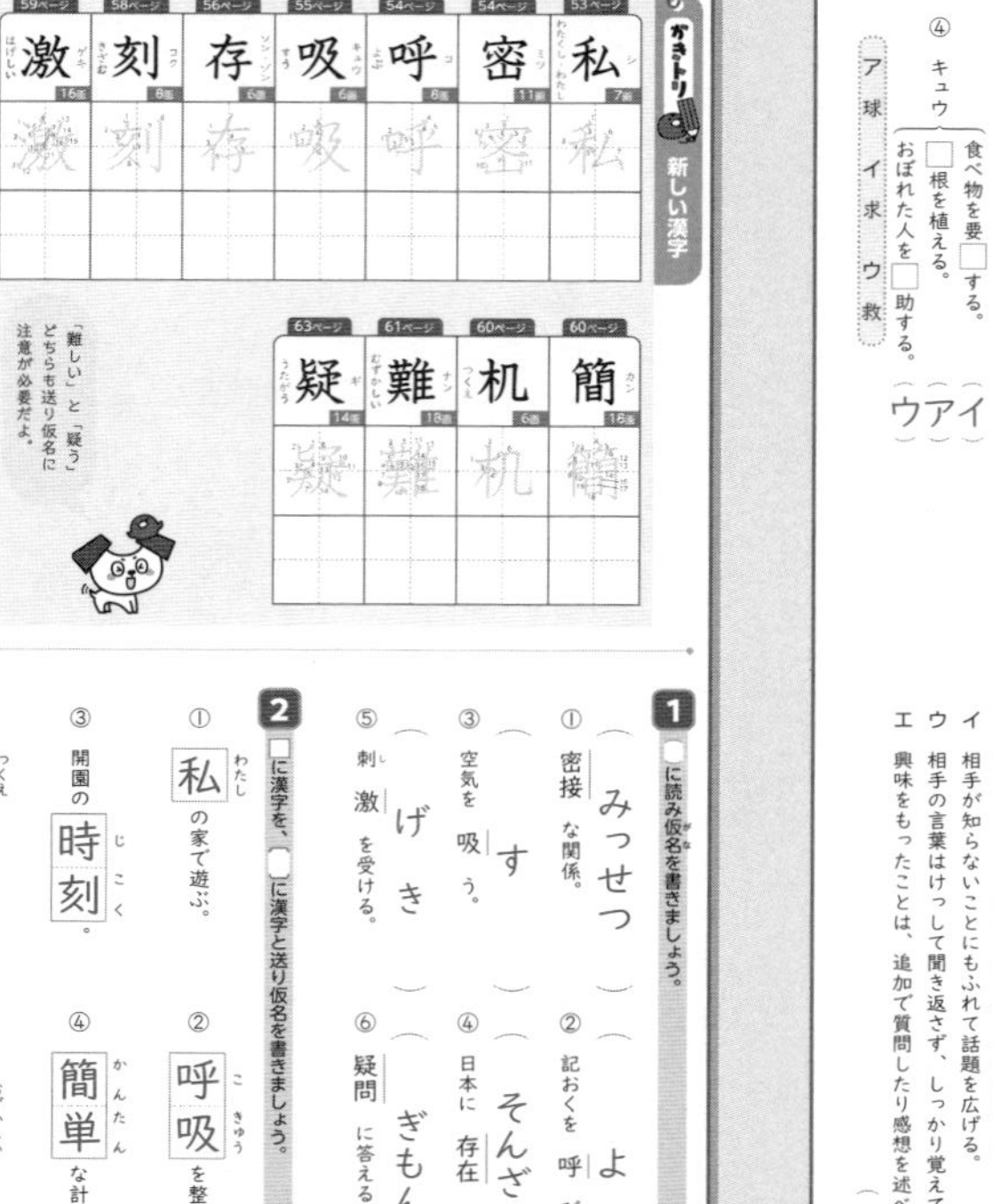

かきトリ 新しい漢字

教科書53ページ	54ページ	54ページ	55ページ	56ページ	58ページ	59ページ
私 シ わたくし・わたし 7画	密 ミツ 11画	呼 コ よぶ 8画	吸 キュウ すう 6画	存 ソン・ゾン 6画	刻 コク きざむ 8画	激 ゲキ はげしい 16画

60ページ	60ページ	61ページ	63ページ
簡 カン 18画	机 つくえ 6画	難 ナン むずかしい 18画	疑 ギ うたがう 14画

「難しい」と「疑う」
どちらも送り仮名に
注意が必要だよ。

1 □に読み仮名を書きましょう。

① 密接 な関係。（みっせつ）
② 記おくを 呼 び起こす。（よ）
③ 空気を 吸 う。（す）
④ 日本に 存在 する動物。（そんざい）
⑤ 刺 激 を受ける。（げき）
⑥ 疑問 に答える。（ぎもん）

2 □に漢字を、〔　〕に漢字と送り仮名を書きましょう。

① 私(わたし) の家で遊ぶ。
② 呼吸(こきゅう) を整える。
③ 開園の 時刻(じこく)。
④ 簡単(かんたん) な計算。
⑤ 机(つくえ) といす。
⑥ 〔難しい〕(むずかしい) 問題。

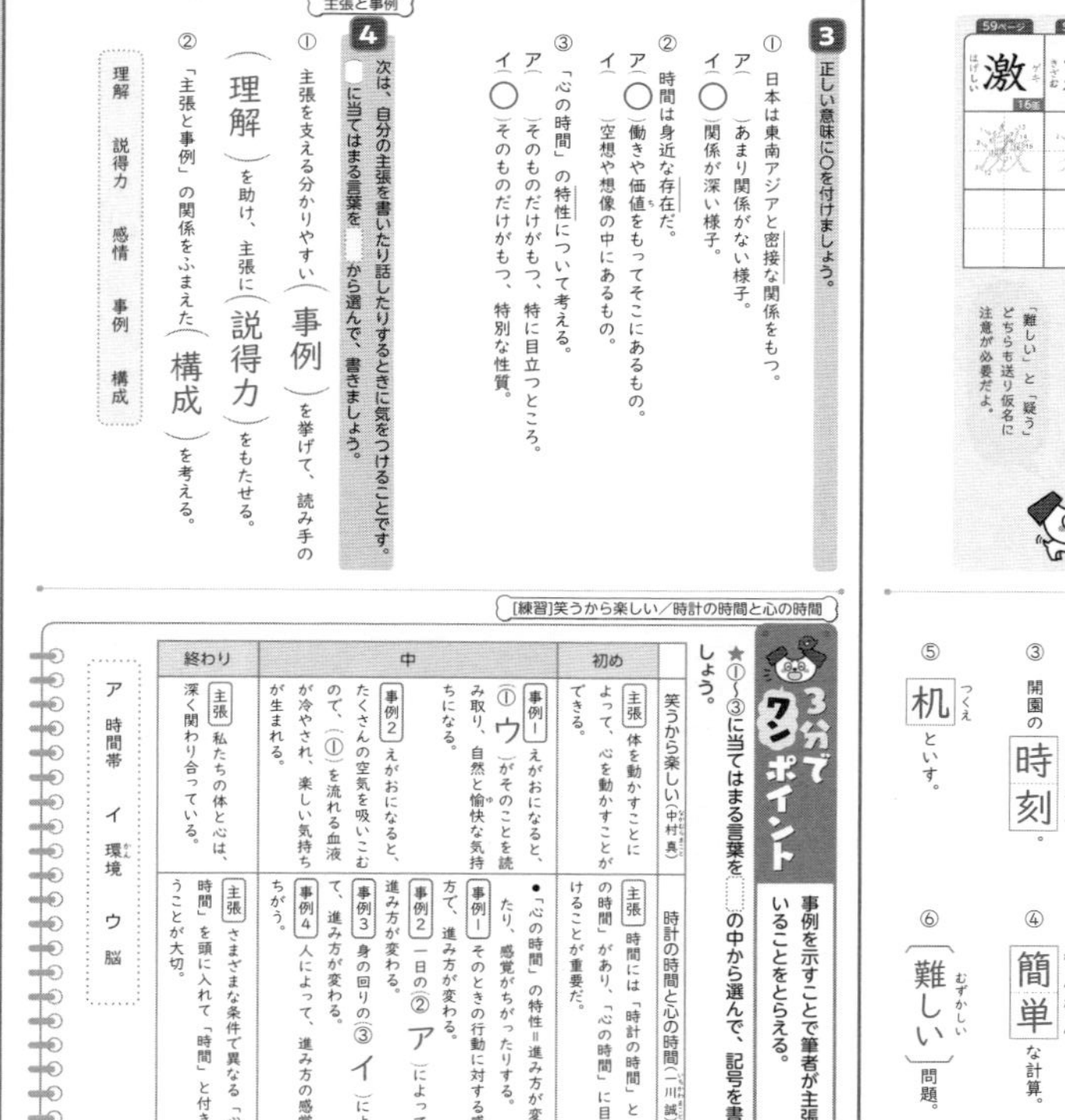

3 正しい意味に○を付けましょう。

① 日本は東南アジアと密接な関係をもつ。
ア（　）あまり関係がない様子。
イ（○）関係が深い様子。
② 時間は身近な存在だ。
ア（○）働きや価値をもってそこにあるもの。
イ（　）空想や想像の中にあるもの。
③ 「心の時間」の特性について考える。
ア（　）そのものだけがもつ、特に目立つところ。
イ（○）そのものだけがもつ、特別な性質。

主張と事例

4 次は、自分の主張を書いたり話したりするときに気をつけることです。□に当てはまる言葉を〔　〕から選んで、書きましょう。

① 主張を支える分かりやすい（事例）を挙げて、読み手の（理解）を助け、主張に（説得力）をもたせる。
② 「主張と事例」の関係をふまえた（構成）を考える。

〔理解　説得力　感情　事例　構成〕

[練習]笑うから楽しい／時計の時間と心の時間

3分でワンポイント 事例を示すことで筆者が主張していることをとらえる。

★①～③に当てはまる言葉を〔　〕の中から選んで、記号を書きましょう。

	笑うから楽しい(中村真)	時計の時間と心の時間(一川誠)
初め	主張 体を動かすことによって、心を動かすことができる。	主張 時間には「時計の時間」と「心の時間」があり、「心の時間」に目を向けることが重要だ。
中	事例1 えがおになると、(①ウ)がそのことを読み取り、自然と愉(ゆ)快な気持ちになる。 事例2 えがおになると、たくさんの空気を吸いこむので、(①)を流れる血液が冷やされ、楽しい気持ちが生まれる。	●「心の時間」の特性＝進み方が変わったり、感覚がちがったりする。 事例1 そのときの行動に対する感じ方で、進み方が変わる。 事例2 一日の(②ア)によって、進み方が変わる。 事例3 身の回りの(③イ)によって、進み方が変わる。 事例4 人によって、進み方の感覚がちがう。
終わり	主張 私たちの体と心は、深く関わり合っている。	主張 さまざまな条件で異なる「心の時間」を頭に入れて「時間」と付き合うことが大切。

〔ア 時間帯　イ 環境(かん)　ウ 脳〕

---

④ それぞれ同じ部分をもち、音が共通している漢字です。①の同じ部分は「己」で「キ」、②の同じ部分は「官」で「カン」、③の同じ部分は「召」で「ショウ」、④の同じ部分は「求」で「キュウ」です。

⑤ 小学校の図書室は、基本的に小学生を対象としているのに対して、公共の図書館は全ての人を対象としています。そのため、年齢(れい)や障害(しょう)の有無にかかわらず、だれでも利用ができるように、点字図書や大活字本なども用意されているのが特色の一つです。

⑥ ①「立春(りっしゅん)」は、「春が立つ」、つまり、春が始まる日のことです。
②「穀雨(こくう)」は、穀物をうるおし、芽を出させる雨の意味で、今のこよみの四月二十日ごろにあたります。
④「啓蟄(けいちつ)」は、今のこよみの三月六日ごろにあたります。冬の間土の中にこもっている虫を「蟄虫(ちっちゅう)」といいます。

⑦ インタビューは、準備として、どのような質問をするのかをあらかじめ決めておくことが大事ですが、実際に相手の話を聞くうちに興味や疑(ぎ)問をもったことについては、追加で質問することで、より深く相手のことを知ることができます。

4 ①「事例」には、実験や調査によって分かったことや、自分の経験にもとづいたことなどがあります。主張を支える、読み手にとって分かりやすい事例を挙げることが大切です。

3分でワンポイント

①教科書54ページの「脳は、体の動きを読み取って、それに合わせた心の動きを呼び起こします。」や、55ページの「たくさんの空気を吸いこむと、脳を流れる血液が冷やされて、楽しい気持ちが生じるのです。」に注目しましょう。
②教科書58ページに示された、二つ目の事例をとらえましょう。「一日の時間帯によっても、『心の時間』の進み方は変わります。」とあります。
③三つ目の事例をとらえましょう。教科書59ページに「身の回りの環(かん)境によっても、『心の時間』の進み方は変わります。」とあります。

練習① 20~21ページ

[練習] 笑うから楽しい

文章を読んで、答えましょう。

② 私たちの脳は、体の動きを読み取って、それに合わせた心の動きを呼び起こします。ある実験で、参加者に口を横に開いて、歯が見えるようにしてもらいました。このときの顔の動きは、笑っているときの表情と、とてもよく似ています。実験の参加者は、自分たちがえがおになっていることに気づいていませんでしたが、自然と愉快な気持ちになっていました。このとき、脳は表情から、「今、自分は笑っている」と判断し、笑っているときの心の動き、つまり、楽しい気持ちを引き起こしていたのです。

③ 表情によって呼吸が変化し、脳内の血液温度が変わることも、私たちの心の動きを決める大切な要素の一つです。人は、脳を流れる血液の温度が低ければ、ここちよく感じることが分かっています。笑ったときの表情は、笑っていないときと比べて、鼻の入り口が広くなるので、多くの空気を取りこむことができます。えがおになって、たくさんの空気を吸いこむと、脳を流れる血液が冷やされて、楽しい気持ちが生じるのです。

④ 私たちの体と心は、それぞれ別々のものではなく、深く関わり合っています。楽しいという心の動きが、えがおという体の動きに表れるのと同様に、体の動きも心の動きに働きかけるのです。何かいやなことがあったときは、このことを思い出して、鏡の前でにっこりえがおを作ってみるのもよいかもしれません。

中村真「笑うから楽しい」より

❶ 「それ」とは何を指していますか。文章から四字で書きぬきましょう。

体の動き

❷ 「このときの顔」とありますが、どんなときの顔ですか。

（例 口を横に開いて、歯が見えるようにしたときの顔。）

❸ 「自然と愉快な気持ちになっていました。」とありますが、それはなぜですか。一つに○を付けましょう。

ア（　）脳が表情から、自分が今おかしな表情をしていると判断し、他からどう見えるかと思って楽しくなったから。

イ（○）脳が表情から、自分が今笑っていると判断し、笑っているときの楽しい気持ちを引き起こしていたから。

ウ（　）脳が愉快だった出来事を思い出し、そのときの気分がよみがえって楽しくなったから。

❹ 「私たちの心の動きを決める大切な要素の一つ」とありますが、ここでいう「大切な要素の一つ」とは何ですか。文章から書きぬきましょう。

（表情によって呼吸が変化し、脳内の血液温度が変わること）

❺ 「鼻の入り口が広くなる」とありますが、それによってどうなるのですか。順番どおりになるように、（　）に番号を書きましょう。

（2）脳を流れる血液が冷やされる。
（1）たくさんの空気を吸いこむ。
（3）楽しい気持ちが生じる。

❻ 「脳を流れる血液が冷やされて、楽しい気持ちが生じる」とありますが、これと同じことを述べている部分を、文章から二十四字で書きぬきましょう。

脳を流れる血液の温度が低ければ、ここちよく感じる

❼ 「深く関わり合っています。」とありますが、何と何が深く関わり合っているのですか。文章から七字で書きぬきましょう。

私たちの体と心

ヒント 「脳を流れる血液」という言葉に着目しよう。

❽ この文章で、筆者の考えが書かれているのは、②～④のどの段落ですか。番号で答えましょう。

（④）段落

❾ この文章の筆者の考えに合うものはどれですか。一つに○を付けましょう。

ア（○）えがおになると楽しい気分になる。

イ（　）心配なことがあると楽しくなれない。

ウ（　）えがおを作ることは意外に難しい。

ヒント 「体の動きも心の動きに働きかける」と述べているよ。

❶ 指示語の原則通り、直前の内容を指しています。

❷ 「このとき」の「この」の指す内容をとらえます。直前に「口を横に開いて、歯が見えるようにしてもらいました。」とあります。

❸ 次の文に、その理由が書かれています。

❹ 「～も……要素の一つです。」とありますから、「～」の部分がその要素の一つということです。また、「表情によって呼吸が変化し」、そのことによって「脳内の血液温度が変わること」が、「心の動きを決める大切な要素の一つ」なので、「脳内の血液温度が変わること」だけでは不十分です。

❺ 笑ったときには「鼻の入り口が広くなる」ので「多くの空気を取りこむこと」ができ、「脳を流れる血液が冷やされ」て、「楽しい気持ちが生じる」のです。

❽ ②③段落には、笑っているときの表情が楽しい気持ちを引き起こすということの事例が二つの点から書かれています。そして④段落に、それらの事例をもとに、筆者の考えが述べられています。

練習② 22~23ページ

時計の時間と心の時間

文章を読んで、答えましょう。

私たちは毎日、あたりまえのように時間と付き合いながら生活しています。みなさんも、全く時計を見ずに過ごす日はないでしょう。そんな身近な存在である「時間」ですが、実は、「時計の時間」と「心の時間」という、性質のちがう二つの時間があり、私たちはそれらと共に生きているのです。そして、私は、「心の時間」に目を向けることが、時間と付き合っていくうえで、とても重要であると考えています。

みなさんが「時間」と聞いて思いうかべるのは、きっと時計が表す時間のことでしょう。私はこれを、「時計の時間」とよんでいます。「時計の時間」は、もともとは、地球の動きをもとに定められたもので、いつ、どこで、だれが計っても同じように進みます。しかし、「心の時間」はちがいます。「心の時間」とは、私たちが体感している時間のことです。みなさんは、あっというまに時間が過ぎるように感じたり、なかなか時間がたたないと思ったりしたことはありませんか。私たちが感じている時間は、いつでも、どこでも、だれにとっても、同じものとはいえません。「心の時間」には、さまざまな事がらのえいきょうを受けて進み方が変わったり、人によって感覚がちがったりする特性があるのです。

分かりやすい例が、「その人が、そのときに行っていることを、どう感じているかによって、進み方が変わる」というものです。みなさんも、楽しいことをしているときは時間がたつのが速く、たいくつなときはおそく感じたという経験があるでしょう。このようなことが起こるのは、時間を気にすることに、時間を長く感じさせる効果があるためだと考えられています。例えば、あなたがゲームに夢中になっているときには、集中しているので、時間を気にする回数が減ります。すると、時間はあっというまに過ぎるように感じます。逆に、きらいなことやつまらなく感じることには、集中しにくくなるので、時間を気にする回数が増えます。その結果、時間がなかなか進まないように感じるのです。

一川誠「時計の時間と心の時間」より

❶ 「そんな身近な存在である『時間』」とありますが、時間が身近な存在であることを、どのように表現していますか。「～ほど身近な存在。」につながるように、文章から十五字で書きぬきましょう。

全く時計を見ずに過ごす日はない ほど身近な存在。

ヒント 「そんな」が指す内容をおさえよう。

❷ 「時計の時間」について、答えましょう。

① 筆者はどんな時間を「時計の時間」とよんでいますか。文章から七字で書きぬきましょう。

時計が表す時間

② 「時計の時間」の説明に合うもの全てに○を付けましょう。

ア（　）性質のちがう二つの時間がある。

イ（○）もともとは、地球の動きをもとに定められた。

ウ（○）いつ、どこで、だれが計っても同じように進む。

エ（　）私たちが生活の中で付き合っている、ただ一つの時間である。

❸ 「心の時間」について、答えましょう。

① 「心の時間」とはどんな時間ですか。文章から十二字で書きぬきましょう。

私たちが体感している時間

② 「心の時間」にはどんな特性があるのですか。一つに○を付けましょう。

ア（　）時間が、あっというまに過ぎていく特性。

イ（○）人によって進み方の変化や感覚のちがいがある特性。

ウ（　）時間がなかなか過ぎていかない特性。

❹ 「楽しいことをしているときは時間がたつのが速く」とありますが、そうなるのはなぜですか。

何かに 夢中 になっているときは、そのことに 集中 しているので、時間を気にする回数が 減り 、時間があっというまに過ぎるように感じるから。

❺ 「たいくつなときはおそく感じた」とありますが、そう感じるのはなぜですか。

たいくつに感じることには、集中 しにくくなるので、時間を気にする回数が 増え 、時間がなかなか進まないように感じるから。

ヒント ❹の問いと関連づけて考えよう。

❶ 「時間」がどれほど身近な存在であるのかが表現されている部分をさがしましょう。直前の文に書かれています。

❷ ①第二段落にある、「私はこれを、『時計の時間』とよんでいます。」の「これ」の指す内容です。

②「時計の時間」については、第二段落の前半部分に説明があります。「『時計の時間』は……いつ、どこで、だれが計っても同じように進みます。」の部分の内容に合うものに○を付けましょう。

❸ ①第二段落に、「『心の時間』とは、私たちが体感している時間のことです。」とあります。

②「心の時間」の特性については、第二段落の最後の文に「『心の時間』には、……特性があるのです。」と説明されています。

❹ 少し後の「例えば、あなたが……回数が減ります。」に理由が述べられています。

❺ 少し後の「きらいなことやつまらなく感じる……回数が増えます。」に理由が述べられています。

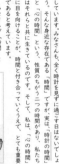

準備 24~25ページ

文の組み立て

新しい漢字

勤 銭 署 警 派 障 券 / 宣 染 枚 納 収 供 諸

1 □に読み仮名を書きましょう。

① 券を買う。（けん）　② 機械が故障する。（こしょう）　③ 立派な人になる。（りっぱ）　④ 警察署に行く。（けいさつしょ）　⑤ 銭湯に入る。（せんとう）　⑥ 場所を移転する。（いてん）　⑦ 会社に勤める。（つと）　⑧ 諸外国をめぐる旅。（しょがいこく）　⑨ サービスを提供する。（ていきょう）　⑩ 荷物を収納する。（しゅうのう）　⑪ 二枚の絵。（にまい）　⑫ 意見を述べる。（の）

2 □に漢字を、□に漢字と送り仮名を書きましょう。

① 大きさを〔比べる〕。　② 木の〔枝〕を切る。　③ 本の〔内容〕を話す。　④ 〔職人〕になる。　⑤ 布を青く〔染める〕。　⑥ 独立〔宣言〕をする。

3 次の全てのカードを並べかえて、意味の通る文を二つ書きましょう。

今日　植えた　畑に　さつまいもを　私は

（例 私は今日、畑にさつまいもを植えた。）

（例 今日、私はさつまいもを畑に植えた。）

4 次の文には、二つの主語と述語の関係があります。例のように、主語に――線、述語に――線をつけ、主語と述語を矢印で結びましょう。

例 姉が 買った カップが こわれた。

① 祖母が くれた 花が さいた。

② 友達が かいた 絵が 絵画展で 入賞した。

③ 弟が 毎日 通う 保育園が 海の 近くに 移転した。

5 次の文を二つの文に書き直しましょう。

① 妹が買ったぬいぐるみは、とても大きい。

（例 妹がぬいぐるみを買った。そのぬいぐるみは、とても大きい。）

② 人気のある歌手が出演したドラマを見た山田さんが、感想を書いた。

（例 人気のある歌手がドラマに出演した。そのドラマを見た山田さんが、（ドラマの）感想を書いた。）

まず、二つの「主語」と「述語」の関係を見つけよう。

準備 26~27ページ

たのしみは／天地の文／情報と情報をつなげて伝えるとき

新しい漢字

暮 探 座 幼

「幼い」は送り仮名に注意が必要だよ。

1 □に読み仮名を書きましょう。

① 平和な暮らし。（く）　② 仕事を探す。（さが）

2 □に漢字を、□に漢字と送り仮名を書きましょう。

① 〔星座〕を見る。　② 〔幼い〕子ども。

たのしみは

3 次の短歌を五・七・五・七・七に分け、現代の仮名づかいに変えて、平仮名で書きましょう。

たのしみは妻子むつまじくうちつどひ頭ならべて物をくふ時　橘曙覧（「たのしみは」より）

（たのしみは）（めこむつまじく）（うちつどい）（かしらならべて）（ものをくうとき）

4 「たのしみは」で始まり、「時」で結ぶ短歌を自由に書きましょう。

（例 たのしみはマラソンをして少しずつみんなをおいて前に行く時）

情報と情報をつなげて伝えるとき

5 次の□にはどのようなつなぐことばを使うとよいですか。後から選んで、記号で書きましょう。

以前は、はさみやカッターはほとんど右きき用に作られていた。しかし、最近では左きき用のものも売られるようになった。（イ）、さまざまな人に配りょして製品などを設計することをユニバーサルデザインという。

ア 一方で　イ このように　ウ したがって

天地の文

6 文章を読んで、答えましょう。

天地の文　福澤諭吉

天地日月。東西南北。きたを背に南に向かひて右と左に指させば、ひだりは東、みぎはにし。日輪、朝は東より次第にのぼり、暮れはまたにしに没して、夜くらし。一昼一夜変はりなく、界を分けし午前午後、前後合はせて二十四時、時をあつめて日を計へ、日数つもりて三十の数に満つれば一か月、大と小とにかかはらず、あらまし分けし四週日、一週日の名は日月火水木金土、一七日に一新し、一年五十二週日、第一月の一日は年たち回る時なれど、春の初めは尚遅く初めて来る第三月、春夏秋冬三月づつ合はせて三百六十日、一年一年又一年、百年三万六千日、人生わづか五十年、稚き時に怠らば老いて悔ゆるも甲斐なかるべし。

(1) 「きたを背に南に向かひて……みぎはにし。」とありますが、何について説明していますか。文章から四字で書きぬきましょう。

東西南北

(2) 「界を分けし午前午後」とは、どういうことですか。一つに○を付けましょう。

ア（　）一日は二十四時間であるということ。
イ（　）太陽は東からのぼり西にしずむということ。
ウ（○）一日は午前と午後に分かれているということ。

(3) 「一週日の名は日月火水木金土」とありますが、何について説明していますか。

（例 一週間の曜日の呼び方について。）

(4) 「一七日に一新し」とは、どういうことですか。一つに○を付けましょう。

ア（○）一週間は七日で変わるということ。
イ（　）一年は五十二週でできているということ。
ウ（　）一か月は四週でできているということ。

(5) 筆者はこの文章で、どんな考えを述べていますか。一つに○を付けましょう。

ア（　）幼いときに努力しなかったとしても、年老いてから努力すればよい。
イ（○）年老いてから後悔しないように、幼いときから努力しなければならない。
ウ（　）うまくいかなかったことがあったとしても、決して後悔してはならない。

---

3 文の述語にあたる「植えた」は、書き言葉では、ふつう文末に置きます。

4 一つの文の中に、二つの主語と述語の関係があります。

①中心となる文は「花が―さいた」で、「祖母が―くれた」は、「花が」を修飾する言葉です。

②中心となる文は「絵が―入賞した」で、「友達が―かいた」は「絵が」、「絵画展で」は「入賞した」を修飾する言葉です。

③中心となる文は「保育園が―移転した」で、「弟が―通う」は「保育園が」、「毎日」は「通う」、「海の近くに」は「移転した」を修飾する言葉です。

5 文の中の主語と述語の関係に着目しましょう。

②「歌手が―出演した」という主語―述語は「ドラマ」を修飾しています。また、「山田さんが―書いた」というもう一つの主語―述語がありますが、山田さんが書いたのはドラマの感想です。だれがドラマに出演し、だれがドラマの感想を書いたのかが分かるように言葉をおぎなって文を書きましょう。

3 古文の語頭以外の「はひふへほ」は、現代語ではほとんど「わいうえお」と発音します。

5 前に書いたことをまとめるときは「このように」でつなぐとよいでしょう。

6 (1)「北を背にして南に向かって右と左を指さすと、左は東、右は西である。」という意味なので、「東西南北」を説明したものだと分かります。

(2)「界を分けし午前午後」とは、「午前と午後に分かれ」という意味です。

(3)「名目」とは、「名前」「呼び方」という意味なので、「一週間の曜日の呼び方は日月火水木金土である」という意味になります。

(4)「一七日」は、「七日ごと」という意味。「一新」とは、「新しくなる」ことです。

(5)「稚き時に怠らば老いて悔ゆるも甲斐なかるべし。」（幼いときに努力を怠り、年を取ってから後悔してもしかたがない。）と述べています。

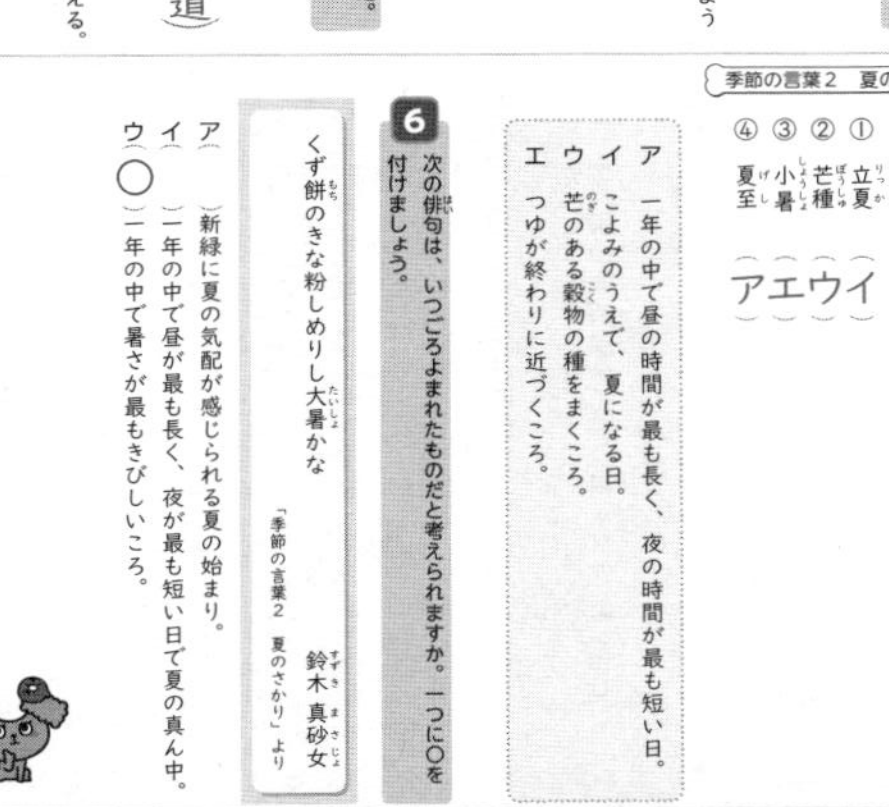
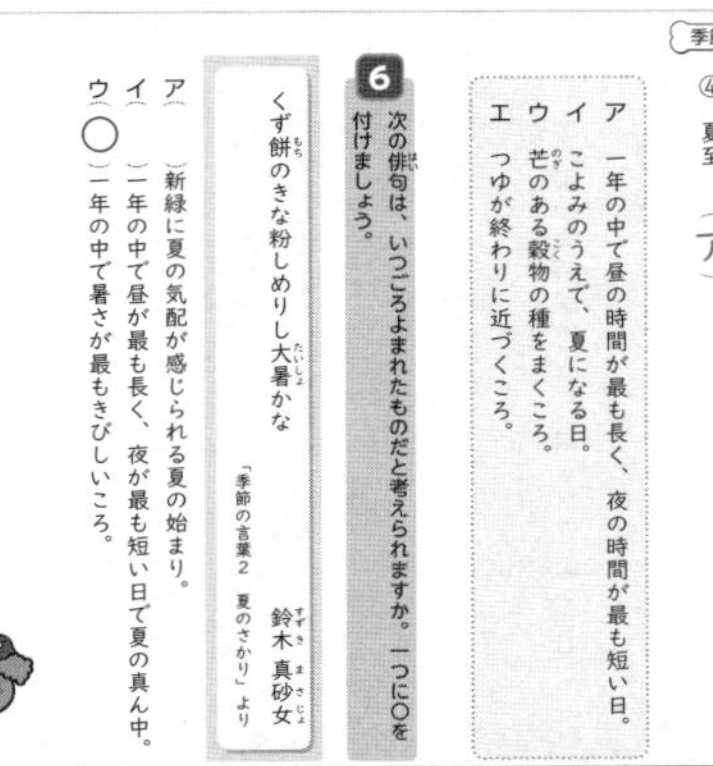

準備　28〜29ページ

デジタル機器と私たち／季節の言葉２　夜のさかり

新しい漢字

著（チョ）11画 教科書77ページ	権（ケン）15画 77ページ	尊（ソン）12画 77ページ	庁（チョウ）5画 80ページ

1 □に読み仮名を書きましょう。

① 本の著作権。（ちょさくけん）
② 他者を尊重する。（そんちょう）
③ 消防庁の発表。（しょうぼうちょう）
④ 事故を防ぐ。（じこ）

2 □に漢字を、〔　〕に漢字と送り仮名を書きましょう。

① テレビの えいぞう。〔映像〕
② しゃしん をとる。〔写真〕
③ 情報を たしかめる。〔確かめる〕
④ こうか が出る。〔効果〕
⑤ 問題を かいけつ する。〔解決〕
⑥ しんりょく の季節。〔新緑〕
⑦ あつさ がきびしい。〔暑さ〕
⑧ 水量が ます。〔増す〕

デジタル機器と私たち

3 提案する文章を書くときの手順を次のようにまとめました。□に当てはまる言葉を□から選んで、記号を書きましょう。

① 提案する（カ）を決める。
② 提案のための（エ）を集める。
・本や（ウ）で調べたり、インタビューをしたりする。
③ 提案する文章の（オ）を考える。
・「提案の（ア）→提案（具体的な内容や効果）→まとめ」のような組み立てて書くと分かりやすい。
④ 提案する文章を書く。
・提案の（イ）や内容が分かりやすく伝わるように書く。

ア きっかけ　イ 意図　ウ インターネット
エ 情報　オ 構成　カ テーマ

4 提案する文章の構成を考えるときの注意点を次のようにまとめました。□に当てはまる言葉を□から選んで、書きましょう。

① 自分たちの（体験）などの事実と意見とを区別する。
② 事実と意見の結び付きをはっきりさせて、文章の（すじ道）を整える。
③ 説得力のある提案にするために、伝える（順序）を考える。

効果　順序　すじ道　体験

季節の言葉２　夏のさかり

5 次の言葉の意味を□から選んで、記号を書きましょう。

① 立夏（イ）
② 芒種（ウ）
③ 小暑（エ）
④ 夏至（ア）

ア 一年の中で昼の時間が最も長く、夜の時間が最も短い日。
イ こよみのうえで、夏になる日。
ウ 芒のある穀物の種をまくころ。
エ つゆが終わりに近づくころ。

6 次の俳句は、いつごろよまれたものだと考えられますか。一つに○を付けましょう。

くず餅のきな粉しめりし大暑かな　鈴木 真砂女

「季節の言葉２　夏のさかり」より

ア（　）新緑に夏の気配が感じられる夏の始まり。
イ（　）一年の中で昼が最も長く、夜が最も短い日で夏の真ん中。
ウ（○）一年の中で暑さが最もきびしいころ。

3 ①最初に決めるのは、提案する「テーマ」です。
②提案のための「情報」は、本や「インターネット」で集めることができます。
③提案する文章が説得力をもつように「構成」を考えることが大事です。提案の「きっかけ」を最初に書き、提案内容、まとめというような構成で書くと分かりやすく伝わるでしょう。

5 ①「立夏」とは、夏が立つ（始まる）ころのこと。五月六日ごろです。
②「芒種」の「芒」とは、いねの先についているトゲ状のもののこと。つまり、いねなどの種をまくころのことです。
③「小暑」とは、つゆが終わりに近づく、七月七日ごろです。
④「夏至」は、一年の中で昼の時間が最も長く、夜の時間が最も短い日で、六月二十一日ごろ。反対に昼が最も短く、夜が最も長いのは「冬至」です。

6 俳句によまれた「大暑」とは、一年のうちで最も暑さがきびしくなるころのことです。

確かめのテスト①　30〜31ページ

［練習］笑うから楽しい〜季節の言葉2　夏のさかり

おうちのかたへ

説明文では、説明内容の繰り返しを避けるため、指示語が多く使われます。説明文の読解においては、その指示語が何を指しているのか確実につかむことが大切です。また、記述式の答えに指示語が含まれている場合は、その指し示す内容を明らかにして答えなければならない、ということを徹底するようにしましょう。

文章を読んで、答えましょう。　思考・判断・表現

さらに、「心の時間」には、人によって感覚が異なるという特性があります。ここで、簡単な実験をしてみましょう。机を指でトントンと軽くたたいてみてください。しばらくの間、くり返したたくうちに、自分にとってここちよいテンポが分かってくるでしょう。このテンポは人によって異なるもので、歩く速さや会話での間の取り方といった、さまざまな活動のペースと関わりがあることが分かっています。そして、このペースと異なるペースで作業を行うと、ストレスを感じるという研究もあります。みんなで同じことをしていても、私たちは、それぞれにちがう感覚で時間と向き合っているのです。

ここまで見てきたように、「心の時間」は、心や体の状態、身の回りの環境などによって、進み方がちがってきます。また、私たちは、それぞれにちがう「心の時間」の感覚をもっています。そうした、「心の時間」のちがいをこえて、私たちが社会に関わることを可能にし、社会を成り立たせているのが、「時計の時間」なのです。このことから、「時計の時間」が、私たちにとっていかに不可欠なものであるかが分かります。それと同時に、「時計の時間」と「心の時間」には、必ずずれが生まれることにも気づくでしょう。「心の時間」の感覚のちがいもあわせて考えれば、いつも正確に「時計の時間」どおりに作業し続けたり、複数の人が長い時間、同じペースで作業を進めたりすることは、とても難しいことだと分かります。

このように考えると、生活の中で「心の時間」にも目を向けることの大切さが見えてくるのではないでしょうか。さまざまな事がらのえいきょうで、「心の時間」の進み方が変わると知っていれば、それを考えに入れて計画を立てられるでしょう。また、人それぞれに「心の時間」の感覚がちがうことを知っていれば、他の人といっしょに作業するときも、たがいを気づかいながら進められるかもしれません。私たちは、二つの時間と共に生活しています。そんな私たちに必要なのは、「心の時間」を頭に入れて、「時計の時間」を道具として使うという、「時間」と付き合うちえなのです。

一川 誠「時計の時間と心の時間」より

1 「簡単な実験をしてみましょう。」とありますが、この実験によって何が分かるのですか。文章から十四字で書きぬきましょう。　15点

自分にとってここちよいテンポ

2 よく出る 「私たちは、それぞれに……向き合っているのです。」とは、どういうことですか。一つに○を付けましょう。　10点

ア（　）私たちは、「時計の時間」の感覚で時間と向き合っているということ。
イ（○）私たちは、「心の時間」の感覚で時間と向き合っているということ。
ウ（　）私たちは、時間を気にしないで時間と向き合っているということ。

3 「『心の時間』の感覚」とありますが、それは何にえいきょうされるのですか。文章から書きぬきましょう。　15点

（心や体の状態、身の回りの環境など）

4 「『時計の時間』が……不可欠なものであるか」とありますが、「時計の時間」が「私たち」にとって不可欠なのは、なぜですか。次の□に共通して当てはまる言葉を文章から書きぬきましょう。　10点

「時計の時間」が、「心の時間」のちがいをこえて、「私たち」が□に関わることを可能にし、□を成り立たせているから。

（社会）

5 できたらスゴイ！ 「いつも正確に……とても難しい」とありますが、それはなぜですか。文章の言葉を使って答えましょう。　15点

（例「時計の時間」と「心の時間」には必ずずれが生まれるし、人によって「心の時間」の感覚にちがいがあるから。）

6 よく出る 「それを考えに入れて計画を立てられるでしょう。」とありますが、筆者はどんなことを「考えに入れて計画を立て」ることを述べているのですか。「〜こと。」につながるように、文章から十四字で書きぬきましょう。（符号をふくむ。）　10点

「心の時間」の進み方が変わること。

7 「たがいを気づかいながら進められるかもしれません。」とありますが、そのためには、どんなことを知っていることが必要ですか。文章から二十一字で探し、初めと終わりの五字を書きましょう。　10点

人それぞれ〜ちがうこと

8 表現を記述 あなた自身が、「心の時間」があることを実感した具体例を挙げ、そのときどう思ったかを書きましょう。　15点

（例 休日に読書に熱中していたら、いつのまにか日が暮れていたことがあり、あっという間に時間が過ぎたことにびっくりした。）

---

2 文章の初めの「『心の時間』には、人によって感覚が異なるという特性があります。」に着目します。

3 直前の文に「『心の時間』は、心や体の状態、身の回りの環境などによって、進み方がちがってきます。」とあります。

5 「それと同時に」で始まる前の文から直前の部分までをまとめます。「『時計の時間』どおりに作業し続け」るのが難しいのは、「時計の時間」と「心の時間」にずれが生じるためであり、「複数の人が長い時間、同じペースで作業を進め」るのが難しいのは、人により「心の時間」の感覚にちがいがあるからです。

6 「それを考えに入れて」の「それ」が指す内容をおさえます。

7 同じ文の前の部分に、「人それぞれに『心の時間』の感覚がち…ことを知ってい…とあります。

8 「心の時間」は「時計の時間」とは進み方がちがう（速い・おそい）ということを実感した具体例と、それを実感したときの気持ちが書いてあれば正解です。

例2 約束の時間におくれそうなとき、信号が赤に変わってしまい、時間の過ぎるのがおそいことにいらいらした。

確かめのテスト② 32~33ページ

[練習]笑うから楽しい ～ 季節の言葉2　夏のさかり

1 読み仮名を書きましょう。 一つ2点(20点)

① 肺で 呼吸 する。（こきゅう）
② 時刻 を見る。（じこく）
③ 簡単 な問題。（かんたん）
④ 机 を並べる。（つくえ）
⑤ 難 しい実験。（むずか）
⑥ 警察 をよぶ。（けいさつ）
⑦ 夕日が空を赤く 染 める。（そ）
⑧ 独立を 宣言 する。（せんげん）
⑨ 星座 をながめる。（せいざ）
⑩ 幼 いころを思い出す。（おさな）

2 □に漢字を、（　）に漢字と送り仮名を書きましょう。 一つ2点(20点)

① 密接 に結びつく。
② 実際に 存在 する。
③ 疑問 をもつ。
④ 駅の 券売機。
⑤ 機器が 故障 する。
⑥ 銀行に（勤める）。
⑦ 工具を 収納 する。
⑧ 都会の（暮らし）。
⑨ 著作権 がある。
⑩ 法を 尊重 する。

3 例1・2を見て、答えましょう。

例1　ぼくが　植えた　いねが　実った。
例2　ぼくがいねを植えた。そのいねが実った。

① 例1のように、次の文の主語に——線、述語に～～線をつけましょう。 全部できて6点

・父が　もらった　箱を　開けた　母が　中身に　おどろいた。

② ①の文を、例2のように、二つの文に書き直しましょう。 7点

（例 父が箱をもらった。その箱を開けた母が中身におどろいた。）

4 短歌について、答えましょう。 思考・判断・表現

① 短歌の音数について、（　）に漢数字を書きましょう。 全部できて6点

短歌は、五・（七）・（五）・（七）・（七）の三十一音で表す。

② 「よろこびは」で始まり、「時」で結ぶ短歌を作りましょう。 10点

（例 よろこびは苦しい練習ともにしたチームメイトと勝利した時）

5 次の文章の（　）に、前後の情報をつなぐ言葉を書きましょう。 6点

その県は、農業がさかんで、近年は、ちく産物・園芸作物に特化した農業生産が拡大している。（例 例えば）、主なちく産物には、和牛・地どりがあり、主な園芸物には、きんかん・らっきょうがある。

6 提案する文章を構成するときに気をつけることをまとめました。（　）に当てはまる言葉を□から選んで、記号を書きましょう。 思考・判断・表現 一つ5点(15点)

① 提案のきっかけや（イ）を明確にすること。
② 提案の内容を（ウ）に示すこと。
③ 提案が実現した場合の（ア）を示すこと。

ア 効果　イ 理由　ウ 具体的　エ きまり

7 あなたの地域で、あなたが「夏」を感じるものやことは何ですか。短い文で自由に書きましょう。 10点

（例 やぐらの周りを回りながら、ぼんおどりをおどること。）

準備 34~35ページ

私と本／星空を届けたい

かきトリ 新しい漢字

装	届	沿	冊	宇	宙	俳
教科書86ページ ソウ 12画	87ページ とどける・とどく 8画	88ページ エン そう 8画	88ページ サツ 5画	89ページ ウ 6画	89ページ チュウ 8画	90ページ ハイ 10画

誤	幕	晩	模	窓	延	論
91ページ ゴ あやまる 14画	95ページ マク・バク 13画	95ページ バン 12画	96ページ モ・ボ 14画	97ページ ソウ まど 11画	97ページ エン のびる・のべる・のばす 8画	97ページ ロン 15画

1 （　）に読み仮名を書きましょう。 ●読み方が新しい字

① 装置 を作動させる。（そうち）
② 荷物を 届 ける。（とど）
③ 川に 沿 った道。（そ）
④ 一冊 の本を読む。（いっさつ）
⑤ 宇宙 旅行を夢見る。（うちゅう）
⑥ 老若 男 女 の人々。（なん）
⑦ 大勢 で出かける。（おおぜい）
⑧ 情報 を集める。（じょうほう）
⑨ 難 しい本を読む。（むずか）
⑩ 視覚 障害者（しかく）

2 □に漢字を、（　）に漢字と送り仮名を書きましょう。

① 俳句 をよむ。
② 試行錯 誤 をする。
③ 日本語の 字幕。
④ 毎晩 早くねる。
⑤ 車の 模型。
⑥ のぞき 窓 から見る。
⑦ 期限を（延ばす）。
⑧ 議論 を行う。

3 正しい意味に○を付けましょう。 星空を届けたい

① このイベントは、老若男女を問わず参加できます。
ア（○）年れいや性別に関わりなく、だれもかれも。
イ（　）わかい男の人や女の人が、年をとっていくこと。

② 高台から満天の星を見上げた。
ア（　）とても明るい星。
イ（○）空いっぱいの星。

③ 試行錯誤の末、製品を作りあげた。
ア（○）失敗を重ねながらやり方を見つけていくこと。
イ（　）じっくりと考えたうえで正しい方法を選ぶこと。

4 自分と本の関わりについて、友だちと話し合うときの手順を次のようにまとめました。□に当てはまる言葉を□から選び、記号を書きましょう。 私と本

① 本から広げていった考えをふり返る。
・本で知ったことを自分の（ウ）に結び付ける。
・本を読んで気になったことを（エ）などで調べる。
② 印象が強かった本について、友達と話す。
・心に残っている本がもつテーマについて話し合う。
③ テーマに着目して、同じテーマの複数の本を読む。
④ ブックトークをする。
・テーマにしたがって読んだ本を、友達に（イ）する。
・自分と本の（ア）についてもふれるとよい。

ア 関わり　イ しょうかい　ウ 生活　エ インターネット

5 心に残っている本の題名と、その本がもつテーマを、それぞれ書きましょう。

① 本の題名（例 武器より一冊の本をください）
② テーマ（例 平和）

---

3 ①「父が—もらった」「母が—おどろいた」の二つの主語と述語の関係があり、中心となるのは、「母が—おどろいた」です。また、「箱を開けた」は「母が」を、「中身に」は「おどろいた」を修飾する言葉です。

②①をふまえて、修飾語の位置が正しいか、同じ内容になっているか、確かめましょう。

4 ①短歌は、「五・七・五・七・七」の三十一音からなる定型詩です。

②「よろこびは」で始め、「五・七・五・七・七」の音数に合うように、表現を考えましょう。

5 前に述べた情報の具体例となる情報が、後に書かれています。したがって、「例えば」などの言葉で前後をつなぎましょう。

6 ②提案の内容は、「具体的」に示すことで説得力をもって伝わります。

7 「夏」の季節感を表す自然のものや風物、行事などを思いうかべてみましょう。

3 ①「老若男女」とは、老いた人と若い人、男の人と女の人、という意味。つまり、年齢や性別にかかわりなく、だれもかれも、という意味です。

②「満天」とは、「空いっぱいの」という意味です。「満天」自体に「空」という意味があるので、「満天の星空」とはいわず、「満天の星」といいます。

③「試行錯誤」とは、いろいろためして失敗することを何度もくり返しながら、解決する方法を見つけていくことです。

4 教科書85ページ～87ページで確認しましょう。テーマに着目して、本を読み、自分の考えを深めたり、友達と話し合ったりします。同じテーマについてちがう視点からみた本を複数読んで、物事を多面的にとらえられるようにしましょう。

5 ②教科書87ページなどを参考に考えてみましょう。自分なりにそれがテーマであると考えた答えであれば、正解です。

おうちのかたへ

教科書に紹介されている作品などを通して、ふだん読まないジャンルの本も読むことで視野が広がります。

練習　36~37ページ
星空を届けたい

◆文章を読んで、答えましょう。

あるとき、「星の語り部」のメンバーの一人が、「目が見えない人にも、プラネタリウムを体験してもらいたいね。」と言いました。すると、別のメンバーが、「私の友達に、目が見えない人がいるんです。今度、さそってみます。」と言って、市瀬さんという男性を連れてきてくれました。生まれたときから目が見えない市瀬さんは、「今まで、ぼくに星の話をしてくれた人はいなかった。」と言って、星について初めて知ることを喜んでいました。

目が見えない人たちは、自分の身の回りにあるものをさわることで、そこに何があるかを知っていきます。耳が聞こえれば、耳からの情報もとても重要です。しかし、星や空は、どんなにがんばっても手でふれることはできず、音を出すものでもありません。だから、空に星があるということを、目が見えない人が知るのは、とても難しいのです。だからこそ、なんとか工夫をして、目が見えない人たちにも星空や宇宙のことを感じてもらいたい、と思うようになりました。でも、どうすればよいのでしょう。

生まれたときから目が見えない人の多くは、「点字」を使います。点字とは、ぽつっとふくらんでいる点を六個組み合わせて表した、視覚障害者用の文字です。ドレッシングの容器や洗濯機など、私たちの家にも、点字が表示されたものがあります。

あるとき、市瀬さんが、「点字のことを『六星』とも言うんだよ。」と教えてくれました。そのとき、点字の点は、そのまま星を表現できるのでは、と気づいたのです。

その後、「点図」という、点字用の点を使って地図や絵を作っている人と出会い、点図で夜の星空をかいてみることになりました。例えば、「八月の午後八時に甲府から見える星空」を点図で作る場合、同じ場所、同じ時刻で、「町の明かりがついているときに見える夜空のパターン」と、「町の明かりを消したときに見える星空のパターン」の二種類（教科書92ページ参照）を作ります。そうすれば、プラネタリウムの町の明かりが消えて、満天の星が見えた瞬間にわき起こる「わあ。」という感動を、目が見えない人も共有できます。そんなふうに試行錯誤を重ねている間に、「星の語り部」には、目が見えない仲間も増えていきました。

目が見えない仲間たちと活動する中で、私は、多くのことを学びました。よく考えると、宇宙に散らばる星のほとんどは、あまりにも遠くにあるため、目が見える人も肉眼で見ることはできません。つまり、宇宙は「見えない世界」なのです。そう思うと、目が見えていても、見えていなくても、同じように宇宙のことを感じたり、語り合ったりすることができるんだ、ということに気がついたのです。

また、目が見える人も、しばらく暗やみにいると、ふだんより周りの音がよく聞こえてきたり、他の感覚が敏感になったりするでしょう。星や宇宙をながめ、感じるということは、視覚以外の聴覚や嗅覚、触覚などがするどくなることなんだな、ということも分かりました。

高橋 真理子「星空を届けたい」より

❶「星について初めて知ることを喜んでいました。」について、答えましょう。

① そのときまで市瀬さんが星について知らなかったのはなぜだと思われますか。

星は［手でふれる］ことができず、［音を出す］ものでもないので、市瀬さんのように［目が見えない］人が知るのは難しいから。

② 市瀬さんの話を聞いて、筆者はどうしたいと思うようになりましたか。一つに○を付けましょう。

ア（○）目が見えない人たちに星空や宇宙を感じてもらいたい。
イ（　）目が見えない人たちに星のことを教えてもらいたい。
ウ（　）目が見えない人以外にも星空のすばらしさを伝えたい。

❷「点字」とはどのようなものですか。

［視覚障害者用の文字］で、ふくらんだ点を六個組み合わせて表したもの。

❸「点字のことを『六星』とも言う」とありますが、筆者はこの言葉を聞いて、どのようなことに気づきましたか。

点字の点が［星を表現できる］こと。

❹「『町の明かり……作ります。』」とありますが、二種類作ることで、目が見えない人とどのような感動を共有できるのですか。

ヒント：すぐ後に「気づいた」と書かれているよ。

（例 プラネタリウムの町の明かりが消えて、満天の星が見えたときの感動。）

❺「多くのことを学びました。」とありますが、筆者が学んで分かったのはどのようなことですか。

・宇宙は［「見えない世界」］なので、［目が見える］かどうかに関わりなく、同じように感じたり、語り合ったりできるということ。
・星や宇宙をながめ、感じるということは、聴覚、嗅覚、触覚など、人間の［視覚以外］の［感覚］が［する］［どく］なることだということ。

ヒント：最後の二つの段落に分けて書かれていることをつかもう。

❻「宇宙は『見えない世界』」とは、どういう意味ですか。一つに○を付けましょう。

ア（　）見えている部分は星の一部にすぎず、見えない部分が多い。
イ（○）多くの星はとても遠くにあるため肉眼で見ることはできない。
ウ（　）宇宙に散らばる星には解明されていないなぞがたくさんある。

準備　38~39ページ
せんねん　まんねん／名づけられた葉

かきトリ　新しい漢字　樹（ジュ）16画　教科書100ページ

1 ＿に読み仮名を書きましょう。

① 虫が樹液（じゅえき）に集まる。　② 葉脈（ようみゃく）を観察する。

2 詩を読んで、答えましょう。

せんねん　まんねん　　まど・みちお

いつかのっぽのヤシの木になるために
そのヤシのみが地べたに落ちる
その地ひびきでミミズがとびだす
そのミミズをヘビがのむ
そのヘビをワニがのむ
そのワニを川がのむ
その川の岸ののっぽのヤシの木の中を
昇っていくのは
今まで土の中でうたっていた清水
その清水は昇って昇って昇りつめて
ヤシのみの中で眠る

その眠りが夢でいっぱいになると
いつかのっぽのヤシの木になるために
そのヤシのみが地べたに落ちる
その地ひびきでミミズがとびだす
そのミミズをヘビがのむ
そのヘビをワニがのむ
そのワニを川がのむ
その川の岸に
まだ人がやって来なかったころの
はるなつあきふゆ　はるなつあきふゆの
ながいみじかい　せんねんまんねん

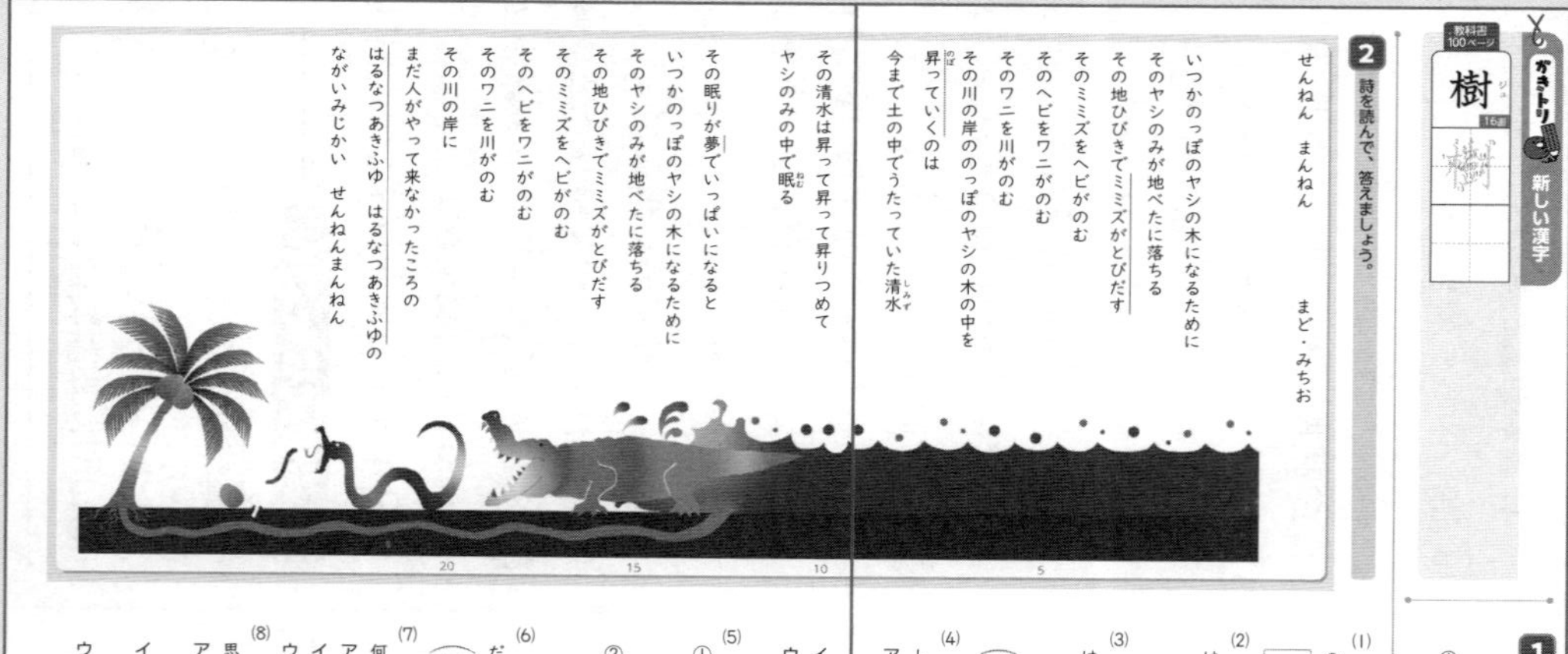

(1) 第一連と第二連でくり返されている六行を探し、初めと終わりの五字を書きましょう。

［いつかのっ］～［を川がのむ］

(2)「ミミズがとびだす」とありますが、ミミズをとびださせたものは何ですか。詩から書きぬきましょう。

ヤシのみが（地べた）に落ちたときの（地ひびき）

(3) この詩に出てくる植物や動物の順になるように、（　）に当てはまる言葉を書きましょう。

ヤシのみ→（ミミズ）→（ヘビ）→（ワニ）→川

(4) (3)はどのような順序でつながっていますか。一つに○を付けましょう。

ア（　）植物から動物へ、そして川へ、大きなものから小さなものへ。
イ（　）力の強いものから弱いものへ。
ウ（○）植物から動物へ、そして川へ、小さなものから大きなものへ。

(5)「昇っていく」について、答えましょう。

① 何が「昇っていく」のですか。詩から書きぬきましょう。

（（今まで土の中でうたっていた）清水）

② どこまで「昇っていく」のですか。詩から書きぬきましょう。

（ヤシのみ（の中））

(6)「夢」とありますが、「ヤシのみ」にとっての夢とはどんなことだと考えられますか。詩の言葉を使って答えましょう。

（例 いつかのっぽのヤシの木になること。）

(7)「はるなつあきふゆ　はるなつあきふゆ」のくり返しの表現は、何を表していますか。一つに○を付けましょう。

ア（○）季節が何年もくり返されてきたこと。
イ（　）たいくつな日々が続いていたこと。
ウ（　）今も昔も、四季の変化に変わりはないこと。

(8) この詩の「せんねん　まんねん」という題名には、どのような思いがこめられていると考えられますか。一つに○を付けましょう。

ア（　）千年も万年も生き続ける自然と比べて人間のはかなさを悲しむ思い。
イ（○）千年も万年も生命がくり返されてきたことに対して感動する思い。
ウ（　）千年も万年も昔のできごとに思いをはせて太古の世界にあこがれる思い。

---

❶ ①すぐ後の段落から、目が見えない人にとって、なぜ星について知ることが難しいのかをとらえましょう。
②すぐ後の段落に「なんとか工夫をして、目が見えない人たちにも星空や宇宙のことを感じてもらいたい、と思うようになりました。」とあります。

❷ すぐ後の文に「点字とは、ぽつっとふくらんでいる点を六個組み合わせて表した、視覚障害者用の文字です。」とあります。

❸ すぐ後に、「そのとき、点字の点は、そのまま星を表現できるのでは、と気づいた」とあります。「六星」という言葉を聞いて、点字を構成する六個の点と六つの星が結び付いたのです。

❹ 町の明かりがついているときと、明かりを消したときの二種類を作ることで、明かりが消えた瞬間の感動を味わうことができるように工夫したのです。

❺ 最後の二つの段落に書かれている筆者の二つの気づきをとらえて、空らんに当てはまる言葉を書きましょう。

2 (1)第一連と第二連で共通している表現をさがしましょう。
(2)すぐ前の行に「そのヤシのみが地べたに落ちる」とあります。そのときの「地ひびき」が、ミミズをとびださせるというのです。
(3)「そのヤシのみが地べたに落ちる……そのワニを川がのむ」に着目します。
(4)「ミミズ」→「ヘビ」→「ワニ」と、小さなものから大きなものへと、つながっています。
(5)土の中の清水がヤシの木に吸い上げられて、ヤシのみにたくわえられる様子をえがいています。
(6)夢でいっぱいになったヤシのみが、「いつかのっぽのヤシの木になるために」「地べたに落ちる」ことから考えます。
(8)「はるなつあきふゆ　はるなつあきふゆの／ながいみじかい　せんねんまんねん」から、作者の思いを読み取りましょう。ミミズをヘビがのみ、そのヘビをワニがのむように、生きものはつながりをもちながら生きており、長い長い間、その生命の歴史が営まれてきたのです。

準備 40~41ページ
いちばん大事なものは／インターネットでニュースを読もう

かきトリ 新しい漢字

覧 値 源 退 厳 優 推 貴

「源」は「原」と音が同じで、形も似ているので、使い分けに注意しよう。

1 □に読み仮名を書きましょう。

① 資料を閲覧する。（らん）
② 商品の値上げ。（ね）（あ）
③ 資源をたくわえる。（しげん）
④ チームが敗退する。（はいたい）
⑤ 厳しい練習。（きび）
⑥ 俳優になる。（はいゆう）

2 □に漢字を書きましょう。

① 事件の背景（はいけい）
② 数値が異なる。（こと）
③ 窓の外を見る。（まど）
④ 効率のよい方法。（こうりつ）
⑤ 原因を推定する。（すいてい）
⑥ 貴重な食べ物。（きちょう）

3 正しい意味に〇を付けましょう。

① 正しい対話のしかたを学ぶ。 ア〇人と話し合うこと。 イ 自分の考えを述べること。
② 考えの背景を理解する。 ア ものごとの中心にあること。 イ〇ものごとの背後にある事情。
③ インターネットで検索する。 ア〇調べてさがすこと。 イ 情報を書きこむこと。
④ 記事を更新する。 ア〇新しいものに改めること。 イ 新しくつくり出すこと。

いちばん大事なものは

4 人と考えを伝え合うときの手順を、次のようにまとめました。□に当てはまる言葉を□から選んで、記号を書きましょう。

① 自分の考えを（イ）に書く。
② 人と考えを伝え合う。
・聞く人は、話す人への（ウ）を通して理解を深める。
・たがいの考えがよく分かるように、（ア）やこれまでの経験などを尋ね合う。
③ 考えを伝え合うことによって、自分の考えがどう（エ）かや、どう深まったのかを確かめる。

ア 理由　イ ノート　ウ 質問　エ 変わった

インターネットでニュースを読もう

5 インターネットのニュースサイトのトップページの特徴について、次のようにまとめました。①～③に当てはまる言葉を□から選んで、記号を書きましょう。

▼トップページにいつも表示されているもの …サイト名、分野名のボタン、（①イ）など。
▼ひんぱんに表示が入れかわるもの …（②ア）、ニュースのランキング など。
・②…その日の最も重要なニュースが表示されることが多い。
・ニュースのランキング…見ている人が多い順などに並べられた（③ウ）が表示される。

ア トップニュース　イ 検索窓　ウ 記事の見出し

6 ニュースサイトの記事を読むときは、どのようなことに注意しますか。一つに〇を付けましょう。

ア ランキングの上位にある記事かどうかを見て、信頼できる記事かどうかを判断する。
イ〇いつ、だれによって発信された記事なのかに注意して、信頼できる情報かどうかを確かめる。
ウ ニュースサイトの記事は、全て客観的な事実だけを述べたものとして読むようにする。

3 ①「対話」とは人と話し合うことです。②「背景」は、絵などで後ろにえがかれたもののことで、転じて、ものごとの背後にある事情という意味でも使います。③「検索」は、調べて情報などを探すことを言います。④「更新」は新しく改めることです。

4 ①最初に自分の考えをノートに書くことで、話すことを整理することができます。

5 インターネットのニュースサイトは、ある程度どこも形が決まっています。トップページには、最も目立つところにその日のトップニュース（重要なニュースなど）が表示されることが多く、見ている人が多いニュースについては、ランキングのところに表示されるようになっています。

6 ニュースサイトでは、さまざまな発信者の記事が表示されます。また、発信日の古い記事なども表示されることもあります。したがって、発信者と発信日を確認することが大事です。ランキングの上位にある記事は多くの人に見られているだけで、正しいとは限りません。

準備 42~43ページ
文章を推敲しよう／漢字の広場②

かきトリ 新しい漢字

策

「策」の下の部分は「朿」。「束」ではないので注意しよう。

1 □に読み仮名を書きましょう。

① むだを減らす。（へ）
② 二〇〇基の灯台。（き）
③ 商品を包装する。（ほうそう）
④ 簡素な家。（かんそ）
⑤ 豊かな自然を守る。（ゆた）
⑥ 対策を立てる。（たいさく）
⑦ 許可を得る。（きょか）
⑧ 条件を示す。（じょうけん）
⑨ 略図を書く。（りゃくず）
⑩ 容器に入れる。（ようき）

2 □に漢字を、□に漢字と送り仮名を書きましょう。

① 実現は可能だ。
② 申し出を断る。
③ 規則を守る。
④ 量を増やす。
⑤ 酸味のある食べ物。
⑥ 順序よく並べる。

文章を推敲しよう

3 正しい意味に〇を付けましょう。

① 文章を推敲する。 ア〇文章をよりよくするために練り直すこと。 イ 文章を注意深くていねいに書くこと。
② 包装の手間をはぶく。 ア〇ものをつつむこと。 イ ものをかざること。
③ 簡素な暮らしを心がける。 ア 自由で、のびのびしていること。 イ〇かざりけがなく、質素なこと。

4 次の文章を読んで、後の問いに答えましょう。

新聞記事によると、マイクロプラスチック問題が深刻化しているらしい。マイクロプラスチック問題とは、ごみなどで出されたプラスチックが小さなつぶになり、海に流れこんで、生態系にえいきょうをおよぼすおそれがあるという問題だ。

その対策として、プラスチックごみを減らすための対策は、日本の行政や企業でも進められている。

例えば、レジぶくろの有料化や、包装の簡素化、プラスチック製のカップやストローの使用の見直しなどといったことだ。

私たちも、身の回りのことならば取り組みやすい。

① 「新聞記事によると、マイクロプラスチック問題が深刻化しているらしい」を推敲するとき、どう直すとよいですか。当てはまらないものを一つ選び、〇を付けましょう。
ア 何という新聞の記事なのかを具体的に書く。
イ 文末を引用や伝聞の形にする。
ウ〇自分が感じたことをくわしく書く。

② 「私たちも、身の回りのことならば取り組みやすい」とありますが、この文を内容を変えずに、あなた自身の意見であることが分かるように書き改めましょう。
（例 私たちも、身の回りのことならば、取り組みやすいと思う。）

5 文章を推敲するときの観点を次のようにまとめました。□に当てはまる言葉を、□から選んで書きましょう。

・伝えたいことを（具体的）に書けているか。
・文章全体が伝えたいことを理解してもらえるような（構成）になっているか。
・事実と（意見）や感想を区別して書けているか。
・（引用）元がきちんと分かるように書けているか。
・文と文の（つながり）は適切か。

意見　具体的　引用　つながり　構成

漢字の広場②

6 ――線の平仮名を漢字に直して、作文のようにます目に書きましょう。

おおぜいの人でこんざつする場内で、そふとどうぞうの前に立ち写真をとる。

大勢の人で混雑する場内で、祖父と銅像の前に立ち写真をとる。

2 ②「断る」は送り仮名に注意。「断わる」としないようにしましょう。③「規則」の「則」は、「測」「側」のように、似ている漢字とまちがえないように気をつけましょう。④「増す」は「ま（す）」です。

3 ①「推敲」とは、昔の中国の詩人が、詩の言葉を考えるときに、「推す」とするか、「敲く」とするかで迷ったという話からできた言葉で、文章や詩の表現を何度も練り直すことを意味します。

4 ②客観的な事実としてではなく、あくまで自分の意見として書いたことであることを示すには、文末を「～と思う。」「～だろう。」などといった形にするとよいでしょう。

5 文章を推敲するときは、読む人の立場になって読み返し、言いたいことが伝わるように書けているか確かめることが大事です。また、本や新聞記事などの内容を引用する場合は、それが引用であることが分かるように書き、引用元を明らかにすることが必要です。

確かめのテスト 44〜45ページ

せんねん まんねん 〜 漢字の広場②

おうちのかたへ

詩では、表現技法についての問いは、必ずといっていいほど出題されますので、基本的な表現技法については、その名称も含めて、きちんと押さえておくようにしましょう。その表現技法でも、比喩（たとえ）によって、作者は自分の思いを表現することが多いので、何が何にたとえられているのかに注目することが、詩の鑑賞では大事です。

1 詩を読んで、答えましょう。　思考・判断・表現

名づけられた葉　新川和江（しんかわかずえ）

ポプラの木には　ポプラの葉
何千何万芽をふいて
緑の小さな手をひろげ
いっしんにひらひらさせても
ひとつひとつのてのひらに
載せられる名はみな同じ　〈ポプラの葉〉

わたしも
いちまいの葉にすぎないけれど
あつい血の樹液をもつ
にんげんの歴史の幹から分かれた小枝に
不安げにしがみついた
おさない葉っぱにすぎないけれど
わたしは呼ばれる
わたしだけの名で　朝に夕に

だからわたし　考えなければならない
誰（だれ）のまねでもない
葉脈の走らせ方を　刻みのいれ方を
せいいっぱい緑をかがやかせて
うつくしく散る法を
名づけられた葉なのだから　考えなければならない
どんなに風がつよくとも

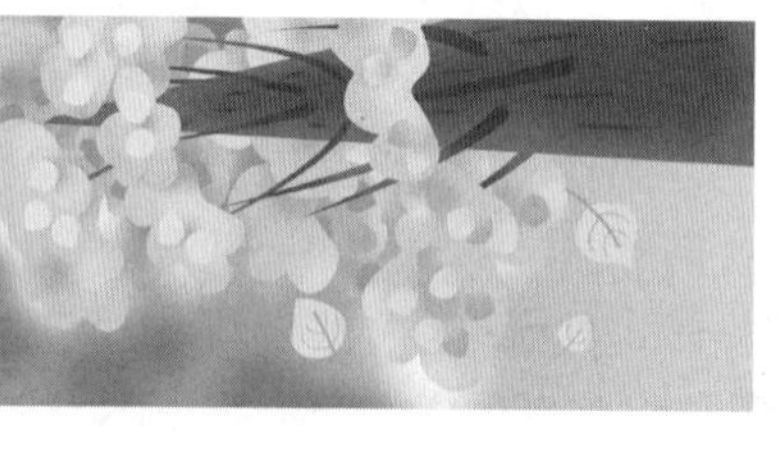

よく出る (1) 「緑の小さな手をひろげ」では、どのような表現技法が使われていますか。一つに○を付けましょう。　5点
ア（　）同じ言葉をくり返すことによって、調子を整えている。
イ（○）人ではないものを、人であるかのように表現している。
ウ（　）言葉の順序をふつうとは入れかえて、強調している。

(2) この詩の第一連では、「ポプラの葉」とはどのようなものとしてえがかれていますか。　10点
ひとつひとつはちがうのに
（例 同じ名が載せられている）もの。

よく出る (3) 「わたしも／いちまいの葉にすぎない」について、答えましょう。
① 「いちまいの葉にすぎない」とは、どういうことですか。一つに○を付けましょう。　5点
ア（　）ポプラの葉のような画一的な存在であるということ。
イ（　）みんなとともにけんめいに生きている存在だということ。
ウ（○）この世の大勢の人間のひとりにすぎないということ。
② 「いちまいの葉にすぎない」「わたし」の気持ちが表れている言葉を、詩から四字で書きぬきましょう。　5点
不安げに

できたらスゴイ！ (4) 第一連にえがかれた「ポプラの葉」に対して、第二連にえがかれた「わたし」は、どのようなところがちがうのですか。詩の中の言葉を使って答えましょう。　10点
（例 朝に夕に自分だけの名で呼ばれるところ。）

(5) 「考えなければならない」とありますが、どのようなことを考えなければならないのですか。詩の中から三つ書きぬきましょう。　一つ5点(15点)
誰のまねでもない 葉脈の走らせ方 や、刻みのいれ方 や、せいいっぱい緑をかがやかせて うつくしく散る法。

考える力 (6) この詩には「わたし」のどのような思いが表されていますか。　10点
（例 自分だけの名をもつ存在として、自分だけの生き方をせいいっぱいしていきたいという思い。）

2 読み仮名を書きましょう。　一つ5点(20点)

① （いちらん）一覧表を作る。
② （しげん）資源を開発する。
③ 年代を（すいてい）推定する。
④ （きちょう）貴重な文化財。

3 □に漢字を、〔　〕に漢字と送り仮名を書きましょう。　一つ5点(20点)

① 初戦で 敗退（はいたい） する。
② 〔厳しい〕（きびしい）冬が来る。
③ 有名な 俳優（はいゆう）。
④ 対策（たいさく） を練る。

1 (1) 人間ではない「ポプラ」を、人間であるかのように表現しています。これを「擬人法」といいます。

1 (2) 第一連の最後の「ひとつひとつのてのひらに／載せられる名はみな同じ」に着目しましょう。

1 (3) ① 人間である「私」を、ポプラの葉にたとえていることをおさえましょう。
② 「おさない葉っぱ」である「私」は「不安げに」しています。

1 (4) 「わたしは呼ばれる／わたしだけの名で／朝に夕に」に着目しましょう。これに対してポプラの葉は「載せられる名はみな同じ」なのです。

1 (5) この後に、「誰のまねでもない」「葉脈の走らせ方を」「刻みのいれ方を」「せいいっぱい緑をかがやかせて／うつくしく散る法を」とあります。

1 (6) 第三連に書かれている作者の思いを読み取りましょう。「誰のまねでもない」「わたしだけ」の生き方をするという内容が書けていれば正解とします。
例2 誰のまねでもない、自分なりの生き方をしていこうという思い。

準備 46〜47ページ

やまなし／［資料］イーハトーヴの夢／漢字の広場③

3

① 「なめらか」は、すべすべした様子。「なめらかな手ざわりの革の手帳」のように使います。

② 「ひるがえす」は、「ひっくりかえす」「ひらりと体をおどらせる」などの意味があり、「身をひるがえしてにげる」のように使います。

③ 「大きなどなり声に居すくまる」のように使います。

④ 「すくめる」は「縮める」の意味。「首をすくめる」などの形で使います。

⑦ 「目をみはる」はおどろいて大きく目を見開く様子を表します。

3分でワンポイント

①② 「やまなし」では、「一」の、魚がかわせみにおそわれるこわい場面と、「二」の、おいしそうなやまなしの実が流れてくる場面とが、対比的にえがかれています。色や様子を表す言葉に着目して物語の世界観をつかみましょう。

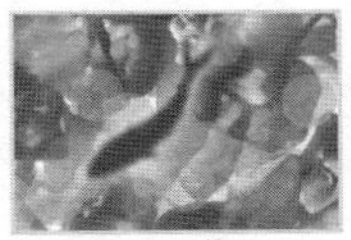

③賢治の童話の舞台となる「イーハトーヴ」は、賢治の理想の世界を表したものであることをおさえましょう。

練習① 48〜49ページ

やまなし

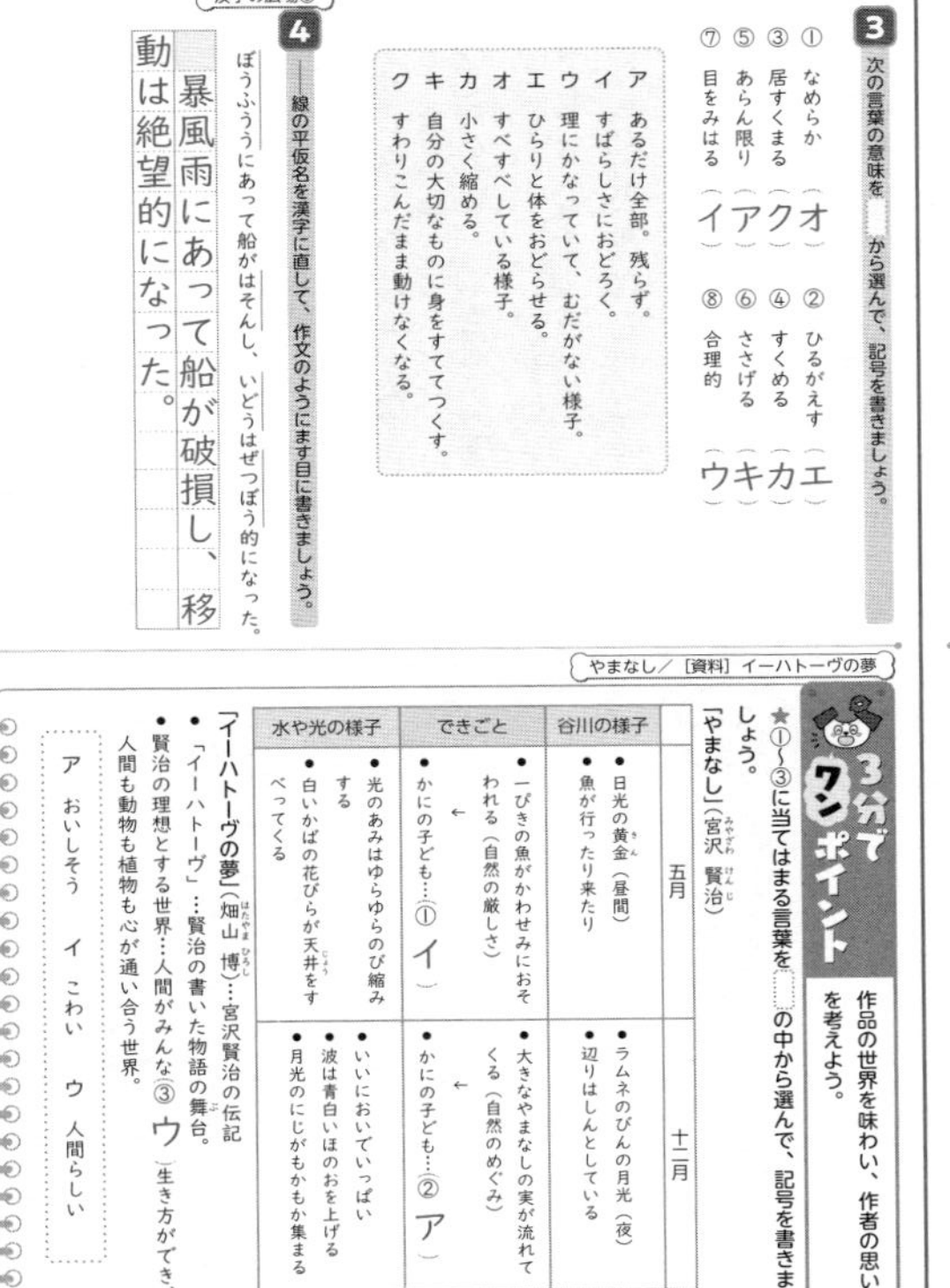

❶ 水面にうかんだあわや小さなごみが作るかげの棒が、水の中に立って見えることから、かにたちが水の底から見た光景であることが分かります。

❷ 「黄金の光を……くちゃくちゃにして」とは、魚がえさを取るために「行ったり来たり」して、水をかきまぜた状態にしたということです。

❸ 「変に底光りして」という表現から、不気味さをとらえます。

❺ 後で、「青いもの」について、お父さんのかにがかわせみだと言っています。魚はかわせみに食べられたのです。

❻ 「居すくまる」は、おそろしくて動けなくなることです。お父さんのかにが、おそろしくて動けなくなった子どもたちを見て言った言葉を書きぬきます。

❾ お父さんのかには、「こわいよ」と言う子どもたちの気分を変えさせ、元気づけようと思ったのです。「こわがって」は「おびえて」など、「元気づけよう」は「なぐさめよう」など、同じような答えならば正解です。

練習② 50~51ページ

[資料] イーハトーヴの夢

文章を読んで、答えましょう。

賢治が中学に入学した年も、自然災害のために農作物がとれず、農民たちは大変な苦しみを味わった。その次の年も、また洪水。

「なんとかして農作物の被害を少なくし、人々が安心して田畑を耕せるようにできないものか。」

賢治は必死で考えた。

「そのために一生をささげたい。それにはまず、最新の農業技術を学ぶことだ。」

そう思った賢治は、盛岡高等農林学校に入学する。成績は優秀。卒業のときに、教授から、研究室に残って学者の道に進まないかとさそわれる。でも賢治は、それを断る。そして、ちょうど花巻にできたばかりの農学校の先生になる。二十五さいの冬だった。

「いねの心が分かる人間になれ。」

それが生徒たちへの口ぐせだった。

また、こんな言葉を覚えている教え子もいる。

「農学校の『農』という字を、じっと見つめてみてください。『農』の字の上半分の『曲』は、大工さんの使う曲尺のことです。そして下の『辰』は、時という意味です。年とか季節という意味もあります。」

曲尺というのは、直角に曲がったものさしのことだ。それを使うと、一度に二つの方向の寸法が測れる。だから賢治の言葉は、「その年の気候の特徴を、いろんな角度から見て、しっかりつかむことが大切です。」という意味になる。

また賢治は、春、生徒たちと田植えをしたとき、田んぼの真ん中に、ひまわりの種を一つぶ植えたこともあった。すると、真夏、辺り一面ただ平凡な緑の中に、それが見事に花を開く。

「田んぼが、詩に書かれた田んぼのように、かがやいて見えましたよ。」

と、昔の教え子たちが言う。

苦しい農作業の中に、楽しさを見つける。工夫することに、喜びを見つける。そうして、未来に希望をもつ。それが、先生としての賢治の理想だった。

暴れる自然に勝つためには、みんなで力を合わせなければならない。力を合わせるには、たがいにやさしい心が通い合っていなければならない。そのやさしさを人々に育ててもらうために、賢治は、たくさんの詩や童話を書いた。「風の又三郎」「グスコーブドリの伝記」「セロ弾きのゴーシュ」、そして「やまなし」。

畑山博「イーハトーヴの夢」より

❶ 「一生をささげたい。」とありますが、賢治はどんなことに一生をささげたいと思ったのですか。

（例 農作物の被害を少なくし、人々が安心して田畑を耕せるようにすること。）

❷ 「でも賢治は、それを断る。」とありますが、賢治が断ったのはなぜですか。

盛岡高等農林学校に入学した目的は（学者）になることではなく、（最新の農業技術）を学ぶことにあったから。

❸ 賢治の「生徒たちへの口ぐせ」は、どんな言葉でしたか。

（「いねの心が分かる人間になれ。」）

ヒント 何と何が対比されているのかを読み取ろう。

❹ 「『農』という字を、じっと見つめてみてください。」について、答えましょう。

① 「農」という字の「曲」は何のことで、「辰」はどんな意味ですか。

「曲」は一度に（二つの方向）の寸法が測れる曲尺のこと。

「辰」は時、または年とか（季節）という意味。

② 賢治は「農」という字に注目させることで、どんなことが大切だと教えたかったのですか。それが書かれた部分を文章から探し、初めと終わりの五字を書きましょう。（符号はふくまない。）

その年の気～つかむこと

❺ 「ひまわりの種を一つぶ植えた」とありますが、その種が花を開くことで、どんな田んぼに見えたのですか。文章から九字で書きぬきましょう。

詩に書かれた田んぼ

❻ 「先生としての賢治の理想」とは、どんなものでしたか。それが書かれたひと続きの三文を文章から探し、初めと終わりの五字を書きましょう。

苦しい農作～望をもつ。

❼ 「そのやさしさを人々に育ててもらう」について、答えましょう。

① 賢治が「やさしさを人々に育ててもら」おうとしたのは、どうするためですか。文章から十字で書きぬきましょう。

暴れる自然に勝つため

ヒント 「やさしさ」がなければ、最終的にどんなことができないのかな。

② 「やさしさを人々に育ててもらう」ために、賢治は何をしましたか。文章から書きぬきましょう。

（たくさんの詩や童話を書いた。）

練習③ 52~53ページ

[資料] イーハトーヴの夢

文章を読んで、答えましょう。

賢治がイーハトーヴの物語を通して追い求めた理想。それは、人間がみんな人間らしい生き方ができる社会だ。それだけでなく、人間も動物も植物も、たがいに心が通い合うような世界が、賢治の夢だった。一本の木にも、身を切られるときの痛みとか、ひなたぼっこのここちよさとか、いかりとか、思い出とか、そういうものがきっとあるにちがいない。賢治は、その木の心を自分のことのように思って、物語を書いた。

けれども、時代は、賢治の理想とはちがう方向に進んでいた。さまざまな機械の自動化が始まり、鉄道や通信が発達した。なんでも、早く、合理的にできることがよいと思われるような世の中になった。そんな世の中に、賢治の理想は受け入れられなかった。

初めのころ、賢治は、自分が書いた童話や詩の原稿をいくつかの出版社に持ちこんだ。でも、どの出版社でも断られた。しかたなく、賢治は、自分で二冊の本を出す。童話集「注文の多い料理店」、詩集「春と修羅」。でも、これもほとんど売れなかった。それどころか、ひどい批評の言葉が返ってくる。自分の作品が理解されないことに、賢治は傷ついた。次に出すつもりで準備を整えていた詩集も、出すのをやめた。

農業に対する考え方にも、変化が起こっていた。

「一度に大勢の生徒を相手に理想を語ってもだめだ。理想と現実の農業はちがう。実際に自分も農民になって、自分で耕しながら人と話さなければ。」そう思った賢治は、三十さいのとき農学校をやめ、「羅須地人協会」という協会をつくる。農家の若者たちを集め、自分も耕しながら勉強する。それが賢治の目的だった。

協会に集まった農村の青年は三十人ほど。そこで賢治は、農業技術を教え、土とあせの中から新しい芸術を生み出さなければならないことを語った。農民の劇団をつくったり、みんなで歌やおどりを楽しんだりもした。

毎日、北上川沿いのあれ地を耕し、真っ黒に日焼けし、土のにおいをぷんぷんさせる賢治。でもそれは、長くは続かなかった。病気のために、ねこんでしまったのだ。

羅須地人協会は、二年ほどで閉じなければならなくなった。でも次の年、病気が少しよくなると、起き出して村々を歩き回った。「あなたのこの田んぼは、こういう特徴があるから、今年は、こういう肥料をこのくらいやりなさい。」と、一人一人に教えてあげるボランティアだ。同時に、賢治は、石灰肥料会社の共同経営者になって、セールスに歩き回る。石灰肥料は土地改良に役立つものだったので、それを広めることが農民のためになると考えたのだ。岩手県内だけでなく、東北一帯を、毎日毎日飛び回った。

畑山博「イーハトーヴの夢」より

❶ 「賢治がイーハトーヴの物語を通して追い求めた理想。」とありますが、賢治はどんなものを理想としていましたか。

人間がみんな 人間らしい生き方 ができるだけでなく、動物や植物とも 心が通い合う 世界。

❷ 「その木の心」とは、どんなものですか。文章から四つ書きぬきましょう。※順番はちがっていてもよい。

（身を切られるときの痛み）

（ひなたぼっこのここちよさ）

（いかり）

（思い出）

❸ 「時代は、賢治の理想とはちがう方向に進んでいた。」とありますが、この時代の世の中が、どんな方向に進んでいたかが分かる一文を文章から探し、初めの五字を書きましょう。（句読点をふくむ。）

なんでも、

ヒント 機械の自動化や、鉄道や通信の発達が望まれる世の中だよ。

❹ 「詩集も、出すのをやめた。」のは、なぜですか。一つに○を付けましょう。

ア（ ）「羅須地人協会」の設立でいそがしかったから。

イ（ ）詩集を出版する資金がなくなったから。

ウ（○）自分の作品は人々に理解されないと思ったから。

❺ 「羅須地人協会」について、答えましょう。

① 賢治が「羅須地人協会」をつくった目的が書かれている一文の初めの五字を書きぬきましょう。

農家の若者

② 「羅須地人協会」で、賢治がしたことが書かれたひと続きの二文を文章から探し、初めと終わりの五字を書きましょう。

そこで賢治～だりした。

③ 「羅須地人協会」が二年ほどで閉じられたのはなぜですか。

（例 賢治が病気でねこんでしまったため。）

❻ 「病気が少しよくなると」とありますが、そのとき賢治は何をしましたか。一つに○を付けましょう。

ア（ ）羅須地人協会を再開し、若者たちに農業を教えた。

イ（ ）村々を歩き回り、田んぼの特徴を調べた。

ウ（○）ボランティアで農業を教え、石灰肥料のセールスをした。

ヒント 以後の内容から賢治の行動を読み取ろう。

---

❶ 前の部分にある、賢治の心の声から読み取りましょう。賢治は農民が安心して田畑を耕せるようにするために、「一生をささげたい」と思ったのです。

❷ 賢治は、農民が安心して田畑を耕せるようにするために、「最新の農業技術」を学ぼうと盛岡高等農林学校に入学したのです。賢治にとって「学者」になることは、本意ではなかったのです。

❹ ①賢治の言葉で、「『曲』は、……『辰』は、……」と説明されています。

②「だから賢治の言葉は、」以下の内容に着目します。

❺ 「ひまわりの種を一つぶ植えた」田んぼで花がさいたのを見た昔の教え子たちの感想に着目します。

❼ ①「暴れる自然に勝つため」には、「みんなで力を合わせ」ることが必要で、「力を合わせるには、たがいにやさしい心が通い合っていなければならない」とあります。だから、「やさしさを人々に育ててもらう」ことが必要なのです。

②続く部分に賢治がしたことが書かれています。

❶ 「それだけでなく」とあることに注意し、その前後の部分から書きぬきます。

❸ 「賢治の理想」とは、人間が人間らしく生きられ、人間も動物も植物も、つまり生き物がたがいに心を通わせ合うような世界です。しかし、機械の自動化が始まり、合理性を求める（心の通い合いなど求めない）世の中に進んでいたのです。

❹ 賢治の理想とはかけはなれた方向に進んだ時代にあっては、賢治の本は受け入れられるどころか、ひどい批評も受けることになりました。作品が理解されないことに賢治は傷つき、作品を世に出すことをやめてしまったのです。

❺ ①後の「それが賢治の目的だった」の、「それ」が指す内容をおさえます。

③「羅須地人協会」の中心人物であった賢治が病にたおれたため、閉じざるを得なくなったのです。

❻ 病気が少しよくなると、賢治はすぐに積極的に活動を開始しています。賢治の、農民に対する思いの強さを読み取りましょう。

準備 54~55ページ
熟語の成り立ち／季節の言葉３　秋の深まり

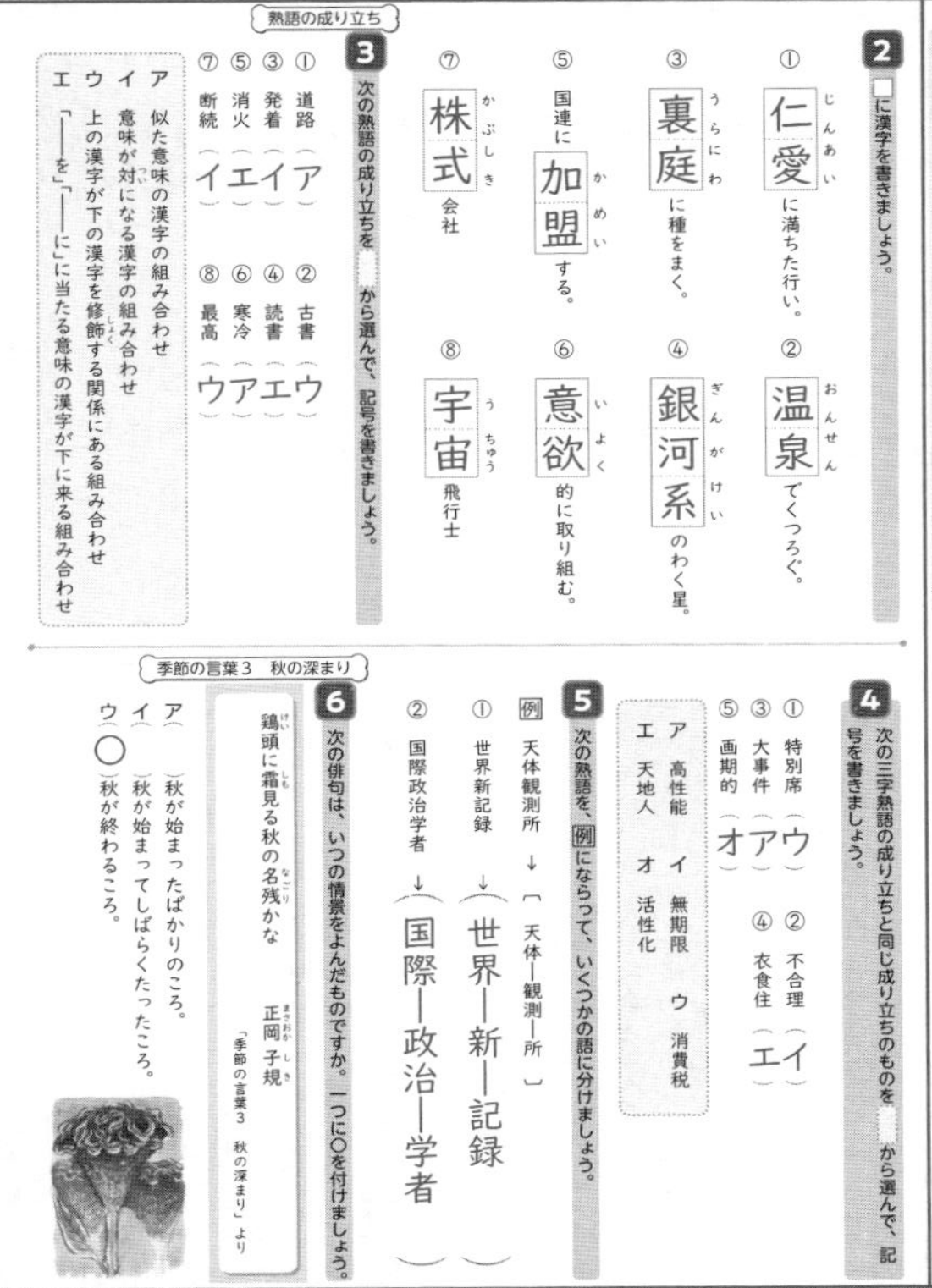

かきトリ 新しい漢字

縦　頂　忠　誠　敵　蚕　己　除

仁　泉　裏　系　盟　欲　株

1 読み仮名を書きましょう。

① 縦横（じゅうおう）に走る。
② 山頂（さんちょう）に登る。
③ 朝洗顔（せんがん）をする。
④ 忠誠（ちゅうせい）をちかう。
⑤ 強敵（きょうてき）に勝つ。
⑥ 養蚕（ようさん）を営む。
⑦ 玉石（ぎょくせき）混交だ。
⑧ 自己（じこ）をかえりみる。
⑨ 苦楽（くらく）をともにする。
⑩ 除雪（じょせつ）を行う。
⑪ 画一的（かくいつてき）な考え方。
⑫ 電車から降（お）りる。

2 漢字を書きましょう。

① 仁愛に満ちた行い。
② 温泉でくつろぐ。
③ 裏庭に種をまく。
④ 銀河系のわく星。
⑤ 国連に加盟する。
⑥ 意欲的に取り組む。
⑦ 株式会社
⑧ 宇宙飛行士

熟語の成り立ち

3 次の熟語の成り立ちを　から選んで、記号を書きましょう。

① 道路（ア）　② 古書（ウ）
③ 発着（イ）　④ 読書（エ）
⑤ 消火（エ）　⑥ 寒冷（ア）
⑦ 断続（イ）　⑧ 最高（ウ）

ア 似た意味の漢字の組み合わせ
イ 意味が対になる漢字の組み合わせ
ウ 上の漢字が下の漢字を修飾する関係にある組み合わせ
エ 「――を」「――に」に当たる意味の漢字が下に来る組み合わせ

4 次の三字熟語の成り立ちと同じ成り立ちのものを　から選んで、記号を書きましょう。

① 特別席（ウ）　② 不合理（イ）
③ 大事件（ア）　④ 衣食住（エ）
⑤ 画期的（オ）

ア 高性能　イ 無期限　ウ 消費税
エ 天地人　オ 活性化

5 次の熟語を、例にならって、いくつかの語に分けましょう。

例 天体観測所 → 〔天体―観測―所〕
① 世界新記録 → （世界―新―記録）
② 国際政治学者 → （国際―政治―学者）

季節の言葉３　秋の深まり

6 次の俳句は、いつの情景をよんだものですか。一つに○を付けましょう。

鶏頭に霜見る秋の名残かな　正岡子規
「季節の言葉３　秋の深まり」より

ア（　）秋が始まったばかりのころ。

イ（　）秋が始まってしばらくたったころ。

ウ（○）秋が終わるころ。

3 ①「道」「路」のどちらにも、「とおりみち」の意味があります。
②「古い書」と「古」が「書」を修飾しています。
③「発」は「出かける」の意味、「着」は「着く。ゆきつく」の意味で、対になる漢字の組み合わせとなっています。
④「書を読む」で、「――を」に当たる漢字が下に来ています。
⑤「火を消す」で、「――を」に当たる漢字が下に来ています。
⑦「断」は「とだえる」、「続」は「つづく」という意味なので、対になる漢字の組み合わせとなっています。
⑧「最も高い」なので、上の漢字が下の漢字を修飾している組み合わせです。

4 ①「特別」が「席」を修飾しています。
②「不」が「合理」を打ち消しています。
③「大」が「事件」を限定しています。
④「衣」「食」「住」が集まってできた三字熟語です。
⑤「画期」に「的」が付いて、様子や状態を表しています。

準備 56~57ページ
みんなで楽しく過ごすために／コラム　伝えにくいことを伝える

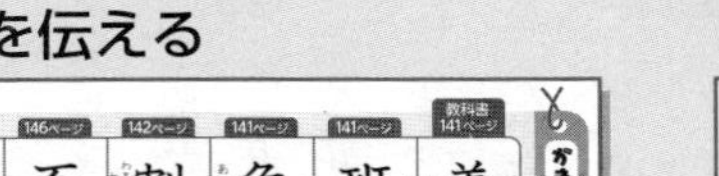

かきトリ 新しい漢字

善　班　危　割　否　至　宅

糖　紅

「善」…「悪」セットで覚えよう。

1 読み仮名を書きましょう。

① 生活を改善（かいぜん）する。
② 班（はん）に分かれる。
③ 危険（きけん）をさける。
④ 役割（やくわり）を果たす。
⑤ 疑いを否定（ひてい）する。
⑥ 強い口調（くちょう）で言う。
⑦ 至急（しきゅう）来てください。
⑧ 学校から帰宅（きたく）する。

2 漢字を書きましょう。

① 考えを共有する。
② 結論を出す。
③ 砂糖を加える。
④ 紅茶を飲む。

みんなで楽しく過ごすために

3 じゃんけんおにごっこ」について話し合う前に、自分の考えを整理します。当てはまるものを　から選んで、記号を書きましょう。

① 主張（イ）
② 理由（ウ）
③ 根拠（ア）

ア 自分が小さいときに楽しめたという経験がある。
イ 「じゃんけんおにごっこ」に賛成だ。
ウ みんなにルールが分かりやすいと考えられるため。

4 話し合いをするときに注意することを、次のようにまとめました。　に当てはまる言葉を、　から選んで、記号を書きましょう。

▼まず、話し合いを通して何を決めようとするのかという、話し合いの（ア）をはっきりさせる。
▼おたがいの考えの（イ）や異なる点などを意識して話し合い、歩み寄れる点はどこかをさぐる。
▼それぞれの考えの（ウ）や問題点など、話し合いによって（エ）すべき点は何かを意識する。

ア 目的　イ 共通点
ウ 利点　エ 解決

コラム　伝えにくいことを伝える

5 伝えにくいことを伝えるときの注意点を次のようにまとめました。　に当てはまる言葉を、　から選んで、記号を書きましょう。

・事実を（ウ）に説明する。
・自分の気持ちや考えを述べる。
・自分の（ア）を伝える。

ア 希望　イ 反論　ウ 具体的　エ 抽象的

6 次のような場面で自分の気持や考えを伝えるには、どのように言えばよいですか。それぞれ一つに○を付けましょう。

① 友達の気持ちは分からないが、自分は暑いから窓を開けたい。
ア（　）ねえ、少し暑いから窓を開けてもかまわないよね。

イ（○）少し暑いので、窓を開けたいんだけど、いいかな？

ウ（　）少し暑いんだけど、なんで窓を開けないの？

② バドミントンのラケットが二つしかないのに、いつも使う人たちが決まっているので、「みんなで交代でラケットを使いたい」という思いを伝えたい。
ア（　）私もラケットを使いたいなあ。

イ（　）あなたたちだけがラケットを使うのは、自分勝手だよ。

ウ（○）他にもラケットを使いたい人がいるんじゃないかな。ラケットの使い方のルールを決めようよ。

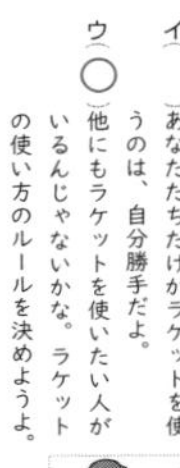

3 ③根拠としては、自分の主張を支える事実や体験などの具体的な事例を挙げます。ここでは、自分の経験を根拠として挙げていますが、事実を挙げる場合は、「――に――と書かれている」「――といわれている」などと述べることができます。

4 話し合いの前に、まず、話し合いで何を決めようとするのかという「目的」をはっきりさせましょう。話し合いでは、おたがいに歩み寄れる点をさぐることが大事ですが、そのためにはおたがいの考えの共通点や異なる点、あるいは利点や問題点などを意識するようにするとよいでしょう。

5 伝えにくいことを冷静に伝えるには、相手に要求するのではなく、自分の希望を伝える形で言うとよいでしょう。

6 ひとり言みたいに言うだけでは、相手に軽く受け止められ、しんけんに考えてもらえないことがあります。また、相手を責める口調で言ってしまうと、相手も感情的になってしまい、冷静に受け止められないことがあります。

準備 58~59ページ

話し言葉と書き言葉／古典芸能の世界／狂言「柿山伏」を楽しもう

かきトリ 新しい漢字

卵（たまご）	乳（ちち・ニュウ）	創（つくる・ソウ）	奏（ソウ）	誕（タン）	困（こまる・コン）	看（カン）
教科書148ページ 7画	148ページ 8画	148ページ 12画	150ページ 9画	151ページ 15画	153ページ 7画	154ページ 9画

「創る」と「造る」の使い分けに注意しよう。

「看」の一画目は、右から左にはらうよ。

1 □に読み仮名を書きましょう。

① 卵を割る。（たまご）
② 牛乳を飲む。（ぎゅうにゅう）
③ 会社の創業者。（そうぎょう）
④ 伴奏に合わせる。（そう）
⑤ 誕生日をいわう。（たんじょう）
⑥ 返答に困る。（こま）

2 □に漢字を、〔 〕に漢字と送り仮名を書きましょう。

① くふうをする。［工夫］
② ごかいをあたえる。［誤解］
③ 水量がふえる。〔増える〕
④ くうふくを感じる。［空腹］
⑤ 矢で的をいる。〔射る〕
⑥ 病人をかんびょうする。［看病］

3 正しい意味に○を付けましょう。

① 料理の食材にこだわる。
　ア（◯）とことん追求する。

　イ（ ）工夫をする。
② アクセントに気をつける。
　ア（◯）言葉の調子。

　イ（ ）言葉の使い方。
③ しぐさを見せる。
　ア（ ）顔の表情。

　イ（◯）動作や身のこなし。
④ セリフに独特の調子がある。
　ア（ ）そのものだけの力で新しくつくりだしたもの。

　イ（◯）そのものだけが特別にもっているもの。

話し言葉と書き言葉

4 次は話し言葉と書き言葉の特徴をまとめたものです。□に当てはまる言葉を□から選んで、記号を書きましょう。

① 話し言葉　声の大小や（イ）、（コ）などで、（オ）を表せる。言いまちがいを（キ）直せる。実物を示しながら、（カ）言葉が使える。相手に応じて（ケ）が選べる。
② 書き言葉　（ウ）で書き、後に残る。（ア）を整えて誤解をふせぐ必要がある。（ク）がないように注意する。

ア 語順　イ 上げ下げ　ウ 共通語　エ 仮名
オ 気持ち　カ こそあど　キ すぐに　ク 誤字
ケ 言葉づかい　コ 間の取り方

古典芸能の世界

5 次の説明に当てはまる伝統芸能を□から選んで、記号を書きましょう。

① 室町時代に行われるようになった演劇で、主人公は多くの場合、神や死者で、面をかぶって演じる。（エ）
② 江戸時代に生まれた人形を使った演劇で「太夫」「三味線」「人形つかい」によって演じられる。（ウ）
③ 江戸時代に生まれた演劇で、隈取という独特の化粧のしかたや見得などの特徴的な動きがある。（ア）
④ 一人で身ぶりを交えて語る芸で、最後は「落ち」と呼ばれる意外な結末やしゃれなどでしめくくられる。（イ）

ア 歌舞伎　イ 落語
ウ 人形浄瑠璃　エ 能

狂言「柿山伏」を楽しもう

6 次の説明に当てはまる狂言に関する言葉を□から選んで、記号を書きましょう。

① 主役（シテ）
② 主役の相手役（アド）

アド　シテ

練習 60~61ページ

狂言「柿山伏」を楽しもう

文章を読んで、答えましょう。

山伏が柿の木にのぼって、柿を食べているところへ、柿主がやってきたため、山伏は身をかくしました。

柿主 あれはからすじゃ。
山伏 やあ、からすじゃと申す。
柿主 からすならば鳴くものじゃが、おのれは鳴かぬか。
山伏 これは鳴かずはなるまい。
柿主 おのれ、鳴かずは人であろう。その弓矢をおこせ、一矢に射殺いてやろう。
山伏 こかあ、こかあ、こかあ、こかあ。
柿主 （笑って）さればこそ、鳴いたり鳴いたり。また、あれをようよう見れば、からすではのうてさるじゃ。
山伏 やあ、今度はさるじゃと申す。
柿主 さるならば身せせりをして鳴くものじゃが、おのれは鳴かぬか。
山伏 身せせりをして、鳴かずはなるまい。
柿主 おのれ、鳴かずは人であろう。そのやりを持てこい、つき殺いてやろう。
山伏 （手でこしをかくようにしながら）きゃあ、きゃあ、きゃあ、きゃあ。
柿主 （笑って）鳴いたり鳴いたり。さてさてきゃつは、物まねの上手なやつじゃ。何ぞ、困ることはないか知らぬ。おおそれそれ、また、あれをようよう見れば、からすでもさるでものうて、とびじゃ。
山伏 やあ、今度はとびじゃと申す。
柿主 とびならば、羽をのして鳴くものじゃが、おのれは鳴かぬか。
山伏 羽をのして、鳴かずはなるまい。
柿主 おのれ、鳴かずは人であろう。その鉄砲をおこせ、一撃ちにしてやろう。
山伏 （おうぎを開いて、両方のそでで羽ばたくようにしながら）ひいよろ、ひいよろ、ひいよろ、ひいよろ。
柿主 （笑って）鳴いたり鳴いたり。さて、最前からよほど間もござるによって、もはや飛びそうなものじゃが、飛ばぬか知らぬ。
山伏 これはいかなこと。この高い所から飛べと申す。
柿主 ちとうかいてやろう。（おうぎで左手を打ち、ひょうしを取りながら）はあ、飛ぼうぞよ。
山伏 ひい。
柿主 （だんだん速く）飛びそうな。
山伏 ひい。
柿主 飛ぼうぞよ。
山伏 ひい。

「柿山伏」より

❶ 「あれはからすじゃ。」とありますが、柿主はなぜそう言っているのですか。一つに○を付けましょう。
　ア（◯）山伏をけしからんと思い、からすのまねをさせてからかってやろうと思ったから。

　イ（ ）山伏のことをからすであるかのように思い、確かめようと思ったから。

　ウ（ ）からすがいることを山伏に知らせて、山伏をこわがらせようと思ったから。

❷ 「こかあ、こかあ、こかあ、こかあ。」とありますが、山伏はなぜこのような声を出したのですか。
　からすのように鳴かないと、（例 人間）だと柿主に知られ、（例 弓矢で射られる）と思ったから。

❸ 「おのれ」とは、だれのことですか。
　（山伏）

ヒント：柿主の「鳴かずは人であろう」という言葉に反応しているね。

❹ 「鳴かずはなるまい。」の意味を書きましょう。
　（例 鳴かなければならないだろう。）

❺ ――線の柿主の言葉のうち、山伏に聞こえないように言っているのはどれですか。一つに○を付けましょう。
　ア（ ）「おのれ、鳴かずは人であろう。」

　イ（ ）「そのやりを持てこい」

　ウ（◯）「さてさてきゃつは、物まねの上手なやつじゃ。」

❻ 「何ぞ、困ることはないか知らぬ。」とありますが、柿主はどのような「困ること」を思いつきましたか。
　（例 山伏にとびのまねをさせること。）

❼ 「もはや飛びそうなものじゃが、飛ばぬか知らぬ。」とありますが、柿主はなぜこのように言ったのですか。
　山伏が、（例 柿の木から飛び降りる）ように仕向けるため。

ヒント：この後、柿主はひょうしを取ってはやしたてているね。

❽ この狂言のおもしろさは、どのようなところにありますか。一つに○を付けましょう。
　ア（ ）山伏が、動物のまねをして柿主の目をごまかすことによって、まんまと柿主を出しぬいてしまうところ。

　イ（◯）山伏が、柿主にからかわれているとも知らずに、こっけいな動物のものまねをさせられるところ。

　ウ（ ）山伏が、柿主のことを笑わせてやろうとして、さまざまな動物のものまねをしてみせるところ。

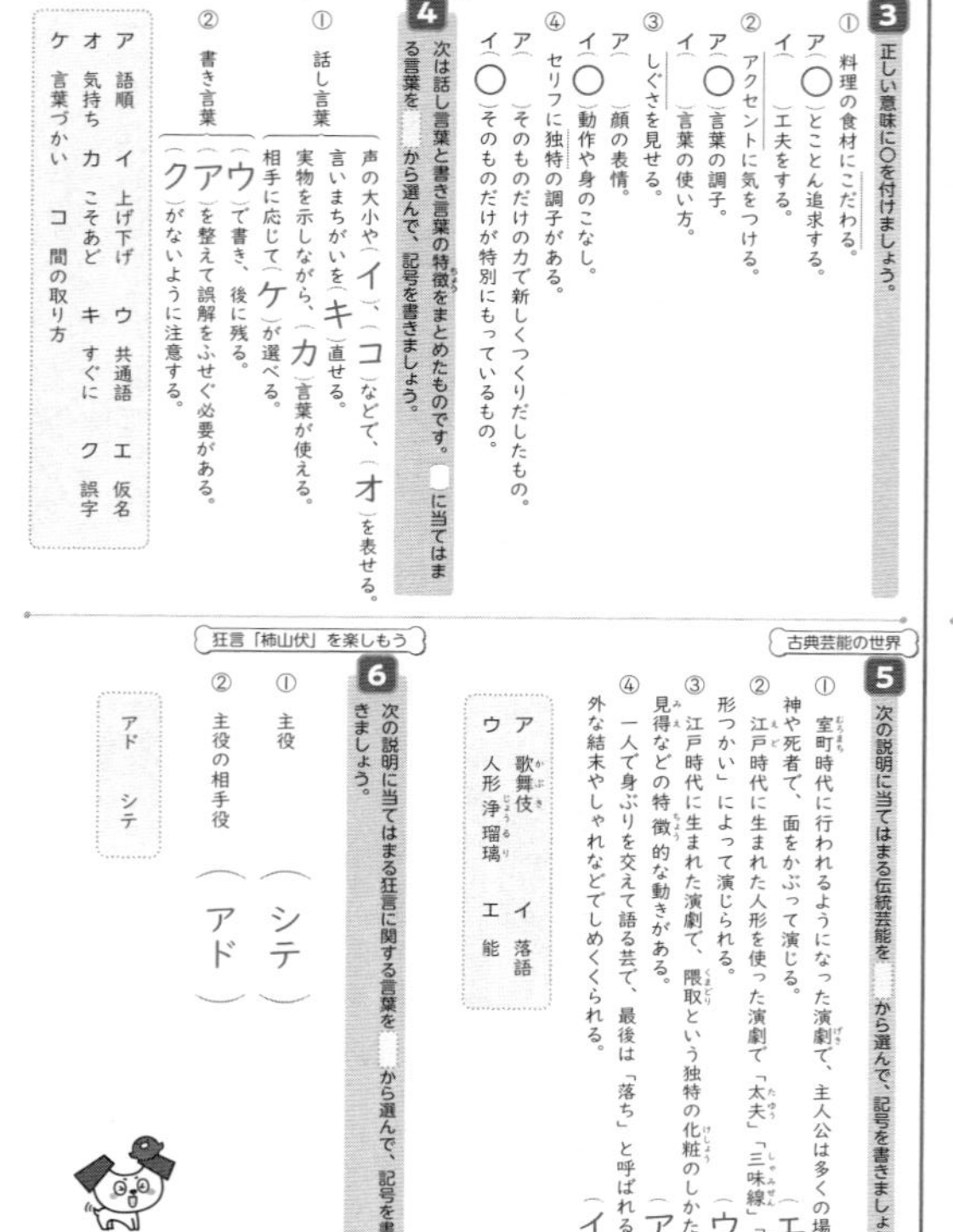

3 ①「こだわる」には、「余計なことに気持ちがとらわれる」という意味もありますが、ここでは「とことん追求する」という意味を表します。
②「アクセント」とは、言葉を話すときの声の高低や強弱をつけることです。
④「独特」は「そのものだけが特別にもっているもの」という意味を表します。

4 話し言葉は、相手に応じて敬語を使うかどうか、方言と共通語のどちらにするかなどの言葉づかいを選べますが、書き言葉は、だれがいつ読むのかが分からない場合があるため、共通語で書き、語順や構成を整えることがふつうです。なお、①イとコは順番が逆でもかまいません。

5 ①「能」は「狂言」と同様に、室町時代に生まれた演劇ですが、観客を笑わせる喜劇である「狂言」に対し、「能」は多くは神や死者を主人公とし、芸術性を追求するものとなっています。
④「落語」は、笑える話が多いですが、こわい話や感動的な話もあります。

❶ この後、山伏はからすの鳴き声をまねして、それを柿主が笑っています。

❷ すぐ前の「おのれ、鳴かずは人であろう。その弓矢をおこせ、一矢に射殺いてやろう。」に着目。この言葉を聞いて、山伏はからすのまねをしたのです。

❸ 「おのれ」は「自分」という意味もありますが、ここでは「お前」の意味です。

❺ 柿主は、動物のものまねをする山伏に、だまされたふりをしています。「物まねの上手なやつじゃ。」という言葉が山伏に聞こえると、だまされているふりをしているだけだと分かってしまいます。

❻ この後、柿主は山伏にとびのものまねをさせようとしています。

❼ この後、柿主は「飛ぼうぞよ。」「飛びそうな。」と山伏をあおっています。

おうちのかたへ

動物のふりをして相手をだましているつもりの山伏と、そんな山伏にだまされたふりをして、相手をもてあそんでいる柿主という状況におもしろさがあります。こうした状況をおさえて、二人のやりとりや思わくを読み取りましょう。

確かめのテスト①

62〜63ページ

やまなし 〜 狂言「柿山伏」を楽しもう

おうちのかたへ

物語を読むときには、「オノマトペ」（＝擬声語・擬態語）に注意すると情景がより想像しやすくなります。また、寓話的な物語では、そこに出てくる事物が何を表現しているのかを考えることも大切です。物語には、作者の伝えたいことが込められています。

文章を読んで、答えましょう。　思考・判断・表現

また、お父さんのかにが出てきました。

「もうねろねろ。おそいぞ。あしたイサドへ連れていかんぞ。」

「お父さん、ぼくたちのあわ、どっち大きいの。」

「それは兄さんのほうだろう。」

「そうじゃないよ。ぼくのほう、大きいんだよ。」

弟のかには泣きそうになりました。

そのとき、トブン。

黒い丸い大きなものが、天井から落ちてずうっとしずんで、また上へ上っていきました。きらきらっと黄金のぶちが光りました。

「かわせみだ。」

子どものかにらは、首をすくめて言いました。

お父さんのかには、遠眼鏡のような両方の目をあらん限りのばして、よくよく見てから言いました。

「そうじゃない。あれはやまなしだ。流れていくぞ。ついていってみよう。ああ、いいにおいだな。」

なるほど、そこらの月明かりの水の中は、やまなしのいいにおいでいっぱいでした。

三びきは、ぼかぼか流れていくやまなしの後を追いました。

その横歩きと、底の黒い三つのかげ法師が、合わせて六つ、おどるようにして、やまなしの円いかげを追いました。

まもなく、水はサラサラ鳴り、天井の波はいよいよ青いほのおを上げ、やまなしは横になって木の枝に引っかかって止まり、その上には、月光のにじがもかもか集まりました。

「どうだ、やっぱりやまなしだよ。よく熟している。いいにおいだろう。」

「おいしそうだね、お父さん。」

「待て待て。もう二日ばかり待つとね、こいつは下へしずんでくる。それから、ひとりでにおいしいお酒ができるから。さあ、もう帰ってねよう。おいで。」

親子のかには三びき、自分らのあなに帰っていきます。

波は、いよいよ青白いほのおをゆらゆらと上げました。それはまた、金剛石の粉をはいているようでした。

私の幻灯は、これでおしまいであります。

宮沢賢治「やまなし」より

1 「弟のかには泣きそうになりました。」とありますが、このことから弟のかにのどんな性格が分かりますか。一つに○を付けましょう。　5点

ア（○）負けずぎらいな性格。

イ（　）すなおな性格。

ウ（　）思いやりのある性格。

2 よく出る　「そのとき、トブン。」について、答えましょう。

① 「トブン」という表現から、どんな感じを受けますか。一つに○を付けましょう。　10点

ア（　）とても重いものが、勢いよく水中に落ちてしずんだ感じ。

イ（　）とても軽いものが、水面に落ちた感じ。

ウ（○）あまり重くないものが、水中に落ちてしずんだ感じ。

② そのときの情景を、どのように表現していますか。ひと続きの二文を文章から探し、初めと終わりの五字を書きましょう。（句読点はふくまない。）　10点

黒い丸い大 〜 光りました

③ 落ちてきたのは何でしたか。四字で書きましょう。　5点

やまなし

3 よく出る　「子どものかには、首をすくめて言いました。」とありますが、ここから、子どものかにたちのどんな気持ちが分かりますか。一つに○を付けましょう。　10点

ア（　）「やまなし」とは「かわせみ」のことだと気づいて、納得した気持ち。

イ（　）やってきたのが「かわせみ」なので、つまらないなという気持ち。

ウ（○）「かわせみ」がやってきたのではないかと思って、こわがる気持ち。

4 「合わせて六つ」とありますが、何と何を合わせると六つなのですか。　10点

（例 三びきのかにと、その三つのかげ法師。）

5 「やまなしは……引っかかって止まり」とありますが、そのとき、次の①・②は、どんな様子でしたか。　一つ10点（20点）

① 天井の波
（例 いよいよ青いほのおを上げた。）

② やまなしの上
（例 月光のにじがもかもか集まった。）

6 できたらスゴイ！　「待て待て。」とありますが、お父さんのかにがこう言ったのはなぜですか。　10点

（例 もう二日ばかり待つと、やまなしは下へしずんできて、ひとりでにおいしい酒ができるから。）

7 考えを書こう　「やまなし」は何を表していると思いますか。自分の考えを書きましょう。　20点

（例 明日への希望に満ちあふれた、自然のめぐみのようなもの。）

---

2 ①「ドブン」であれば、ある程度重さのあるものが水中に落ちた感じがしますが、「トブン」からは、それほどの重量感は感じられません。また「トブン」からは、水面に落ちただけでなく、いったんしずんだ感じがします。

2 ②いったん下にしずんで、上へ上っていく、その物体の周囲についた空気のつぶがきらきらっと光ったという情景です。

3 子どものかにたちが「かわせみだ。」と言って「首をすくめて」いることから考えます。

4 三びきのかにで三つ、三びきのかにのかげ法師が三つ、合わせて六つです。

5 ①・②――線の前後の部分から読み取ります。――線のすぐ後の「その上」の「その」は、「やまなし」を指しています。

6 続くお父さんのかにの言葉に、その理由が書かれています。

7 「やまなし」が落ちてきたことで、かにの兄弟の言い争いがやんだこと、いいにおいであること、かにたちが後を追ったこと、二日ばかり待つとひとりでにおいしいお酒ができること、などから考えましょう。「希望」「未来」「めぐみ」といった、明るい前向きなことが書かれていれば、正解とします。

例2 自然の豊かなめぐみをあたえてくれるもの。

確かめのテスト② 64~65ページ
やまなし ～ 狂言「柿山伏」を楽しもう

1 読み仮名を書きましょう。（一つ2点〔20点〕）
① 曲尺（じゃく）を使う。　② 図面の寸法（すんぽう）。　③ 傷（きず）を手当てする。　④ 若者（わかもの）の代表。　⑤ 遺書（いしょ）を読む。　⑥ 運動会の翌日（よくじつ）。　⑦ 仁愛（じんあい）の心。　⑧ 組織に加盟（かめい）する。　⑨ 意欲（いよく）的な活動。　⑩ 砂糖（さとう）を入れる。

2 □に漢字を、（　）に漢字と送り仮名を書きましょう。（一つ2点〔20点〕）
① 木の棒。　② 道が縦横に走る。　③ 忠誠心がある。　④ 養蚕業で栄えた土地。　⑤ 自己責任だ。　⑥ 除雪車が通る。　⑦ 危険な場所。　⑧ 役割を分ける。　⑨ 否定的な発言。　⑩ 使い道に（困る）。

3 次の（　）に当てはまる言葉を□から選んで、記号を書きましょう。（一つ3点〔18点〕）
①（ウ）皿に料理をもる。
② 外が（エ）明るくなる。
③ 光のあみが（カ）縮んだりする。
④ 寒くて（オ）ふるえる。
⑤ 夜の公園は（イ）している。
⑥ ガラスが（ア）光る。

ア きらきらっと　イ しんと　ウ 平べったい　エ にわかに　オ ぶるぶる　カ のびたり

4 次は、秋の季節の様子を表す言葉です。当てはまる意味を□から選んで、記号を書きましょう。（一つ3点〔15点〕）
① 処暑（ア）　② 立秋（ウ）　③ 白露（エ）　④ 霜降（オ）　⑤ 寒露（イ）

ア 暑さがやむこと。
イ 冷気で、つゆがこおりそうになるころ。
ウ こよみのうえで、秋が始まる日。
エ 草木に朝のつゆが結ぶころ。
オ しもが降り始めるころ。

5 次のそれぞれの熟語と成り立ちが同じものを、□から選んで、記号を書きましょう。（一つ3点〔12点〕）
① 着席（ウ）　② 低音（イ）　③ 重大（ア）　④ 利害（エ）

ア 衣服　イ 空港　ウ 採血　エ 左右

6 思考・判断・表現
目的や条件に応じて、計画的に話し合いを行う場合に、大切な点をまとめました。（　）に当てはまる言葉を□から選んで、記号を書きましょう。（一つ3点〔12点〕）
① 自分の主張や（ウ）、根拠を明確に示す。
② 目的や条件に照らしながら、たがいの（イ）をよく聞く。
③ 考えを広げる話し合いと、（ア）話し合いをくり返して行うことで、（エ）を出していく。

ア まとめる　イ 考え　ウ 理由　エ 結論

7 書き言葉で気をつけること全てに○を付けましょう。（全部できて3点）
ア（○）相手の受け止め方を想像して、表現を選ぶ。
イ（　）「ええと」のような言葉を間にはさんで読みやすくする。
ウ（　）できるだけ方言を使うようにする。
エ（○）内容を整理して語順や構成を整える。
オ（○）誤字がないように見直しをする。

準備 66~67ページ
『鳥獣戯画』を読む

かきトリ 新しい漢字

教科書156ページ	156ページ	157ページ	157ページ	157ページ
筋 キン すじ 12画	盛 もる 11画	骨 コツ ほね 10画	巻 カン まく・まき 9画	宝 ホウ たから 8画

「盛」の下の部分は「皿」だよ。
「巻」の「己」を「巳」としないように注意しよう。

1 □に読み仮名を書きましょう。
① 水玉模様（もよう）　② いく筋（すじ）もの光が差す。　③ 地面が盛（も）り上がる。　④ がっちりした骨格（こっかく）。　⑤ 本の第一巻（かん）を読む。　⑥ 国宝（こくほう）を展示する。

2 □に漢字を、（　）に漢字と送り仮名を書きましょう。
① 美しい毛並みの犬。　② 絵巻物を見る。　③〔激しい〕風がふく。　④〔勢い〕がある。　⑤ 火災が起きる。　⑥ この皿は家の宝だ。

3 正しい意味に○を付けましょう。
① すかさず技を返す。
ア（　）じっくり考えてから。
イ（○）間をおかずに。
② 姉の勢いにひるむ。
ア（○）気力が弱まる。
イ（　）気力がみなぎる。
③ 人間くさいカエルの絵。
ア（○）そういう感じがする。
イ（　）そうなりたいと思っている。
④ アニメの原理と同じだ。
ア（　）物事を成り立たせている理由。
イ（○）物事の根本となる理くつ。
⑤ もんどりうってたおれる。
ア（○）宙返りして。
イ（　）つまずいて。
⑥ 和気あいあいとした時間を過ごす。
ア（○）なごやかで楽しい様子。
イ（　）張りつめていて息苦しい様子。

3分でワンポイント
表現の工夫に注目して、内容を読み取ろう。

★①～③に当てはまる言葉を□の中から選んで、記号を書きましょう。

表現の工夫
- 「はっけよい」という書き出し→読者をいきなり話に引きこむ。
- 「返し技。」「かわづ掛け。」などの名詞で言いきる文末→①（イ）があって読みやすく、印象的である。
- 語りかけるような口調→読者に話を身近に感じさせる。

絵の示し方
- つながっている絵を分けて見せる。→絵巻物の特徴を説明。
- 分けた絵をつなげて再び見せる。→②（ア）が流れる様子が分かる。

論の展開
- 漫画やアニメの話題を出して説明。→身近な話題で読者を引きこむ。
- 資料を使い、歴史的な説明を加える。
  当時の世界で他にはない③（ウ）作品。
  約八百五十年間、祖先たちにより守られてきた。→人類の宝

ア 時間　イ リズム感　ウ 自由闊達な

---

3 ①「平べったい」は、「平たい」のくだけた言い方です。
②「にわかに」は、物事が急に起こる様子です。
⑤「しんと」は、静まり返っている様子です。

4 ①「処暑」とは、夏の暑さが終わるころ。今のこよみで、八月二十三日ごろです。
②「立秋」は、こよみのうえで秋が始まる日のことで、八月八日ごろです。

5 ①「着席」は、「席に着く」で、「――に（を）」に当たる意味の漢字が下に来る組み合わせです。同じものは、「血を採る」となるウ「採血」です。
②「低音」は「低い音」で、上の漢字が下の漢字を修飾しています。「空の港」となるイ「空港」がこれと同じです。
③「重い」「大きい」と似た意味の漢字を組み合わせています。「衣」と「服」を並べたア「衣服」が同じです。
④「利」は得、「害」は損の意味。対になる漢字を並べているので、「左」と「右」を並べたエ「左右」が同じです。

3 ①「すかさず」とは、あることが終わって時間をおかずに、すぐにほかのことをする様子です。
②「ひるむ」は、おじけづいて気持ちが弱くなるという意味です。
③「くさい」は、ほかの言葉の後に付いて、「そういう感じがする」という意味をそえます。
⑤「もんどり（を）うつ」の「もんどり」は宙返り、とんぼ返りという意味で、「もんどり(を)うつ」で、宙返りをする、とんぼ返りをする、という意味になります。

3分でワンポイント
「『鳥獣戯画』を読む」（高畑勲）の工夫に注目しましょう。
①文末を「返し技。」「かわづ掛け。」のように名詞で言いきることで、文章にリズム感が出ています。
②教科書160ページで、再度同じ場面の全体を見せ、「次々と時間が流れていることがわかるだろう。」と説明しています。
③教科書162ページの筆者の主張をおさえましょう。この作品の「自由闊達」さに筆者は着目しています。

練習 68~69ページ

『鳥獣戯画』を読む

文章を読んで、答えましょう。

もう少しくわしく絵を見てみよう。まず、兎を投げ飛ばした蛙の口から線が出ているのに気がついたかな。いったいこれはなんだろう。けむりかな、それとも息かな。ポーズだけでなく、目と口の描き方で、蛙の絵には、投げ飛ばしたとたんの激しい気合いがこもっていることがわかるね。そう、きっとこれは、「ええい！」とか、「ゲロロッ」とか、気合いの声なのではないか。まるで漫画のふき出しと同じようなことを、こんな昔からやっているのだ。

もんどりうって転がった兎の、背中や右足の線。勢いがあって、絵が止まっていない。動きがある。しかも、投げられたのに目も口も笑っている。それがはっきりとわかる。そういえば、前の絵の、応援していた兎たちも笑っていた。ほんのちょっとした筆さばきだけで、見事にそれを表現している。たいしたものだ。では、なぜ、兎たちは笑っていたのだろうか。蛙と兎は仲良しで、この相撲も、対立や真剣勝負を描いているのではなく、蛙のずるをふくめ、あくまでも和気あいあいとした遊びだからにちがいない。

絵巻の絵は、くり広げるにつれて、右から左へと時間が流れていく。ではもう一度、この場面の全体を見てみよう。まず、「おいおい、それはないよ」と、笑いながら抗議する応援の兎が出てきて、その先を見ると、相撲の蛙が兎の耳をかんでいる。そして、その蛙が激しい気合いとともに兎を投げ飛ばすと、兎は応援蛙たちの足元に転がって、三匹の蛙はそれに反応する。一枚の絵だからといって、ある一瞬をとらえているのではなく、次々と時間が流れていることがわかるだろう。この三匹の応援蛙のポーズと表情もまた、実にすばらしい。それぞれが、どういう気分を表現しているのか、今度は君たちが考える番だ。

「鳥獣人物戯画」栂尾山高山寺蔵／京都国立博物館提供

高畑勲「『鳥獣戯画』を読む」より

❶ ①「いったいこれはなんだろう。」について、答えましょう。「これ」は何を指していますか。文章の言葉を使って答えましょう。

（例（兎を投げ飛ばした）蛙の口から出ている線。）

② 筆者は「これ」を何だと考えていますか。文章から五字で書きぬきましょう。

気合いの声

③ 筆者が、②のように考えたのはなぜですか。その根拠が分かる一文を文章から探し、初めの五字を書きましょう。

ポーズだけ

④ 筆者は「これ」を、何と同じようだと述べていますか。文章から書きぬきましょう。

（漫画のふき出し）

ヒント 「まるで……のような」という表現に着目しよう。

❷「もんどりうって転がった兎の、背中や右足の線。」とありますが、この文にはどんな表現の工夫が使われていますか。一つに○を付けましょう。

ア（ ）筆者が独自のたとえで、文章の個性を引き立たせている。

イ（ ）話し言葉を使って、親しみやすさを表現している。

ウ（○）「線」という言葉で止めることで、注意を引いている。

❸「なぜ、兎たちは笑っていたのだろうか。」とありますが、筆者はその理由をどのように述べていますか。

蛙と兎は 仲良し で、この相撲も、和気あいあい とした遊びだから。

❹「絵巻の絵は、……右から左へと時間が流れていく。」とありますが、この絵巻ではどのように時間が流れていますか。簡潔にまとめて答えましょう。

① 笑いながら抗議する兎が出てくる。
②（例 相撲の蛙が兎の耳をかんでいる。）
③（例（相撲の）蛙が兎を投げ飛ばす。）
④（例 兎が応援蛙たちの足元に転がる。）
⑤ 三匹の蛙が反応する。

❺ 筆者が感想を述べている一文を最後の段落から探し、初めの五字を書きましょう。

この三匹の

ヒント 文末表現に注目して、筆者の感想をとらえよう。

準備 70~71ページ

発見、日本文化のみりょく

かきトリ 新しい漢字

郷（キョウ）教科書167ページ 11画　敬（ケイ・うやまう）168ページ 12画

「郷」は漢字の細かい部分に気をつけて覚えよう。

1 に読み仮名を書きましょう。

① 話題を提示する。（ていじ）
② 素材を生かす。（そざい）
③ 郷土料理を作る。（きょうど）
④ 海で採れる食材。（と）
⑤ 地域の産業。（ちいき）
⑥ 本当の価値がある。（かち）

2 □に漢字を、（ ）に漢字と送り仮名を書きましょう。

① 興味のある話題。
② 効果的な方法。
③ 伝統を守る。
④ 芸能の道。
⑤ 文章の構成。
⑥ 栄養のある食材。
⑦ 例を（挙げる）。
⑧ 原因を調べる。
⑨ 健康的な食事。
⑩ 人を（敬う）。
⑪ 人に感謝する。
⑫ 文末の表現。

3 正しい意味に○を付けましょう。

① 作文の構成を考える。
ア（ ）読み手を想定して文章を書くこと。

イ（○）まとまったものに組み立てること。

② 自然のめぐみをいただく。
ア（ ）さまざまな目的に役立てられるもの。

イ（○）他からあたえられる好ましいもの。

③ しゅんの食材を選ぶ。
ア（ ）とれたばかりでしんせんなこと。

イ（○）最も味のよい時期。

④ 和食ならではのみりょく。
ア（○）それだけがもつ特有の。

イ（ ）それにふさわしくない。

4 あなたが興味をもった日本文化と、その理由を書きましょう。

・興味をもった日本文化

（例 和楽器）

・興味をもった理由

（例 歴史があり、独特の音色がすばらしいこと。また、夏祭りなどで用いられて季節を感じられること。）

5 和食のよさを伝える文章の構成を次のように考えました。（ ）に当てはまる言葉を、□から選んで、記号を書きましょう。

初め	中	終わり
・（イ）を提示する——和食	・（ウ）を書く。 ① 和食の（エ）について ② 和食の味について ③ 和食の調理法について	・全体の（ア）を書く。 和食は世界にほこる日本の文化である。

ア まとめ　イ 話題　ウ 具体例　エ 食材

6 よさを伝える文章を書くときの注意点として当てはまるものに、全て○を付けましょう。

ア（○）伝えたいことに合わせて、簡単に書くこととくわしく書くことを分ける。

イ（ ）伝えたいことは文章だけで書くようにして、写真や図などは用いないようにする。

ウ（○）初めに問いを書き、それに答えるように説明をしていくなど、書き方の工夫をする。

---

❶ ①「けむり」や「息」に見えるようなものを前の文から探しましょう。

②・③——線の直後に、「けむりかな、それとも息かな。」と述べた後、「ポーズだけでなく、……気合いがこもっていることがわかるね。」と、絵の描き方に読者の注意を向け、それを根拠として、「きっと……気合いの声なのではないか。」と、自分の考えを書いています。

④「まるで……と同じようなこと」という表現に着目します。

❷ このような表現のしかたを「体言止め」、または「名詞止め」といいます。

❸ 直後の一文に理由が書かれています。「〜にちがいない。」という文末表現に着目します。

❹ ——線の直後の「では」から、「反応する。」までに書かれた、絵巻の時間の流れをていねいに読み取ります。絵巻には、一瞬ではなく、連続した時間が描かれているのです。

❺「実にすばらしい。」という表現に着目します。

3 ③「しゅん」は、季節の食物の最も味がよい時期を意味します。転じて、物事を行うのに最も適している時期という意味でも用いられています。

④「ならでは」は、「……でなくては（〜ない）」という意味ですが、「ならではの」という形で用いられるときは、それ特有の、という意味になります。

4 日本文化には、教科書167ページに挙げられているもののほか、和服、華道、茶道、日本舞踊、武道、各地で行われている祭り、また、漫画やアニメーションなどさまざまなものがあります。日本文化として興味をもった理由が書かれていれば正解です。

5「初め」「中」「終わり」の構成で書く場合は、初めに「話題」の提示、「中」に「具体例」、「終わり」に全体の「まとめ」を書くのが一般的です。

6 特に伝えたいことはくわしく、そうでないことは簡単に書く、初めに問いを書き、それに答えるように説明していく、などの述べ方の工夫をすることで、伝わりやすい文章になります。

準備 72~73ページ

カンジー博士の漢字学習の秘伝／漢字の広場④

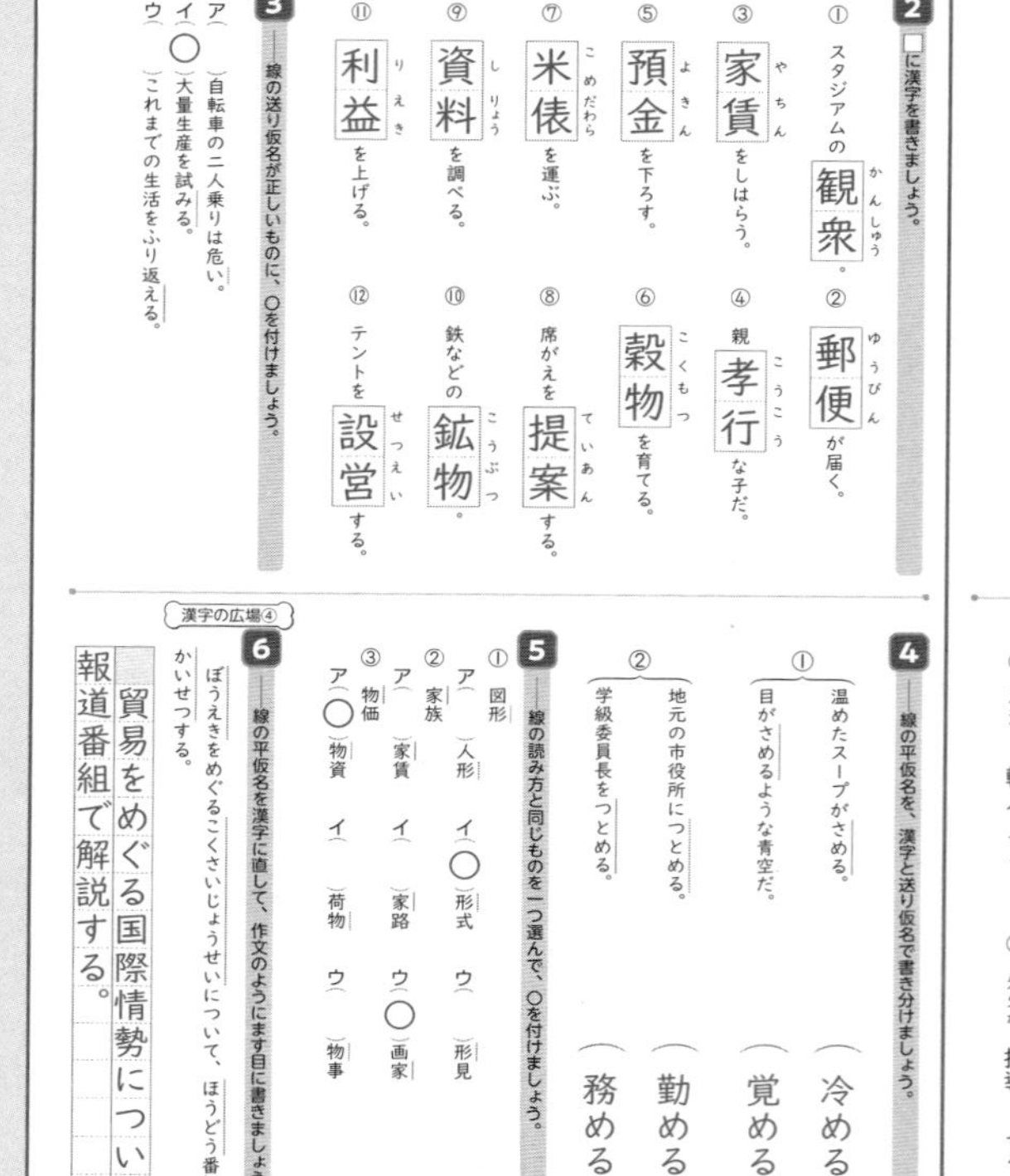

新しい漢字

秘 聖 絹 拝 鋼 亡 干

衆 郵 賃 孝 預 穀 俵

1 □に読み仮名を書きましょう。

① 門外不出の 秘伝。（ひでん）
② 複雑な形。（ふくざつ）
③ 聖火ランナーになる。（せいか）
④ 絹のおりもの。（きぬ）
⑤ 朝日を拝む。（おが）
⑥ 鉄鋼を生産する。（てっこう）
⑦ 考えは十人十色だ。（じゅうにんといろ）
⑧ 死亡事故を防ぐ。（しぼう）
⑨ 梅干しを食べる。（うめぼ）
⑩ 郷里を遠くはなれる。（きょうり）
⑪ 家路につく。（いえじ）
⑫ 作品を制作する。（せいさく）
⑬ 石油を輸入する。（ゆにゅう）
⑭ 先生が指導する。（しどう）

2 □に漢字を書きましょう。

① スタジアムの 観衆（かんしゅう）
② 郵便（ゆうびん）が届く。
③ 家賃（やちん）をしはらう。
④ 親孝行（こうこう）な子だ。
⑤ 預金（よきん）を下ろす。
⑥ 穀物（こくもつ）を育てる。
⑦ 米俵（こめだわら）を運ぶ。
⑧ 席がえを提案（ていあん）する。
⑨ 資料（しりょう）を調べる。
⑩ 鉄などの鉱物（こうぶつ）。
⑪ 利益（りえき）を上げる。
⑫ テントを設営（せつえい）する。

3 ―線の送り仮名が正しいものに、〇を付けましょう。

カンジー博士の漢字学習の秘伝

ア 自転車の二人乗りは危い。
イ 〇 大量生産を試みる。
ウ これまでの生活をふり返える。

4 ―線の平仮名を、漢字と送り仮名で書き分けましょう。

① 温めたスープがさめる。（冷める）
　目がさめるような青空だ。（覚める）
② 地元の市役所につとめる。（勤める）
　学級委員長をつとめる。（務める）

5 ―線の読み方と同じものを一つ選んで、〇を付けましょう。

① 図形　ア 人形　イ 〇 形式　ウ 形見
② 家族　ア 家賃　イ 家路　ウ 〇 画家
③ 物価　ア 〇 物資　イ 荷物　ウ 物事

6 ―線の平仮名を漢字に直して、作文のようにます目に書きましょう。

漢字の広場④

ぼうえきをめぐるこくさいじょうせいについて、ほうどう番組でかいせつする。

報道番組で解説する。貿易をめぐる国際情勢について、

3 アは「危ない」、ウは「返る」が、正しい漢字と送り仮名です。

4 ①「熱くなくなる」という意味の「さめる」の場合、「冷める」と書きます。一方、「意識がはっきりした状態にもどる」という意味の場合は、「覚める」と書きます。いずれも「める」の部分が送り仮名になります。
②「役所や会社などに通って仕事をする」という意味の場合は「勤める」、「何かの役目を行う」という意味の場合は「務める」と書きます。いずれも「める」の部分が送り仮名です。

5 ①「ズケイ」と読みます。アは「ニンギョウ」または「ひとがた」、イは「ケイシキ」、ウは「かたみ」と読みます。
②「カゾク」と読みます。アは「ヤチン」、イは「いえじ」、ウは「ガカ」と読みます。
③「ブッカ」と読みます。アは「ブッシ」、イは「にモツ」、ウは「ものごと」と読みます。

確かめのテスト① 74〜75ページ

『鳥獣戯画』を読む 〜 漢字の広場④

おうちのかたへ

説明文は、何について説明している文章か、どのように論を展開しているか、どんな表現の工夫があるのかを押さえながら読むことが大切です。問題を解くときには、問題文をしっかり読み、「書きぬきましょう」や「文章の言葉を使って」などの条件を見落とさないようにしましょう。

文章を読んで、答えましょう。　思考・判断・表現

　この絵巻がつくられたのは、今から八百五十年ほど前、平安時代の終わり、平家が天下を取ろうとしていたころだ。『鳥獣戯画』だけではない。この時代には、ほかにもとびきりすぐれた絵巻がいくつも制作され、上手な絵と言葉で、長い物語を実に生き生きと語っている。そして、これら絵巻物に始まり、江戸時代には、絵本（絵入り読み物）や写し絵（幻灯芝居）、昭和時代には、紙芝居、漫画やアニメーションが登場し、子どもだけでなく、大人もおおいに楽しませてきた。十二世紀から今日まで、言葉だけでなく絵の力を使って物語を語るものが、とぎれることなく続いているのは、日本文化の大きな特色なのだ。

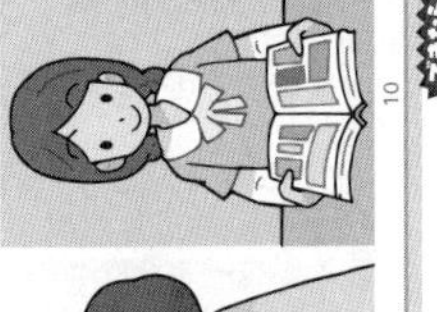

　十二世紀という大昔に、まるで漫画やアニメのような、こんなに楽しく、とびきりモダンな絵巻物が生み出されたとは、なんとすてきでおどろくべきことだろう。しかも、筆で描かれたひとつひとつの絵が、実に自然でのびのびしている。描いた人はきっと、何物にもとらわれない、自由な心をもっていたにちがいない。世界を見渡しても、そのころの絵で、これほど自由闊達なものはどこにも見つかっていない。描かれてから八百五十年、祖先たちは、幾多の変転や火災のたびに救い出し、そのせいで一部が失われたり破れたりしたにせよ、この絵巻物を大切に保存し、私たちに伝えてくれた。『鳥獣戯画』は、だから、国宝であるだけでなく、人類の宝なのだ。

高畑勲「『鳥獣戯画』を読む」より

1 「この絵巻」について、答えましょう。

① 「この絵巻」とは、何という絵巻ですか。文章から六字で書きぬきましょう。（符号をふくむ。）　5点

『鳥獣戯画』

② 「この絵巻」は、どの時代のいつごろにつくられましたか。文章から八字で書きぬきましょう。　10点

平安時代の終わり

③ 「この絵巻」がつくられた時代、ほかにも制作されたのはどのような絵巻でしたか。文章の言葉を使って書きましょう。　15点　（できたらスゴイ！）

（例）上手な絵と言葉で、長い物語を実に生き生きと語った、とびきりすぐれた絵巻。

2 「これら絵巻物に始まり」とありますが、その後どんなものが登場しましたか。表されている順に文章から五つ書きぬきましょう。　一つ2点(10点)

絵本 → 写し絵 → 紙芝居 → 漫画 → アニメーション

3 「日本文化の大きな特色」とありますが、それはどんなことですか。「〜こと。」に続くように文章から探し、その初めと終わりの五字を書きましょう。　10点

十二世紀か 〜 続いている こと。

4 （よく出る）筆者は「絵巻物」を、現代の何にたとえていますか。文章から六字で書きぬきましょう。　10点

漫画やアニメ

5 「筆で描かれたひとつひとつの絵」とありますが、これらの絵から、筆者はどんな人が絵を描いたと想像していますか。　10点

（例）何物にもとらわれない、自由な心をもっていた人。

6 （よく出る）「自由闊達」とありますが、ここではどんなことを言っていますか。一つに○を付けましょう。　10点

ア（　）とびきりモダンな絵巻物が、過去に生み出されていたとは信じられないということ。

イ（　）長い物語ではあるが、絵と言葉で上手に語られているということ。

ウ（○）絵が、何物にもとらわれず、実に自然でのびのびとしているということ。

7 （考えを書こう）「人類の宝なのだ。」とありますが、そういえる理由を考えて書きましょう。　20点

（例）『鳥獣戯画』は、当時他には見られない自由闊達さで描かれたものであり、また、それが大切に保存され、私たちに伝えられているから。

---

1 ② 「どの時代のいつごろ」という問いと、八字という字数制限があるので、「平安時代の終わり」が正解です。

1 ③ 「この時代には……語っている。」の部分を、「〜絵巻。」で終わるようにまとめます。

3 ――線の直前の部分に、日本文化の特色が書かれています。

4 同じ文の前の部分に、「まるで漫画やアニメのような」という、たとえの表現が使われています。

5 ――線の次の文に、「描いた人はきっと、何物にもとらわれない、自由な心をもっていたにちがいない。」とあります。

6 「自由闊達」とは、心が広くのびやかで、物事にこだわらないさまをいいます。前の部分の「絵が、実に自然でのびのびしている。」「描いた人はきっと……ちがいない。」に着目しましょう。

7 ――線の前の部分から、『鳥獣戯画』のどのようなところが「人類の宝」といえるのかを読み取りましょう。「世界を見渡しても……見つかっていない」こと、「描かれてから八百五十年、……伝えてくれた」ことなどをおさえて書いてあれば、正解とします。

（例2）十二世紀の世界で類を見ない自由な心で描かれた作品であり、幾多の変転や火災をくぐりぬけて守られてきた貴重な絵だから。

確かめのテスト② 76~77ページ

『鳥獣戯画』を読む ～ 漢字の広場④

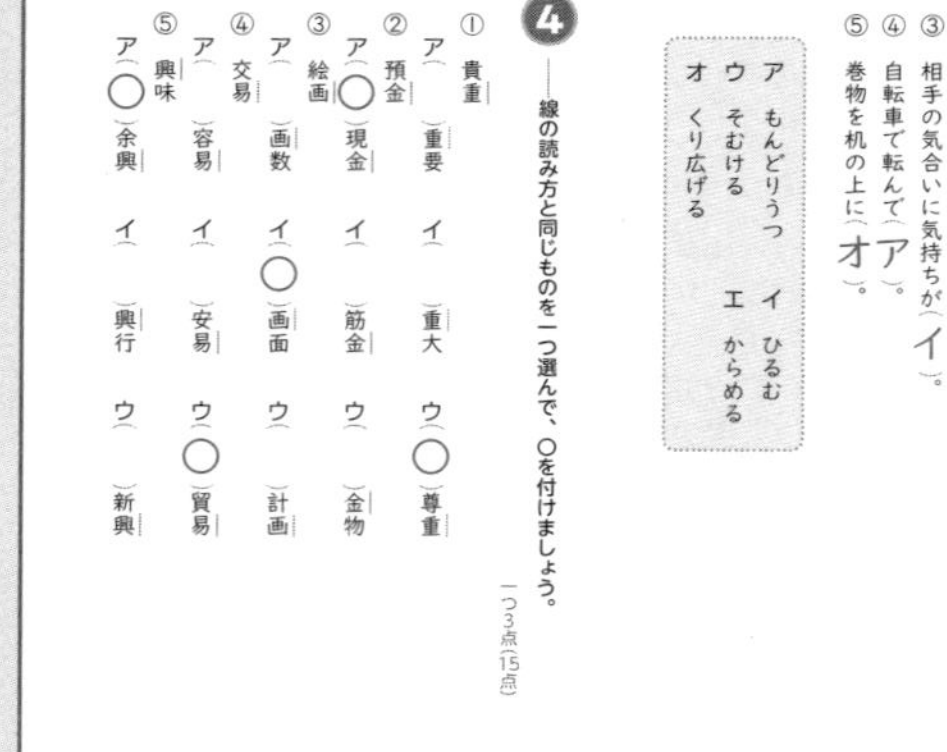

3 ①「からめる」は、「巻きつける」という意味です。②「そむける」は、「まともに向けていられずに、よそに向ける」という意味です。⑤「くり広げる」は、ここでは「巻物などを次々と広げる」という意味です。

4 ①「チョウ」と読みます。ア・イは「ジュウ」と読みます。②「キン」と読みます。イは「がね」、ウは「かな」と読みます。③「ガ」と読みます。アとウは「カク」と読みます。④「エキ」と読みます。ア・イは「イ」と読みます。⑤「キョウ」と読みます。イ・ウは「コウ」と読みます。

5 正しい漢字と送り仮名は、アは「耕す」、イは「現す」です。

6 ①まず和食について、「伝えたいみりょく」を具体的に考えます。そして、どのような写真を使えばそのみりょくが伝わりやすいかを考えましょう。

準備 78~79ページ

ぼくのブック・ウーマン

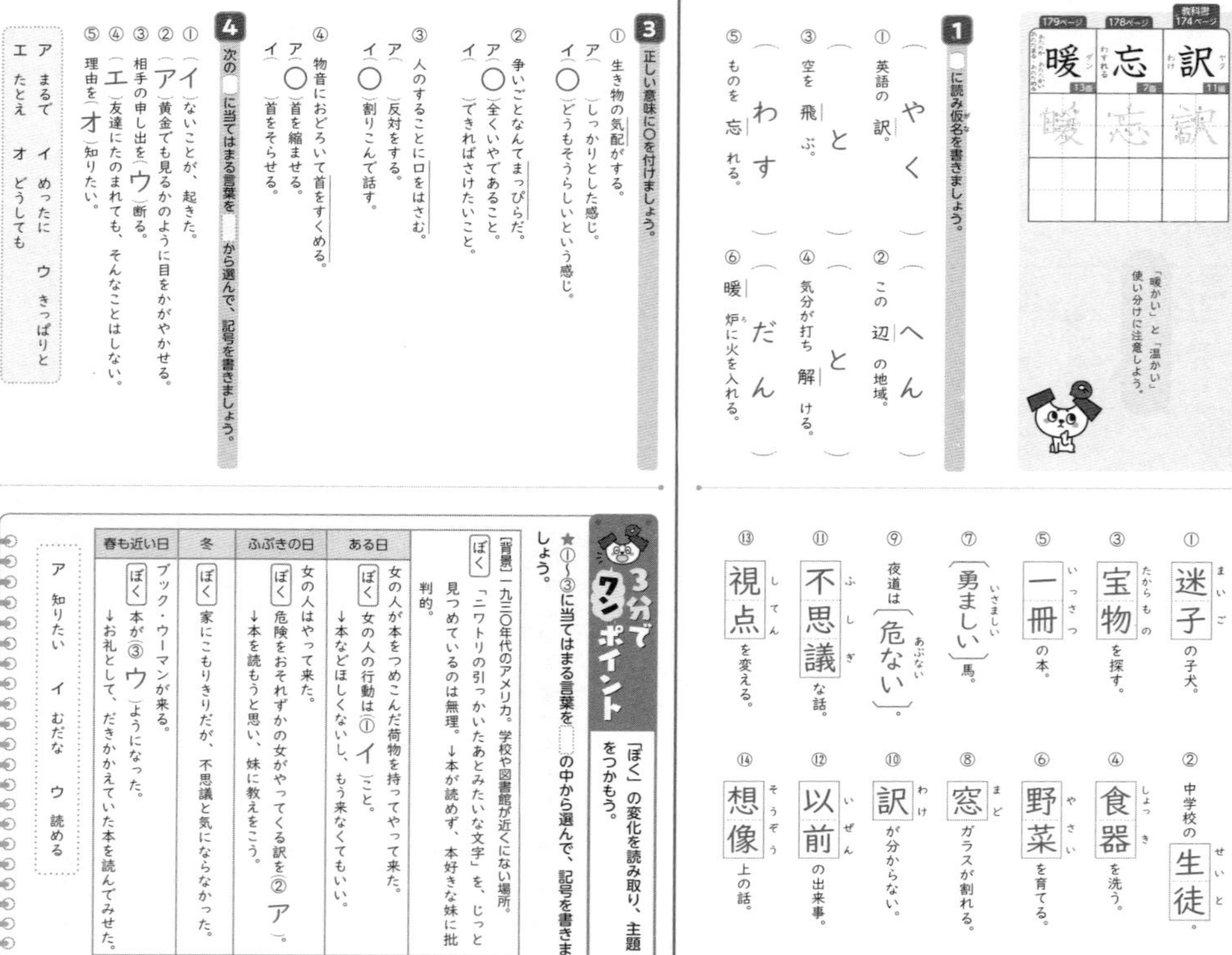

3 ①「気配」とは、「ぼんやりと感じられる様子」「どうもそうらしいという感じ」という意味です。②「まっぴら」は「まっぴらごめん」の略で、全くいやである様子を表します。③「口をはさむ」は「割りこんで話す」という意味です。④「首をすくめる」で、おどろいたときなどに思わず首を縮めるしぐさを表します。

4 ②すぐ後に「見るかのように」とあるので、たとえを表すア「まるで」が当てはまります。⑤すぐ後の「知りたい」に対応する言葉が当てはまります。

3分でワンポイント

「ぼくのブック・ウーマン」(ヘザー＝ヘンソン)では、出来事の流れにしたがって、だんだんと女の人や本に対する「ぼく」の気持ちが変化しています。最初は本がきらいで、ふぶきの日も本を届けにやってくる女の人への見方が変わり、本そのものも好きになっていったのです。

練習　80～81ページ
ぼくのブック・ウーマン

文章を読んで、答えましょう。

やがて、冬をむかえた。雪が積もって、真っ白な世界へと変わる。夜の暗やみの中で、風が、ヤマネコの鳴き声みたいな音を立ててふいている。

ぼくたち家族は、家から一歩も外へ出られない。暖炉を囲んで、体をくっつけ合って、じっとしている。こんなふぶきじゃあ、森の小さな生き物だって、ひっそりとかくれているのだろう。

ところが、そんな雪の日に、窓ガラスをトントンとたたく音が聞こえた。そう、あの女の人だった。頭のてっぺんから足の先まで着こんで。

女の人は、家の中に冷たい風が入りこまないように、ドアのすき間から本を手わたした。

父さんが、

「今夜は、とまっていけばいい。」

と言っても、女の人は断った。

「この馬が、私をちゃんと家まで連れていってくれます。」

と言うんだ。

ぼくは、その女の人、ブック・ウーマンが去っていくのを、しばらく見つめていた。いろんな考えが、ぼくの頭の中をぐるぐる回った。まるで、外で風に舞っている雪のように――。

勇気があるのは馬だけじゃないんだ。乗っている人だって勇気がある。

とつぜん、ぼくはあのブック・ウーマンが、かぜをひくことも、それよりもっと危ないめにあうこともおそれずに、ここにやって来る訳を、どうしても知りたくなった。

ぼくは、文字と絵のある本を選んで、ラークの方へ差し出した。

「何て書いてあるか、教えて。」

ラークは、笑いもしなければ、からかったりもしなかった。代わりに、ぼくのすわる場所を空けてくれた。

ぼくたち二人は、静かに本を読み始めた。

父さんは、自然をよく見ていれば、冬が長いか短いかはなんとなく分かる、と言う。今年は、これまでになく雪が深く積もり、いつまでも寒さが続くと予想していた。

ほとんど毎日、ぼくら家族は、家にこもりっきりの生活をしていたけれど、ぼくは気にならなかった。自分でも不思議に思うけれど、でも、本当なんだ。

〈ヘザー＝ヘンソン 作／藤原 宏之 訳「ぼくのブック・ウーマン」より〉

❶ 「そんな雪の日」とありますが、この日はどのような日でしたか。

（ヤマネコの鳴き声）みたいな音を立てて風がふきあれ、家から一歩も（外へ出られな）い（ほど雪がふりしきっている、）（ふぶき）の日。

❷ 「ぼくは、その女の人、ブック・ウーマンが去っていくのを、しばらく見つめていた。」について、次の問いに答えましょう。

① このとき「ぼく」は、女の人を見て、どのような人だと思いましたか。

とても（勇気がある）人だと思った。

② 「ぼく」が女の人を①のような人だと思ったのは、どのようなことに気づいたからですか。

女の人が、（危ないめ）にあうことも（おそれずに）、（本）を持ってここにやって来ているということ。

ヒント　女の人のどのような様子に気づいたのかをとらえよう。

❸ 「外で風に舞っている雪のように」とありますが、ここで「雪」にたとえられているものとは何ですか。文章中から六字で書きぬきましょう。

（いろんな考え）

❹ 「何て書いてあるか、教えて。」とありますが、「ぼく」はなぜこのように言ったのですか。一つに○を付けましょう。

ア（　）女の人がせっかく大変な思いをして持ってきてくれた本なのだから、読まないと申し訳ないと思ったから。

イ（　）わざわざふぶきの中を来たのだから、女の人はよほどおもしろい本を持ってきたのだろうと思ったから。

ウ（○）女の人が危険をおかして持ってきてくれる本とは、どういうものなのかを知りたくなったから。

❺ 「ラークは、笑いもしなければ、からかったりもしなかった。」とありますが、このときのラークの様子について述べたものとして、当てはまるものを一つ選んで、○を付けましょう。

ア（　）本に何が書いてあるのかも分からずにいる「ぼく」を、内心ではばかにしている。

イ（○）本ぎらいだった「ぼく」が、自分から本を読む気になったことをかんげいしている。

ウ（　）本に興味のなかった「ぼく」がいきなり本を読みたがりだしたのを見て、とまどっている。

❻ 「ぼくは気にならなかった。」とありますが、なぜですか。

（例 女の人が持ってきてくれた本を読んでいたから。）

ヒント　「ぼく」が家の中で何をして過ごしていたかを考えよう。

準備　82～83ページ
おすすめパンフレットを作ろう／季節の言葉4　冬のおとずれ

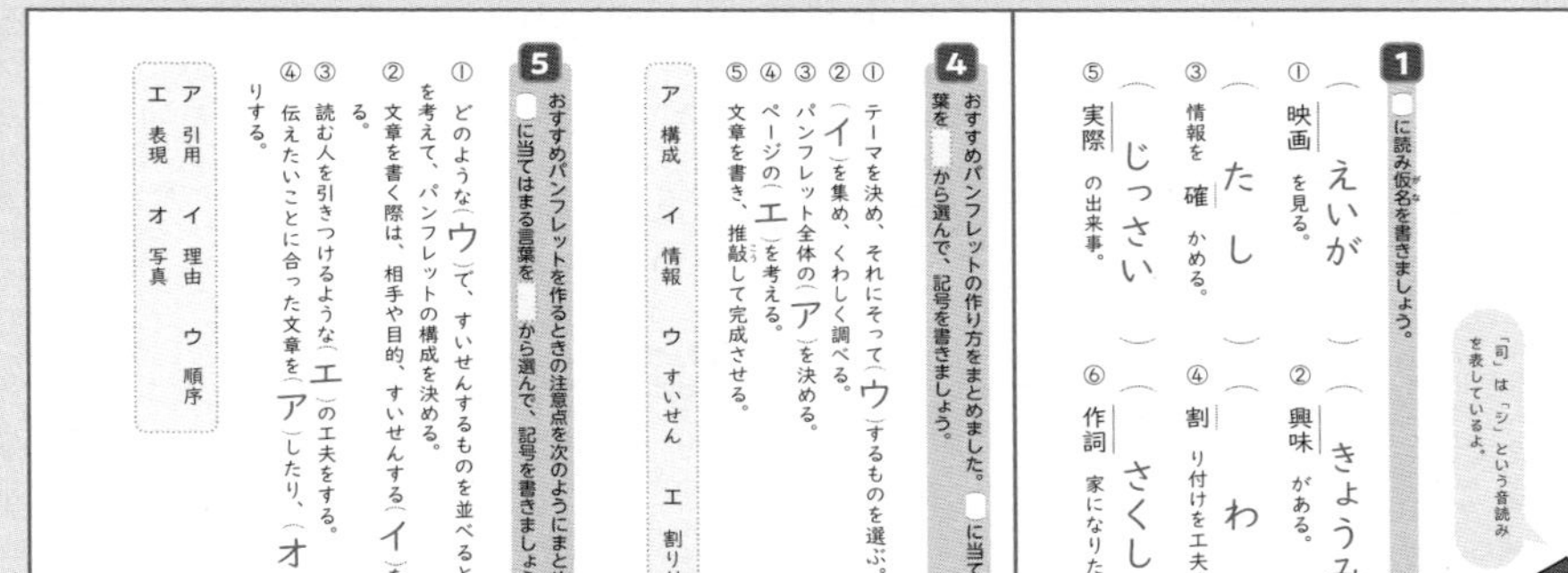

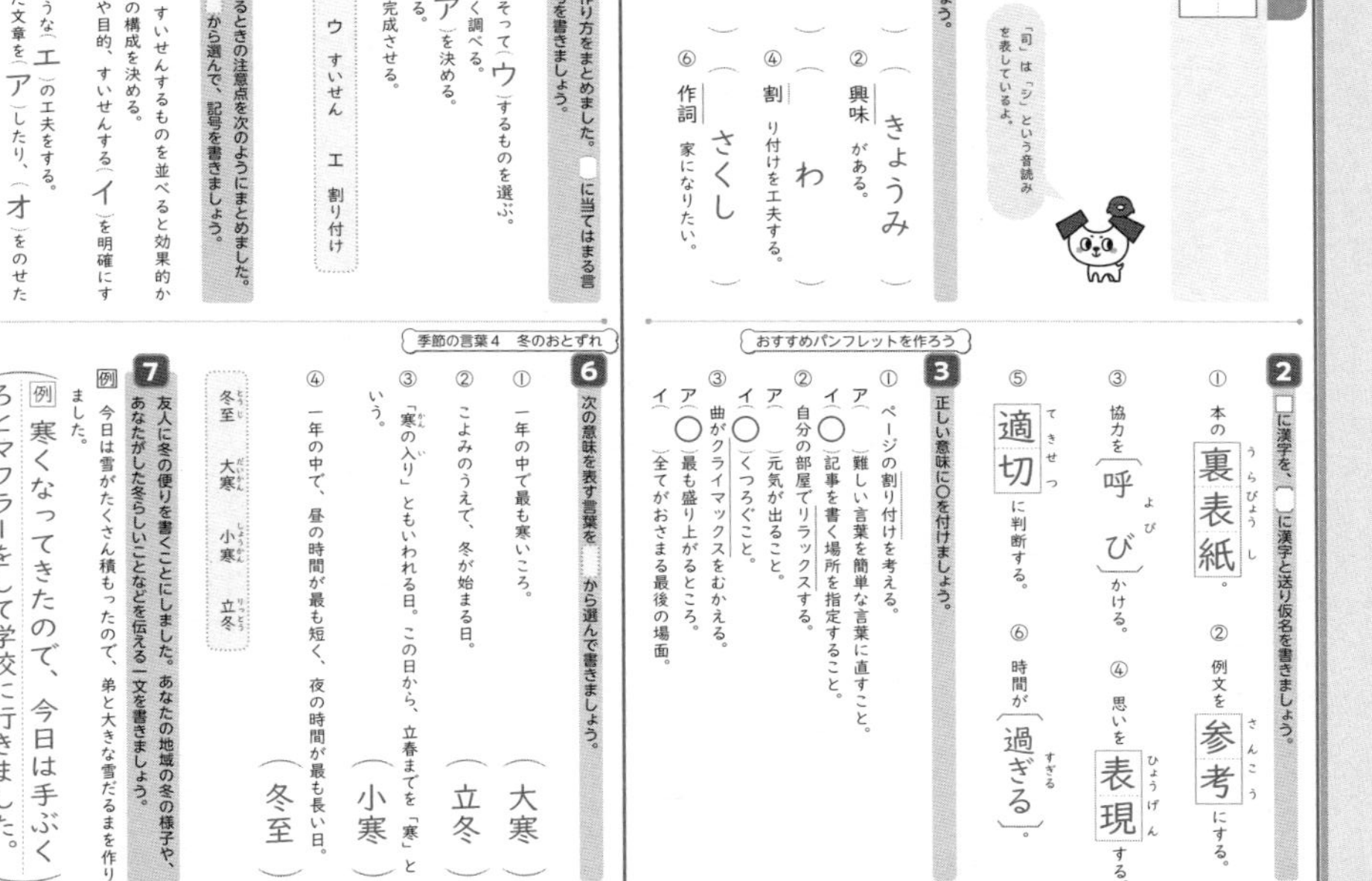

かきトリ！　新しい漢字　教科書192ページ

詞（シ）12画

「司」は「シ」という音読みを表しているよ。

1 □に読み仮名を書きましょう。

① 映画（えいが）を見る。　② 興味（きょうみ）がある。

③ 情報を確（たし）かめる。　④ 割（わ）り付けを工夫する。

⑤ 実際（じっさい）の出来事。　⑥ 作詞（さくし）家になりたい。

2 □に漢字を、（　）に漢字と送り仮名を書きましょう。

① 本の裏表紙（うらびょうし）。　② 例文を参考（さんこう）にする。

③ 協力を（呼び）（よび）かける。　④ 思いを表現（ひょうげん）する。

⑤ 適切（てきせつ）に判断する。　⑥ 時間が（過ぎる）（すぎる）。

おすすめパンフレットを作ろう

3 正しい意味に○を付けましょう。

① ページの割り付けを考える。

ア（　）難しい言葉を簡単な言葉に直すこと。

イ（○）記事を書く場所を指定すること。

② 自分の部屋でリラックスする。

ア（　）元気が出ること。

イ（○）くつろぐこと。

③ 曲がクライマックスをむかえる。

ア（○）最も盛り上がるところ。

イ（　）全てがおさまる最後の場面。

4 おすすめパンフレットの作り方をまとめました。□に当てはまる言葉を□から選んで、記号を書きましょう。

① テーマを決め、それにそって（ウ）するものを選ぶ。

② （イ）を集め、くわしく調べる。

③ パンフレット全体の（ア）を決める。

④ ページの（エ）を考える。

⑤ 文章を書き、推敲して完成させる。

ア 構成　イ 情報　ウ すいせん　エ 割り付け

5 おすすめパンフレットを作るときの注意点を次のようにまとめました。□に当てはまる言葉を□から選んで、記号を書きましょう。

① どのような（ウ）で、すいせんするものを並べると効果的かを考えて、パンフレットの構成を決める。

② 文章を書く際は、相手や目的、すいせんする（イ）を明確にする。

③ 読む人を引きつけるような（エ）の工夫をする。

④ 伝えたいことに合った文章を（ア）したり、（オ）をのせたりする。

ア 引用　イ 理由　ウ 順序　エ 表現　オ 写真

季節の言葉4　冬のおとずれ

6 次の意味を表す言葉を□から選んで書きましょう。

① 一年の中で最も寒いころ。（大寒）

② こよみのうえで、冬が始まる日。（立冬）

③ 「寒の入り」ともいわれる日。この日から、立春までを「寒」という。（小寒）

④ 一年の中で、昼の時間が最も短く、夜の時間が最も長い日。（冬至）

冬至（とうじ）　大寒（だいかん）　小寒（しょうかん）　立冬（りっとう）

7 友人に冬の便りを書くことにしました。あなたの地域の冬の様子や、あなたがした冬らしいことなどを伝える一文を書きましょう。

例 今日は雪がたくさん積もったので、弟と大きな雪だるまを作りました。

（例 寒くなってきたので、今日は手ぶくろとマフラーをして学校に行きました。）

8 冬に目にする光景や冬を感じる言葉を使って、冬を表す俳句を作りましょう。

（例 一面にきらめく雪のまぶしさよ）

❶ 風の音を「ヤマネコの鳴き声」にたとえています。

❷ 何（だれ）を「勇気がある」と思ったかに、「ぼく」の気持ちの変化が表れています。本がきらいで、女の人のことも認めていなかった「ぼく」でしたが、ふぶきの日も危険をおそれずにやってくる女の人を見て、かの女に対する見方が変わってきたのです。

❸ 語順が前の文と入れかわっていることに注意しましょう。

❹ 女の人に対する見方が変わってきた「ぼく」は、かの女が持ってくる本にも興味を持ち始めたのです。

❺ 「代わりに、ぼくのすわる場所を空けてくれた。」というラークの行動に注目しましょう。

おうちのかたへ

女の人や本に対する「ぼく」の感じ方や考え方が分かる表現に着目して、「ぼく」の内面の変化を読み取りましょう。

3 ②「リラックス」とは、力をぬいたり、緊張（きんちょう）をほぐしたりして、くつろぐことです。「おふろに入るとリラックスできる。」のように使います。

③「クライマックス」は物語や音楽などの最も盛り上がるところのことを言います。

4 ③④パンフレット全体の「構成」を決めてから、それぞれのページの「割り付け」を考えていきます。

5 ①構成を考えるときは、どのような順序で並べると効果的かという観点に立つとよいでしょう。

④ほかの本から引用したり、写真をのせたりすることも、伝えたいことを伝えるうえで効果的です。

6 ④一年で昼の時間が最も短くなる日は「冬至（とうじ）」。その逆の日は「夏至（げし）」です。

7 こたつを出した、もちつきをした、はく息が白いなど、冬らしい景色や様子、冬の行事や食べ物について伝えていれば正解です。

8 冬に目にする風景や冬を感じる言葉（例では「雪」）を使い、五・七・五の十七音の形で書かれていれば正解とします。

ぼくのブック・ウーマン〜季節の言葉4　冬のおとずれ

おうちのかたへ

物語の作者は、しばしば主人公の気持ちや考えの変化を通して、伝えたいこと（主題）を伝えようとします。したがって、物語を読むときには、場面ごとの人物の気持ちだけでなく、その気持ちが場面の変化とともにどのように変化していくのかも読み取っていく必要があります。

1 次の文章を読んで、答えましょう。　思考・判断・表現

父さんは、自然をよく見ていれば、冬が長いか短いかはなんとなく分かる、と言う。今年は、これまでになく雪が深く積もり、いつまでも寒さが続くと予想していた。

ほとんど毎日、ぼくら家族は、家にこもりっきりの生活をしていたけれど、ぼくは気にならなかった。自分でも不思議に思うけれど、でも、本当なんだ。

春も近くなって、あのブック・ウーマンがぼくらの家に立ち寄った。

母さんは、女の人に、自分のできるただ一つのプレゼントをした。それは、母さんが大切にしている、キイチゴを使ったパイのレシピだ。母さんの作るパイは、世界一おいしい。

「たいしたことはできませんが、こんな所まで来ていただいたお礼です。」

それから母さんは、声を低くして、ほこらしげに続けた。

「それに、本を読める子をもう一人増やしていただきましたので——。」

ぼくは照れて、首をすくめた。女の人が行こうとしたとき、思い切って自分の気持ちを伝えた。

「ぼくも、何かプレゼントできればいいんだけど——。」

ブック・ウーマンはふり向いて、大きな黒いひとみでぼくを見つめた。

「こっちにいらっしゃい、カル。」

とてもやさしい声だった。ぼくは近づいた。

「私のために本を読んでほしいわ。」

ぼくは、だきかかえていた本を開いた。それは、この日届けられたばかりの新しい本だ。ニワトリの引っかいたあとみたいな文字だと、以前のぼくは思っていた。でも、今は、何が書いてあるか分かる。ほんの少しだけ、声に出して読んだ。

「プレゼントは、それで十分。」

女の人はそう言って、顔いっぱいにえみをうかべた。

思わず、ぼくもほほえみ返した。

〈ヘザー＝ヘンソン 作／藤原 宏之 訳「ぼくのブック・ウーマン」より〉

(1) 「ほとんど毎日、ぼくら家族は、家にこもりっきりの生活をしていた」とありますが、家で「ぼく」は何をしていましたか。一つに○を付けましょう。　5点

ア（　）本は読まず、父の手伝いをしていた。
イ（○）ブック・ウーマンが持ってきた本を読んでいた。
ウ（　）ブック・ウーマンへのお礼を考えていた。

(2) **よく出る** 「自分のできるただ一つのプレゼントをした。」とありますが、どのようなことのお礼として、プレゼントをしたのですか。二つ書きましょう。※順番はちがっていてもよい。　一つ5点（10点）

（例 遠くまで本を持ってきてくれること。）
（例 本を読める子を一人増やしてくれたこと。）

(3) **よく出る** 「自分の気持ち」とは、どのような気持ちですか。書きましょう。　10点

（例 ぼくも女の人に何かプレゼントをしたいという気持ち。）

(4) 女の人が持ってきてくれた本を、「ぼく」が大切にしている様子が分かる表現を、文章中から八字で書きぬきましょう。　5点

できたらスゴイ！　だきかかえていた

(5) 「ニワトリの引っかいたあとみたいな文字だと、以前のぼくは思っていた。」とありますが、「以前のぼく」はなぜこのように思っていたのですか。　10点

（例 本を読むことができず、何が書いてあるか分からなかったから。）

(6) 「プレゼントは、それで十分。」とありますが、女の人はどのような気持ちでこのように言ったと考えられますか。　10点

（例 「ぼく」が本を読めるようになってくれたことがうれしいという気持ち。）

(7) **考えを書こう** この物語の「ぼく」のように、人との関わりがきっかけで、ものの見方や考え方が変わったという自分の経験をふり返って書きましょう。　10点

（例 自分は以前は理科が大きらいだった。しかし、田中先生と出会い、実験の楽しさを知ることで、理科が大好きになった。）

2 読み仮名を書きましょう。　一つ5点（20点）

① 日が暮れる。（く）
② 紅茶をいれる。（こうちゃ）
③ 宝物を見つける。（たからもの）
④ 危ないことはしない。（あぶ）

3 □に漢字を、〔　〕に漢字と送り仮名を書きましょう。　一つ5点（20点）

① 英語を【訳】（やく）する。
② 約束を〔忘れる〕（わすれる）。
③ 【暖】（だん）炉の火にあたる。
④ 曲の【作詞】（さくし）をする。

1 (2)後の「こんな所まで来ていただいたお礼」や「本を読める子をもう一人増やしていただきましたので」という母の言葉に着目します。

1 (4)「本」をただ持っていたのではなく、「だきかかえていた」とところに、「ぼく」の本に対する気持ちが表れています。

1 (5)「ニワトリの引っかいたあと」には何の意味もありません。つまり、「以前のぼく」にとって、本は意味をもつものではなかったのです。「以前のぼく」が本を読めなかったことが書かれていれば正解です。「なぜ」と問われているので、「〜から。」などの理由を表す言葉で結びます。

1 (6)「それで十分」とは、「読んでくれるだけで十分」という意味です。ここから、女の人は、「ぼく」のように本を読める子どもを増やしたいという気持ちから本を届けているのだと分かります。

1 (7)この物語の「ぼく」は、最初は本がきらいでしたが、ブック・ウーマンとの関わりをきっかけに、本を好きになっていきます。このように、人との関わりを通じて何かが変わったという経験をふり返りましょう。きっかけと何が変わったのかが書けていれば、正解とします。

例2 ぼくはサッカーをしているが、前はその練習がきらいだった。しかし、きそこそ大事だという日本代表選手の話を聞いて、考えを改めた。

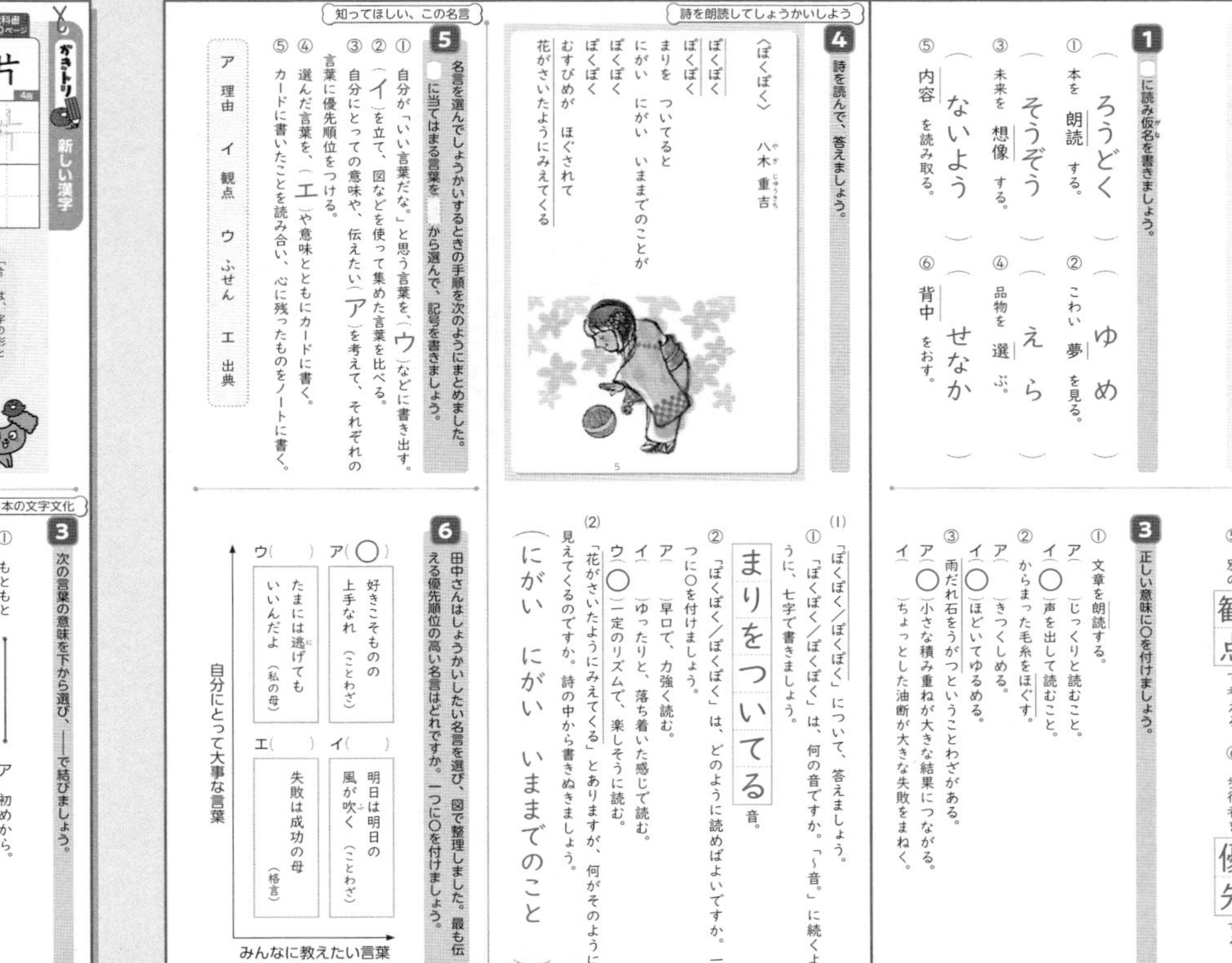

準備 86~87ページ
詩を朗読してしょうかいしよう／知ってほしい、この名言

新しい漢字
朗（10画　教科書196ページ）　胸（10画　教科書198ページ）
「朗」にも「胸」にも「月」があるけど、「朗」の部首は「月（つき）」、「胸」の部首は「月（にくづき）」だよ。

1 □に読み仮名を書きましょう。
① 本を朗読する。（ろうどく）
② こわい夢を見る。（ゆめ）
③ 未来を想像する。（そうぞう）
④ 品物を選ぶ。（えら）
⑤ 内容を読み取る。（ないよう）
⑥ 背中をおす。（せなか）

2 □に漢字を書きましょう。
① にちじょうの出来事。（日常）
② むねを張る。（胸）
③ 国語じてんを引く。（辞典）
④ じゅしょう式に出る。（受賞）
⑤ 別のかんてんで考える。（観点）
⑥ 歩行者をゆうせんする。（優先）

3 正しい意味に○を付けましょう。
① 文章を朗読する。
ア（ ）じっくりと読むこと。

イ（○）声を出して読むこと。
② からまった毛糸をほぐす。
ア（ ）きつくしめる。

イ（○）ほどいてゆるめる。
③ 雨だれ石をうがつということわざがある。
ア（○）小さな積み重ねが大きな結果につながる。

イ（ ）ちょっとした油断が大きな失敗をまねく。

4 詩を読んで、答えましょう。（詩を朗読してしょうかいしよう）

〈ぼくぼく〉　八木重吉

ぼくぼく
ぼくぼく
まりを　ついてると
にがい　にがい　いままでのことが
ぼくぼく
ぼくぼく
むすびめが　ほぐされて
花がさいたようにみえてくる

(1) ①「ぼくぼく／ぼくぼく」について、答えましょう。
「ぼくぼく／ぼくぼく」は、何の音ですか。「～音。」に続くように、七字で書きましょう。

（まりをついてる）音。
②「ぼくぼく／ぼくぼく」は、どのように読めばよいですか。一つに○を付けましょう。
ア（ ）早口で、力強く読む。

イ（ ）ゆったりと、落ち着いた感じで読む。

ウ（○）一定のリズムで、楽しそうに読む。
(2)「花がさいたようにみえてくる」とありますが、何がそのように見えてくるのですか。詩の中から書きぬきましょう。
（にがい　にがい　いままでのこと）

5 名言を選んでしょうかいするときの手順を次のようにまとめました。□に当てはまる言葉を□から選んで、記号を書きましょう。（知ってほしい、この名言）
① 自分が「いい言葉だな。」と思う言葉を、（ウ）などに書き出す。
②（イ）を立て、図などを使って集めた言葉を比べる。
③ 自分にとっての意味や、伝えたい（ア）を考えて、それぞれの言葉に優先順位をつける。
④ 選んだ言葉を、（エ）や意味とともにカードに書く。
⑤ カードに書いたことを読み合い、心に残ったものをノートに書く。
ア 理由　イ 観点　ウ ふせん　エ 出典

6 田中さんはしょうかいしたい名言を選び、図で整理しました。最も伝える優先順位の高い名言はどれですか。一つに○を付けましょう。
ア（○）好きこそものの上手なれ（ことわざ）
イ（ ）明日は明日の風が吹く（ことわざ）
ウ（ ）たまには逃げてもいいんだよ（私の母）
エ（ ）失敗は成功の母（格言）
自分にとって大事な言葉
みんなに教えたい言葉

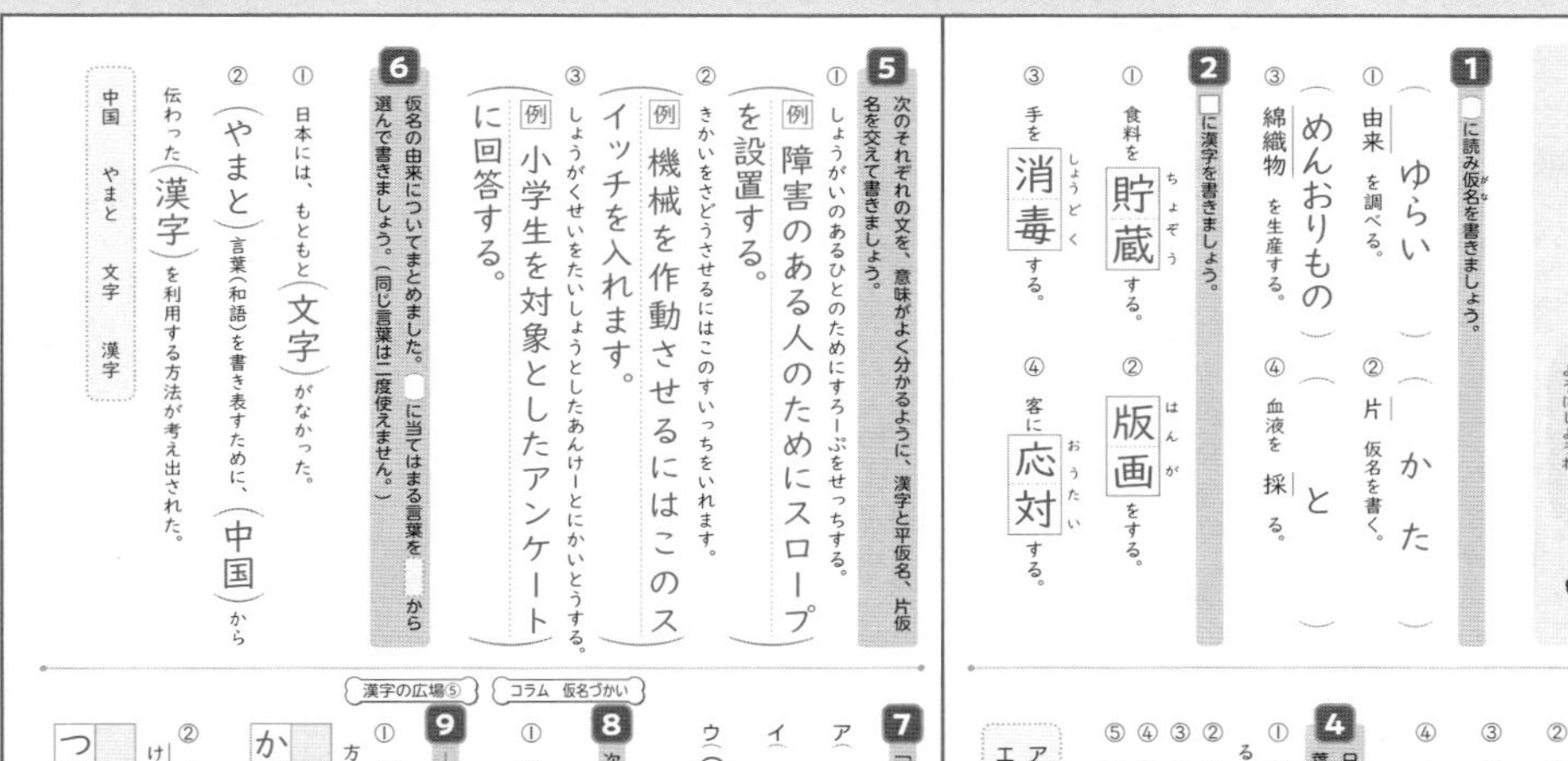

準備 88~89ページ
日本の文字文化／コラム　仮名づかい／漢字の広場⑤

新しい漢字
片（4画　教科書200ページ）
「片」は、字の形と筆順をまちがえないようにしよう。

1 □に読み仮名を書きましょう。
① 由来を調べる。（ゆらい）
② 片仮名を書く。（かた）
③ 綿織物を生産する。（めんおりもの）
④ 血液を採る。（と）

2 □に漢字を書きましょう。
① 食料をちょぞうする。（貯蔵）
② はんがをする。（版画）
③ 手をしょうどくする。（消毒）
④ 客におうたいする。（応対）

3 次の言葉の意味を下から選び、――で結びましょう。（日本の文字文化）
① もともと ―― ア 初めから。
② 由来する ―― エ そこからつながりがある。
③ 統一する ―― イ 一つにまとめる。
④ ふだん ―― ウ いつも。

4 日本語の表記について次のようにまとめました。□に当てはまる言葉を□から選んで、記号を書きましょう。
① 現在の日本語はふつう、漢字と仮名を使った（イ）で表記される。
② 漢字は一字一字が意味を表す（ウ）である。
③ これに対して、仮名は音だけを表す（ア）である。
④ 漢字、仮名のほかに（オ）で表すローマ字も使われる。
⑤ 漢字は（エ）が複数あるが、仮名やローマ字は一つしかない。
ア 表音文字　イ 漢字仮名交じり文　ウ 表意文字　エ 読み方　オ アルファベット　カ 意味

5 次のそれぞれの文を、意味がよく分かるように、漢字と平仮名、片仮名を交ぜて書きましょう。
① しょうがいのあるひとのためにすろーぷをせっちする。
例（障害のある人のためにスロープを設置する。）
② きかいをさどうさせるにはこのすいっちをいれます。
例（機械を作動させるにはこのスイッチを入れます。）
③ しょうがくせいをたいしょうとしたあんけーとにかいとうする。
例（小学生を対象としたアンケートに回答する。）

6 仮名の由来についてまとめました。□に当てはまる言葉を□から選んで書きましょう。（同じ言葉は二度使えません。）
① 日本には、もともと（文字）がなかった。
②（やまと）言葉（和語）を書き表すために、（中国）から伝わった（漢字）を利用する方法が考え出された。
中国　やまと　文字　漢字

7 「万葉仮名」とは、どんなものですか。一つに○を付けましょう。
ア（ ）中国語の発音をまねて、日本語を発音し、それに漢字の音を借りて表したもので、平仮名の元となった。

イ（ ）日本語の発音を表すために、意味をそこなわないように、漢字の音を借りて表したもので、片仮名の元となった。

ウ（○）日本語の発音を表すために、漢字の音を借りて表したもので、これを元にして平仮名や片仮名が生まれた。

8 次の言葉を仮名づかいに注意して全て平仮名に直して書きましょう。（コラム　仮名づかい）
① 縮まる（ちぢまる）
② 地続き（じつづき）

9 ――線の平仮名を漢字に直して、作文を書くようにます目に書きましょう。（漢字の広場⑤）
① ひょうばんのいいがんかのいしから、つかれ目にきく薬を処方してもらう。
（評判のいい眼科の医師から、つかれ目に効く薬を処方してもらう。）
② おべんとう屋さんでは、えいせいに気をつけて、店内をせいけつにしている。
（お弁当屋さんでは、衛生に気をつけて、店内を清潔にしている。）

3 ②「ほぐす」はここでは「ほどいてゆるめる」という意味です。
③「雨だれ石をうがつ」は、長い時間をかけて雨つぶが一てき一てき落ちたところは、石でも穴が空くという意味で、小さな積み重ねが大きな結果につながることを表すことわざです。

4 (1)①三行目に「まりを　ついてると」とあります。
(2)「ぼくぼく」というリズム感のあるここちのよい音が、心の中に固く結ばれてしこりとなっていた苦い思い出をほぐして、「花がさいたように」解き放ってくれているのです。

5 名言は一つだけ選ぶのではなく、いくつか集め、それぞれをふせんなどに書き出して、いくつかの観点から比べるようにします。

6 この図で「自分にとって大事な言葉」と、「みんなに教えたい言葉」の二つの観点から総合的に選んだ言葉を比べられるようになっています。

4 ②「表意文字」とは、一字一字が意味を表す文字で、漢字がこれにあたります。
③一方、仮名のように、一字一字が音だけを表す文字を「表音文字」といいます。
⑤漢字は、音読みや訓読みなど、読み方が複数ありますが、仮名やローマ字は一つしかありません。

5 ①「しょうがい」と読む言葉は複数あるので、漢字で書いて意味をはっきりさせましょう。ここでは「障害」と書きます。
②「きかい」は、ここでは「機会」や「器械」ではなく、「機械」と書きます。
③「あんけーと」のような外来語は「アンケート」と片仮名で書きましょう。また、ここの「かいとう」は、アンケートの質問に対する答えなので、「解答」ではなく「回答」と書きます。

7 「万葉仮名」は、もともと文字のなかった日本語の発音を表すために、漢字の音を借りて表したもので、平仮名や片仮名の元となりました。

8 二つ続いた「ち・つ」の後の字を「ジ・ズ」と発音するときは、「ぢ・づ」と書く場合があります。「ちぢまる」「つづき」もこれに当たります。

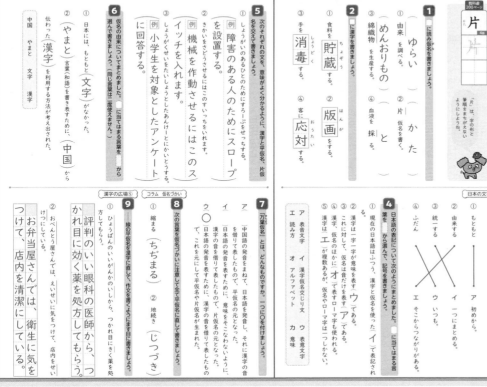

準備　90~91ページ

「考える」とは　考えることとなやむこと／考えることを考え続ける／考え……

かきトリ　新しい漢字

教科書206ページ　劇（ゲキ）15画
206ページ　将（ショウ）10画

「将」は、「はらい」や「点」の向きに注意して、バランスよく書こう。

1 □に読み仮名を書きましょう。

① 演劇（えんげき）サークルに入る。　② 将来（しょうらい）の目標。
③ 両者を混同（こんどう）する。　④ よく似（に）た兄弟。
⑤ 利益（りえき）を生む。　⑥ アジア系（けい）の人。

2 □に漢字を、□に漢字と送り仮名を書きましょう。

① 対応策（たいおうさく）を練る。　② 事務所（じむしょ）で働く。
③ 妻（つま）と子。　④ 本を探す（さがす）。
⑤ 敵（てき）と味方。　⑥ 学校の創立（そうりつ）記念日。

考えることとなやむこと

3 正しい意味に○を付けましょう。

① 友達に計画を打ち明ける。
ア（　）どうするか意見を聞く。
イ（○）心のうちをかくさず話す。

② 先生の話を聞いて目からうろこが落ちる。
ア（○）分からなかったことが急に分かるようになる。
イ（　）思いも寄らなかった出来事におどろく。

③ とりあえず準備をする。
ア（○）ほかのことはさしおいてまず。
イ（　）非常に急いで。

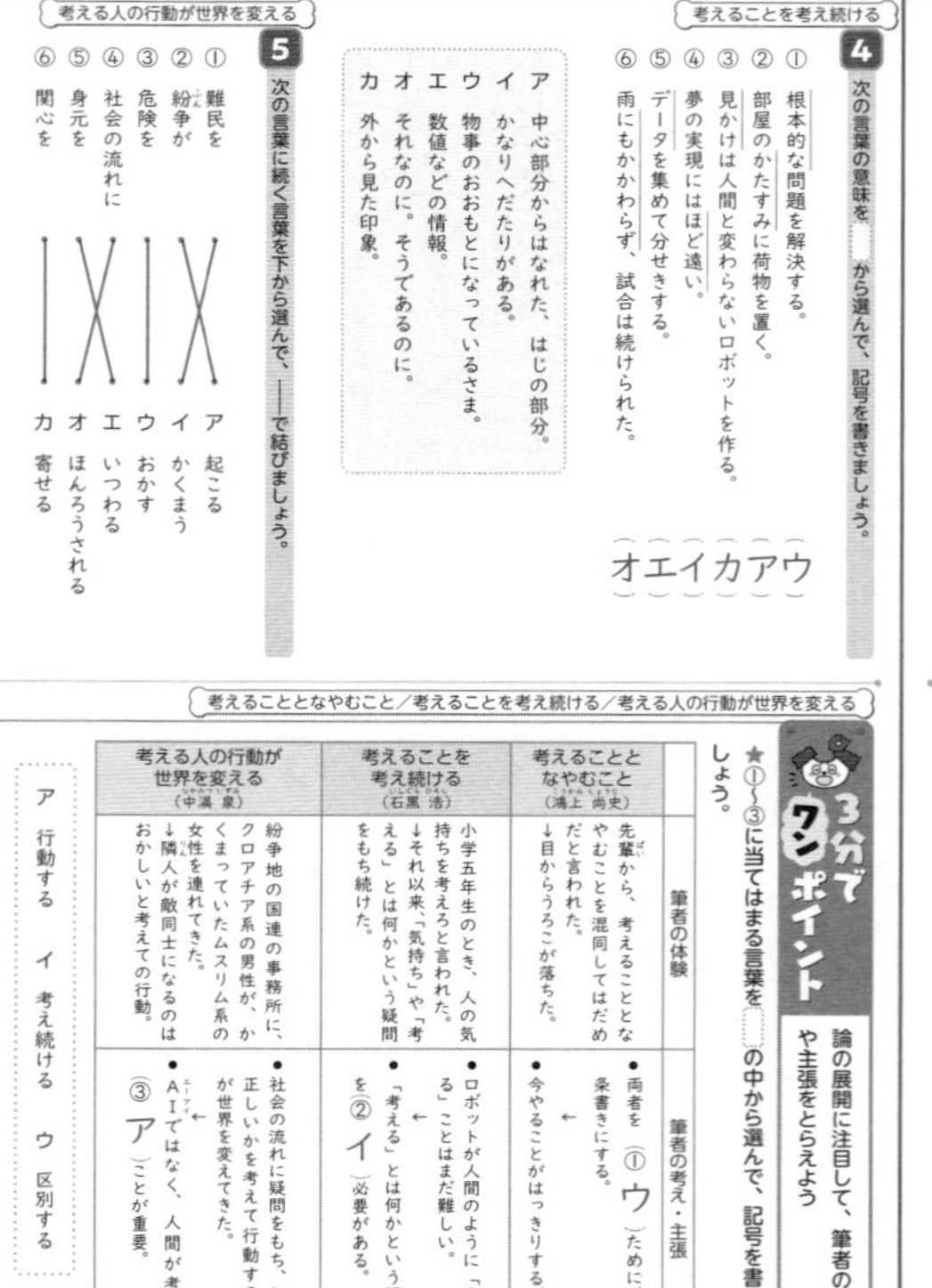

考えることを考え続ける

4 次の言葉の意味を□から選んで、記号を書きましょう。

① 根本的な問題を解決する。（オ）
② 部屋のかたすみに荷物を置く。（エ）
③ 見かけは人間と変わらないロボットを作る。（イ）
④ 夢の実現にはほど遠い。（カ）
⑤ データを集めて分せきする。（ア）
⑥ 雨にもかかわらず、試合は続けられた。（ウ）

ア 中心部分からはなれた、はじの部分。
イ かなりへだたりがある。
ウ 物事のおおもとになっているさま。
エ 数値などの情報。
オ それなのに。そうであるのに。
カ 外から見た印象。

考える人の行動が世界を変える

5 次の言葉に続く言葉を下から選んで、——で結びましょう。

① 難民を　　ア 起こる
② 紛争が　　イ かくまう
③ 危険を　　ウ おかす
④ 社会の流れに　　エ いつわる
⑤ 身元を　　オ ほんろうされる
⑥ 関心を　　カ 寄せる

考えることとなやむこと／考えることを考え続ける／考える人の行動が世界を変える

3分でワンポイント　論の展開に注目して、筆者の考えや主張をとらえよう

★①～③に当てはまる言葉を□の中から選んで、記号を書きましょう。

	考えることとなやむこと（鴻上 尚史）	考えることを考え続ける（石黒 浩）	考える人の行動が世界を変える（中満 泉）
筆者の体験	先輩から、考えることとなやむことを混同してはだめだと言われた。↓目からうろこが落ちた。	小学五年生のとき、人の気持ちを考えろと言われた。↓それ以来、「気持ち」や「考える」とは何かという疑問をもち続けた。	紛争地の国連の事務所に、クロアチア系の男性が、かくまっていたムスリム系の女性を連れてきた。↓隣人が敵同士になるのはおかしいと考えての行動。
筆者の考え・主張	●両者を（①ウ）ために、箇条書きにする。←●今やることがはっきりする。	●ロボットが人間のように「考える」ことはまだ難しい。←●「考える」とは何かという問題を（②イ）必要がある。	●社会の流れに疑問をもち、何が正しいかを考えて行動する人が世界を変えてきた。←●AIではなく、人間が考え、（③ア）ことが重要。

ア 行動する　イ 考え続ける　ウ 区別する

練習①　92~93ページ

考えることとなやむこと

文章を読んで、答えましょう。

すると、その先輩は、「それは考えてないよ。なやんでいるだけだね。」と言った。

そして、「考えることとなやむことを混同したらだめだよ。考えるというのは、自分と似た作品を作っている劇団があるか調査したり、観客が何人以上なら利益が出るか計算したりすることさ。おまえは『うまくいくかなあ。』『不安なんですよねえ。』となやんでいるだけだよ。」と続けた。

目からうろこが落ちるとは、このことかと思った。確かに、先輩が言うようなことを三時間考えると、とりあえずやるべきことがうかぶ。でも、三時間なやむだけだと、何もうかばない。ただ時間だけが過ぎていく。

あなたはどうだろう。自分の夢や生き方、友達との関係や勉強のことなどについて、考えているだろうか。それとも、なやんでいるだろうか。

この二つを区別するいちばん簡単な方法は、箇条書きにしてみることだ。例えば、あなたが来週、大勢の前で何かの発表をするとする。なやんでいると、「うまくいくかな。」「失敗したくないな。」「どきどきする。」という思いしか生まれてこない。でも、考えていると、

「一　どんな話し方をしたら聞き取りやすいか。」
「二　いちばん伝えたいことは何か。」

と書き出すことができる。そうすると、あなたがやるべきことがはっきりしてくるのだ。

あなたが今、何かに迷っていたり困っていたりするのなら、何が問題なのかを、箇条書きにしてみよう。それが、「考えることとなやむことを区別する」ということだ。そうすれば、問題を解決するためにやるべきことが、はっきりと見えてくる。

鴻上 尚史「考えることとなやむこと」より

❶ 「考えることとなやむことを混同したらだめだよ。」について、次の問いに答えましょう。

① 「考える」とは、例えばどのようなことだと先輩は述べていますか。二つ書きましょう。※順番はちがっていてもよい。

（例 自分と似た作品を作っている劇団があるか調査すること。）
（例 観客が何人以上なら利益が出るか計算すること。）

② 「なやむ」とは、どのようなことですか。一つに○を付けましょう。
ア（　）自分は何をすべきなのかばかりを考えてしまうこと。
イ（○）不安や心配などの思いばかりがうかんでくること。
ウ（　）どんな考えや感情も思いうかんでこないこと。

③ なぜ「考える」ことと「なやむこと」を混同してはいけないのですか。一つに○を付けましょう。
ア（　）たとえなやんでいるのではなく、考えているのだとしても、よいアイデアが出てくることはないから。
イ（○）考えずになやんでいるのだとすると、何時間たっても何もうかんでこず、時間のむだになるだけだから。
ウ（　）考えることをせずに、なやんでばかりいると、苦しさのあまり前向きな気持ちになることができないから。

❷ 「目からうろこが落ちるとは、このことかと思った。」とありますが、このときの筆者の気持ちとして当てはまるものを一つ選んで、○を付けましょう。
ア（　）半分はなっとくし、半分は信じられないという気持ち。
イ（　）自分の思っていたとおりだと、自信をもつ気持ち。
ウ（○）はっと気づかされて、なっとくする気持ち。

❸ 「この二つを区別するいちばん簡単な方法は、箇条書きにしてみることだ。」について、次の問いに答えましょう。

① 「この二つ」とは何と何を指していますか。
（例 考えることとなやむこと。）

② 箇条書きにしてみることで、どう区別できるのですか。
もし自分が〔考えて〕いるのなら、具体的なことを〔書き出す〕ことができるが、〔なやんで〕いるのなら、できない、というように区別できる。

ヒント　後の部分に具体的に説明されているよ。

③ 二つを区別することは、どのようなことにつながるのですか。
（例 問題を解決するために自分がやるべきことがはっきりと見えてくること。）

ヒント　結論が書かれている最後の部分に注目しよう。

3 ①「打ち明ける」とは「かくしていることを話す」という意味です。
②「目からうろこが落ちる」は、目をおおっていたうろこが落ちたかのように、急に物事がよく見え、分かるようになることをたとえた表現です。

4 ①「根本的」は、物事のおおもとになっている様子を表す言葉で、「問題を根本的に解決する。」などのように使います。
④「ほど遠い」は「とても遠い」「かなりへだたりがある」という意味です。

5 ②「紛争」とは「事がもつれて争いになること」「もめごと」という意味です。
③「危険をおかす」は、「危険をおしきって行う」という意味です。
④「ほんろう」は、思いのままにもてあそぶことを意味します。

3分でワンポイント
三つの文章はいずれも、筆者が自分の体験を示し、そこから導いた考えや主張を後から述べるという論の展開をしています。

❶ ①②——線の後で先輩が話している言葉に着目しましょう。「考える」とは「自分と似た作品を作っている劇団があるか調査したり、観客が何人以上なら利益が出るか計算したりすること」で、「なやむ」とは「『うまくいくかなあ。』『不安なんですよねえ。』」などと思うだけだとあります。
③直後の段落の「確かに、先輩が言うようなことを三時間考えると、……ただ時間だけが過ぎていく。」に着目します。

❷ 「目からうろこが落ちる」ということわざの意味をふまえて考えましょう。

❸ ②——線の後の部分に着目します。なやんでいると、箇条書きにしようとしても「うまくいくかな。」などの思いしか生まれてきませんが、考えているなら「どんな話し方をしたら聞き取りやすいか。」などの具体的なことを書き出すことができるとあります。
③最後の「そうすれば、問題を解決するためにやるべきことが、はっきりと見えてくる。」に、「考える」と「なやむ」を区別する意義が書かれています。

練習② 94~95ページ

考えることを考え続ける

◆文章を読んで、答えましょう。

人のような見かけをもち、人と話をする、人間らしいロボットの研究に取り組む現在では、五年生からの疑問であった「気持ち」や「考える」が、研究テーマそのものになっている。人間らしいロボットを作るためには、人間みたいに感じたり、考えたりできるよう、ロボットをプログラムしなければならない。そのためには、人の「気持ち」とは何か、人が「考える」とは、何をどうすることなのかを、深く理解する必要がある。

これが、非常に難しい。これまでにも、多くの研究者が、「考える」ロボットの研究に取り組んできた。だが、いまだ人間の「考える」には、ほど遠い。「考える」にも、簡単なものから難しいものがある。計算式をもとに正しく計算したり、多くのデータをもとに対応策を出したりすることは、何をどうするのかをプログラムできるから、ロボットにもできる。しかし、新しいアイデアを出すとか、よく分からないものの仕組みを理解するとか、そういったことは、どのようにプログラムすればよいかが分かっていない。だから、ロボットにはできない。人間がプログラムできないので、ロボットは、人間のように「考える」ことができないのである。

いっぽう人間は、そういったことを説明できなくても、「考える」ことができる。できるけれど、なぜできるのかは説明できない。しかし、いつかは説明できると信じている。だから、私は、まだ研究を続ける必要がある。「考える」とは何かという難しい問題について、考え続けないといけないのである。「考える」ということがどういうことか、解明されていないにもかかわらず。

石黒 浩「考えることを考え続ける」より

❶ 「人間らしいロボットの研究」について、次の問いに答えましょう。

① 「人間らしいロボット」は、どうするようにプログラムする必要がありますか。

人間みたいに感じたり、考えたり するようにプログラムする必要がある。

② ①のようにして「人間らしいロボット」を作るには、まずどうすることが必要なのですか。書きましょう。

（例 人の「気持ち」とは何か、人が「考える」とは、何をどうすることなのかを、深く理解すること。）

❷ 「『考える』にも、簡単なものから難しいものがある。」について、次の問いに答えましょう。

① 「簡単なもの」とは、具体的にどのようなことですか。二つ書きましょう。　※順番はちがっていてもよい。

（例 計算式をもとに正しく計算すること。）

（例 多くのデータをもとに対応策を出すこと。）

② 「難しいもの」とは、具体的にどのようなことですか。二つ書きましょう。　※順番はちがっていてもよい。

（例 新しいアイデアを出すこと。）

（例 よく分からないものの仕組みを理解すること。）

ヒント 「ロボットにもできる」「ロボットにはできない」と書かれているよ。

❸ 「ロボットにはできない。」とありますが、それはなぜですか。一つに○を付けましょう。

ア（　）現時点でのロボットの計算能力では、人間のように考えるには不十分だから。

イ（　）ロボットの思考法がどのようなものなのかを、人間がまだ理解できていないから。

ウ（◯）ロボットに人間のように考えさせるプログラムのしかたを、人間がまだ分かっていないから。

❹ 「そういったこと」とは、どのようなことを指していますか。一つに○を付けましょう。

ア（◯）「考える」とは、どういうことなのかということ。

イ（　）ロボットはどのように「考える」のかということ。

ウ（　）どうすれば「考える」ロボットを作れるのかということ。

❺ この文章で筆者はどのような思いを伝えようとしていますか。「～という思い。」に続くように、文章から書きぬきましょう。

（「考える」とは何かという難しい問題について、考え続けないといけない　という思い。）

ヒント 最後の段落に筆者の思いが書かれているよ。

❶ 「人間らしいロボットを作るためには、人間みたいに感じたり、考えたりできるよう、ロボットをプログラムしなければならない。」とあります。そして、そのためには「人の『気持ち』とは何か、人が『考える』とは、何をどうすることなのかを、深く理解する必要がある。」というのです。

❷ ――線の直後の文に「簡単なもの」の例が、その後の一文に「難しいもの」の例が、それぞれ二つずつ述べられています。

❸ ――線の直前の「どのようにプログラムすればよいかが分かっていない。」に着目しましょう。❶で見たように、ロボットが人間らしく考えるには、そのようにプログラムする必要がありますが、その方法が分かっていないのです。

❺ 最後の段落に、筆者の思いが書かれています。「『考える』とは何かという難しい問題について、考え続けないといけない」というのです。

練習③ 96~97ページ

考える人の行動が世界を変える

◆文章を読んで、答えましょう。

一九九三年、私は、ボスニア・ヘルツェゴビナにある国際連合難民高等弁務官事務所で仕事をしていた。当時、この国では、セルビア系、クロアチア系、ムスリム系の三つの民族間で紛争が起こっていた。ある日、事務所に、五十代ぐらいのクロアチア系男性が、二人の女性を連れてやって来た。その二人は、数か月前に戦死したムスリム系の友人の妻とむすめだという。「なんとか、これまで私の家にかくまってきたのですが、もう無理なんです。クロアチア系の兵士たちが見回りに来て、ムスリム系住民がいないか探すのです。ここに連れてくれば、助けてくれるのではないかと思って来ました。」自ら危険をおかし、自分の妻とむすめだといつわってここまで来たかれは、「だって、おかしいじゃないですか。隣人として暮らしていた人たちと、敵・味方になるなんて。」と続けた。

人間は、いつの時代も、社会の大きな流れにほんろうされる存在かもしれない。しかし、一見、どうすることもできないような、その時々の世界の流れの中で、何かがおかしいと感じ、どうすればよいかを考え、行動した人たちがいた。戦争のほりょやぎせい者を救う国際赤十字を創立したデュナンや、敵・味方を問わず、負傷した兵士を看護したナイチンゲール。そして、あのクロアチア系男性だって、そうだ。かれらは、それまで当然とされていたことに疑問をもち、何が正しいのか、どのような社会にしたいのかを考えた。かれらのような人々の行動が、世界を変えてきたのだ。

これからの世界では、AI(エーアイ)に判断を任せればよいという人がいるが、私はちがうと思う。AIは、過去の多くのデータから効率的な結論を導くだけである。よりよい世界を築くには、人間が、弱い立場の人に心を寄せること、そして、何が大切なのか、何が正しいのか、どういう未来にしたいのかを考え、行動することが重要なのだ。私たち一人一人が、そんな「考える葦(あし)」になれば、どんな課題も解決することができるだろう。

中満 泉「考える人の行動が世界を変える」より

❶ 「なんとか、これまで私の家にかくまってきたのですが、もう無理なんです。」とありますが、その男性が女性たちをかくまったのは、どのようなことに疑問をもったからですか。

（例 隣人として暮らしていた人たちと、敵・味方になるということ。）

ヒント クロアチア系の男性が話したことに注目しよう。

❷ 二人の女性を連れてきたクロアチア系の男性について、次の問いに答えましょう。

① 筆者はその男性を、どのような人だととらえていますか。一つに○を付けましょう。

ア（　）戦争に協力しながらも、最低限の良心を忘れることがなかった人。

イ（　）時代の流れにしたがって、どうすればよいかを考えて行動した人。

ウ（◯）社会の大きな流れに疑問をもち、何が正しいかを考えて行動した人。

② このクロアチア系男性と同じような人の例を、文章から二つ挙げましょう。　※順番はちがっていてもよい。

（戦争のほりょやぎせい者を救う）国際赤十字を創立したデュナン

（敵・味方を問わず、）負傷した兵士を看護したナイチンゲール

③ このクロアチア系男性のような人がいる一方で、人間の多くはどのような存在だというのですか。文章から書きぬきましょう。

（社会の大きな流れにほんろうされる存在）

❸ 「それまで当然とされていたこと」とありますが、それはここではどのようなことだと考えられますか。一つに○を付けましょう。

ア（　）戦争はけっしてやってはいけないということ。

イ（　）戦争では敵と味方は戦わなければならないということ。

ウ（◯）戦争では敵側とされた人を助けたりはしないということ。

❹ 「私はちがうと思う。」とありますが、なぜAIではだめなのですか。

AIは、（過去の多くのデータから効率的な結論を導くだけ）だから。

❺ 「どんな課題も解決することができるだろう。」とありますが、そのためには、人間がどうすることが重要なのですか。文章中の言葉を使って書きましょう。

（例 弱い立場の人に心を寄せ、何が大切で何が正しいのか、どういう未来にしたいのかを考え、行動すること。）

ヒント 筆者の主張は最後の部分に書かれているよ。

❶ クロアチア系男性がいだいた「疑問」が述べられている部分を探しましょう。

❷ 二つ目の段落の「一見、どうすることもできないような、その時々の世界の流れの中で、何かがおかしいと感じ、どうすればよいかを考え、行動した人たちがいた。」に着目します。筆者は「デュナン」や「ナイチンゲール」といった有名な人と共に、「あのクロアチア系男性」を挙げています。

❸ デュナン、ナイチンゲール、クロアチア系男性は、いずれも敵側の人を助けていることに着目します。

❹ ――線の直後の文に、「AI(エーアイ)は、過去の多くのデータから効率的な結論を導くだけ」とあります。

❺ ――線の前の「よりよい世界を……行動することが重要なのだ。」に着目し、その内容をまとめましょう。

おうちのかたへ

筆者がどのような体験をし、そこからどのような考えを導いているのかをとらえましょう。そのためには「体験」（事実）と「考え」のちがいを意識しながら読むことが大切です。

準備　98~99ページ
使える言葉にするために／日本語の特徴

かきトリ 新しい漢字

教科書216ページ 皇（9画）　216ページ 后（6画）　216ページ 陛（10画）　216ページ 憲（16画）　216ページ 党（10画）　216ページ 閣（14画）　216ページ 革（9画）

216ページ 宗（8画）　216ページ 垂（8画）　216ページ 層（14画）　216ページ 磁（14画）

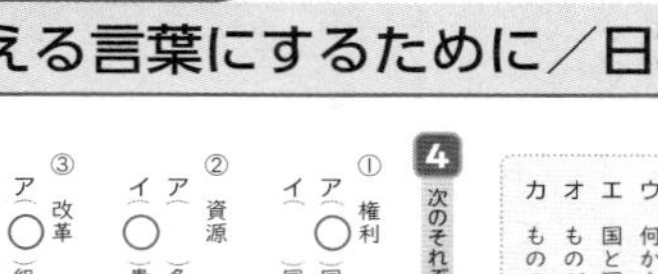

「垂」の書き順に注意しよう。

1 □に読み仮名を書きましょう。

① 日本の 天皇。（てんのう）　② 国王 陛下（へいか）
③ 憲法 を守る。（けんぽう）　④ 政党 を支持する。（せいとう）
⑤ 改革 を行う。（かいかく）　⑥ 方位 磁石（じしゃく）

2 □に漢字を書きましょう。

① 皇后（こうごう） さまのお言葉。　② 内閣（ないかく） 総理大臣
③ 宗教（しゅうきょう） の歴史。　④ 垂直（すいちょく） に立つ。
⑤ 古代の 地層（ちそう）。　⑥ 筋肉（きんにく） をきたえる。

使える言葉にするために

3 次の言葉の意味を□から選んで、記号を書きましょう。

① 意図（ウ）　② 要旨（イ）
③ 納税（ア）　④ 条約（エ）
⑤ 側面（カ）　⑥ 単位（オ）

ア 税金をおさめること。
イ 文章などの中心となる内容。
ウ 何かをしようとするおもわく。
エ 国と国とでかわされる取り決め。
オ ものごとを数値で表す基準として定められた量のこと。
カ ものの上下や前後ではない横の面。

4 次のそれぞれの言葉の使い方が正しいほうに○を付けましょう。

① 権利
ア（○）国民には自由に発言する権利がある。

イ（　）国民は納税の権利を果たさなければならない。
② 資源
ア（　）多額の資源を使ってイベントを行う。

イ（○）貴重な資源をめぐって争いが起こる。
③ 改革
ア（○）組織の改革を進める。

イ（　）古い規則を改革する。

日本語の特徴

5 日本語を外国語と比べる場合に注目する点をまとめました。□に当てはまる言葉を□から選んで、記号を書きましょう。

① 主語・述語・修飾語の（ウ）や、主語の（オ）のあるなしなど、文の組み立てに注目する。
② 使っている文字や、言葉のまとまりの示し方など、（ア）のしかたに注目する。
③ どんな（イ）の言葉が多いかや、どんなことを（エ）しているかなど、言葉や表現に注目する。

ア 表記　イ 分野　ウ 語順
エ 区別　オ 省略

6 日本語の特徴を述べたものとして合うものに、全て○を付けましょう。

ア（○）日本語は、文の最後になって、肯定の文なのか否定の文なのかがはっきりする。

イ（　）日本語は、ふつうは主語を省略することがない。

ウ（　）日本語は、漢字と平仮名・片仮名の三種類の文字だけを使って表記する。

エ（　）日本語には、「雨」を表す言葉や、雨に関する表現が非常に少ない。

オ（○）日本語には、自分を指す言葉が「わたし」以外に何通りもある。

準備　100~101ページ
大切にしたい言葉／今、私は、ぼくは

かきトリ 新しい漢字

教科書222ページ 操（16画）　222ページ 補（12画）　224ページ 担（8画）　225ページ 姿（9画）

228ページ 討（10画）　228ページ 専（9画）

「補」の部首は「ネ（ころもへん）」。「ネ（しめすへん）」ではないよ。

1 □に読み仮名を書きましょう。

① ラジオ 体操 をする。（たいそう）　② 優勝 を争う。（ゆうしょう）
③ 選挙に 立候補 する。（りっこうほ）　④ 司会を 担当 する。（たんとう）

2 □に漢字を、□に漢字と送り仮名を書きましょう。

① 主役を 演（えん）じる。　② 姿（すがた） を現す。
③ 将来（しょうらい） の夢を語る。　④ 中止を 検討（けんとう） する。
⑤ 専属（せんぞく） の通訳。　⑥ 栄養を 補う（おぎなう）。

大切にしたい言葉

3 八百字程度の字数で、自分の大切にしたい言葉について書く場合、構成の各部分に書く内容を□から選んで、記号を書きましょう。

① 初め（イ）　② 中（ア）
③ 終わり（ウ）

ア 大切にしたい言葉に結び付く自分の経験。
イ 選んだ言葉とそれについての説明。
ウ 大切にしたい言葉を、今後どのように生かしていくか。

4 経験と考えを伝える文章の下書きを推敲するときに気をつけることについて、書き直しの例を□から選んで、記号を書きましょう。

① 読みにくいところ、分かりにくいところがないか。（ア）
② よりくわしく書いたほうがよいところや、簡単に書いたほうがよいところがないか。（ウ）
③ 自分の考えや感じたことがよく伝わる表現になっているか。（イ）

ア 長い文を二文に分ける。
イ 「光栄」を、よりふさわしい言葉に置きかえる。
ウ 「光栄に思った」は、どう光栄だったのか、くわしく書く。

今、私は、ぼくは

5 次の言葉の意味を□から選んで、記号を書きましょう。

① 提示（イ）　② 管理（エ）　③ 要点（ア）
④ 改善（ウ）　⑤ 一員（オ）

ア 主な内容。大切な部分。
イ さし出して見せること。
ウ 悪い点を直してよくすること。
エ よい状態で保てるように注意すること。
オ 仲間の一人。

6 資料を使って、効果的なスピーチをする手順をまとめました。□に当てはまる言葉を□から選んで、記号を書きましょう

▼スピーチの（①）を決め、内容を整理する。
▼必要な内容や、（②）を考えて、スピーチメモを作る。
・「初め」「中」「終わり」の三段構成にする。
初め ＝考えていること
中 ＝（③）・感じたこと
終わり ＝（④）思い
▼資料を準備する。
・（②）をもとに、効果的な資料を作る。
▼練習して、スピーチをする。

①（イ）　②（ア）　③（ウ）　④（エ）

ア 構成　イ 話題　ウ きっかけ　エ 伝えたい

7 スピーチの資料を準備するときに、気をつけることをまとめました。□に当てはまる言葉を□から選んで、記号を書きましょう。

① 伝えたい内容や、聞き手の知識、（ア）に合わせて資料を作る。
② スピーチの（ウ）が伝わるように、必要な（エ）を選んで簡潔に示す。
③ 効果的に伝えるために、必要に応じて、図や表、（イ）や絵などを用意する。

ア 関心　イ 写真　ウ 要点　エ 情報

3 ②「要旨（し）」とは、文章や談話などの中心となる内容のことです。国語でよく用いられる言葉です。

4 ①「権利」は、自分の意志で自由にものごとを行う資格があることです。

⑥「単位」は、ものの量や長さなどを表すときの基準となるもののことです。また、「班単位で行動する。」のように、組織などを構成している要素を表すこともあります。

②「資源」は、石油や木材などのように、自然から得られるもののことです。アのようにお金の意味で使うことはできません。

③「改革」は、組織などの不完全なところを改めて、よりよいものにすることなので、アの使い方が適切といえます。

6 日本語は、「～ない」などの打ち消しの言葉が最後に来るので、文の最後になるまで肯定（こう）か否定かが決まらないという特徴（ちょう）があります。また、自分を指すときに、「わたし」以外にも「ぼく」「うち」「おれ」などさまざまな言い方があることも日本語の特徴といえます。

3 文章を「初め」「中」「終わり」の三段構成で書く場合は、「初め」に話題（テーマ）とその説明、「中」にそれについての具体的な体験などを書きます。「終わり」のまとめの部分は、感想や考察、意見、これからどうしたいかなどで結ぶとよいでしょう。

4 ある経験を挙げて「光栄に思った」と述べた文章の下書きを推敲（こう）しています。①長すぎて分かりにくい文は、二文に分けると読みやすくなります。

6 スピーチをするときは、最初に話題やテーマを決め、それから内容や構成を考えます。構成や内容が決まってから、効果的な資料を用意します。

7 資料は、スピーチの内容が効果的に伝わるようなものを選んで用意することが大切です。そのためには、聞き手の知識や関心に合わせた情報を簡潔に示すことが必要です。また、耳で聞いただけではわかりにくいことについては、図や表や写真など、ぱっと見て分かるものを用意するように気をつけるとよいでしょう。

確かめのテスト①

102〜103ページ

「考える」とは 〜 今、私は、ぼくは

おうちのかたへ

説明文では、繰り返し出てくる言葉に注意しましょう。それが筆者の主張を理解するキーワードになります。また、筆者の主張は最初と最後の段落に書かれていることが多く、ふつう最後の段落は文章全体のまとめになっています。主張を問う問題では最後の段落に注目しましょう。

二つの文章を読んで、答えましょう。　思考・判断・表現

1

これが、非常に難しい。これまでにも、多くの研究者が、「考える」ロボットの研究に取り組んできた。だが、いまだ人間の「考える」には、ほど遠い。「考える」にも、簡単なものから難しいものがある。計算式をもとに正しく計算したり、多くのデータをもとに対応策を出したりすることは、何をどうするのかをプログラムできるから、ロボットにもできる。しかし、新しいアイデアを出すとか、よく分からないものの仕組みを理解するとか、そういったことは、どのようにプログラムすればよいかが分かっていない。だから、ロボットにはできない。人間がプログラムできないので、ロボットは、人間のように「考える」ことができないのである。

いっぽう人間は、そういったことを説明できなくても、「考える」ことができる。できるけれど、なぜできるのかは説明できない。しかし、いつかは説明できると信じている。だから、私は、まだ研究を続ける必要がある。「考える」とは何かという難しい問題について、考え続けないといけないのである。「考える」ということがどういうことか、解明されていないにもかかわらず。

石黒浩「考えることを考え続ける」より

2

人間は、いつの時代も、社会の大きな流れにほんろうされる存在かもしれない。しかし、一見、どうすることもできないような、その時々の世界の流れの中で、何かがおかしいと感じ、どうすればよいかを考え、行動した人たちがいた。戦争のほりょやぎせい者を救う国際赤十字を創立したデュナンや、敵・味方を問わず、負傷した兵士を看護したナイチンゲール。そして、あのクロアチア系男性だって、そうだ。かれらは、それまで当然とされていたことに疑問をもち、何が正しいのか、どのような社会にしたいのかを考えた。かれらのような人々の行動が、世界を変えてきたのだ。

これからの世界では、AI（エーアイ）に判断を任せればよいという人がいるが、私はちがうと思う。AIは、過去の多くのデータから効率的な結論を導くだけである。よりよい世界を築くには、人間が、弱い立場の人に心を寄せること。そして、何が大切なのか、何が正しいのか、どういう未来にしたいのかを考え、行動することが重要なのだ。私たち一人一人が、そんな「考える葦」になれば、どんな課題も解決することができるだろう。

中満泉「考える人の行動が世界を変える」より

よく出る **1** 「いまだ人間の『考える』には、ほど遠い。」について、次の問いに答えましょう。

① 具体的にどのような点が人間の「考える」から「ほど遠い」のですか。「ロボットは、……という点。」という形になるように書きましょう。　20点

例 ロボットは、新しいアイデアを出したり、よく分からないものの仕組みを理解したりできないという点。

② なぜ、ロボットは人間の「考える」から「ほど遠い」ことしか考えられないのですか。　一つ5点（10点）

ロボットをどのように　プログラム　すればよいかが　分かっていない　から。

2 「いつかは説明できる」とありますが、何が説明できるというのですか。一つに○を付けましょう。　10点

ア（　）「考える」ロボットが社会に必要である理由。
イ（○）人間が説明できないことを「考える」ことができる理由。
ウ（　）自分がこれからも研究を続けていく理由。

よく出る **3** 「かれらのような人々」とは、どのような人々ですか。　一つ5点（10点）

その時々の　世界の流れ　に疑問をもち、どうすればよいかを考えて、　行動した　人々。

4 「AI」とありますが、「AI」にできるのは、どのようなことだと述べていますか。「〜こと。」につながるように書きぬきましょう。　10点

過去の多くのデータから効率的な結論を導く　こと。

できたらスゴイ！ **5** 1と2の文章の筆者は、それぞれどのようなことを「考える」ことが大事だと述べていますか。　一つ10点（20点）

1 例 人間が「考える」とはどういうことなのかということ。

2 例 よりよい世界を築くためには、何が大切で、何が正しいのか、どういう未来にしたいのかということ。

考えを書こう！ **6** あなたにとって「考える」とはどういうことですか。　20点

例 私にとって「考える」とは、人として成長することだ。「考える」ことで、世の中のことを深く理解したり、新しい見方ができるようになったりすると思う。

---

1 ①人間にできてロボットにできないことが、具体的に書かれている部分に着目しましょう。

1 ②後の部分に「どのようにプログラムすればよいかが分かっていない。だから、ロボットにはできない。」と理由が書かれています。

2 人間が、説明できないことも「考える」ことができる理由について、「いつかは説明できると信じている」という文脈です。

3 少し前の「その時々の世界の流れの中で、何かがおかしいと感じ、どうすればよいかを考え、行動した人たち」のことです。

4 直後の文に「AI（エーアイ）は、過去の多くのデータから効率的な結論を導く」とあります。

5 1・2それぞれの文章の最後の段落に着目しましょう。また、それぞれの文章の題名もヒントになります。

6 1は人間が「考える」ことのなぞを解明するために「考える」こと、2は社会や未来をよりよくしていくために「考える」ことを主張しています。あなた自身にとって「考える」とはどういう意味のあることなのか考えて書きましょう。あなた自身の考えが書けていれば正解とします。

例2 私にとって「考える」とは、生きる目的を知るために必要なことである。すぐ答えが出ることではないが、考え続けていきたいと思う。

確かめのテスト② 104~105ページ

「考える」とは ～ 今、私は、ぼくは

1 読み仮名を書きましょう。

① 道で転んで負傷する。（ふしょう）
② 皇后になられる。（こうごう）
③ 内閣が発足する。（ないかく）
④ 世界の宗教。（しゅうきょう）
⑤ 直線が垂直に交わる。（すいちょく）
⑥ 古い地層を調べる。（ちそう）
⑦ 人が姿を見せる。（すがた）
⑧ 方法を検討する。（けんとう）
⑨ 専属のコーチ。（せんぞく）
⑩ 説明を補う。（おぎな）

2 漢字を書きましょう。

① 演劇を見に行く。
② 将来に備える。
③ 天皇家の方々。
④ 英国の国王陛下。
⑤ 憲法記念日
⑥ 政党の支持者。
⑦ 改革を断行する。
⑧ 鉄が磁石に付く。
⑨ 体操の選手。
⑩ 担当する。

3 次の言葉はどの教科に関係する言葉ですか。□から選んで、記号を書きましょう。

① 推敲（ア）　② 消化（ウ）　③ 倍数（イ）　④ 貿易（エ）

ア 国語　イ 算数　ウ 理科　エ 社会

4 次の言葉を使って短文を作りましょう。

① 主張　例 友達が主張することに耳をかたむける。
② 義務　例 自然を守ることは私たち人類の義務だ。
③ 調理　例 つった魚を調理しておいしく食べた。

5 日本語の特徴として正しくないものはどれですか。一つに○を付けましょう。

ア ふつう、述語は文の最後にくる。
イ 主語は省略されることが少なくない。
ウ 漢字を使って少ない文字数で意味を表すことができる。
エ ○ 全ての分野で外国語より表現が豊かである。

6 文章の書き表し方を工夫するときのポイントをまとめました。（　）に当てはまる言葉を□から選んで、記号を書きましょう。

① 事実や経験を、分かりやすい文章で書くように心がける。
・一文が（ウ）なりすぎないように注意する。
・くわしく書くところと、（イ）書くところを区別する。
② 思いが的確に伝わるように書く。
・伝えたいことに対して、適切な（ア）を選ぶようにする。
・音読したときの言葉の（エ）やリズムに注意する。
・（オ）や、様子を表す言葉などを効果的に使う。
・（カ）を入れかえたり、文末表現を変えたりしてもよい。

ア 言葉　イ 簡単に　ウ 長く　エ ひびき　オ たとえ　カ 語順

7 スピーチをするときの注意点として当てはまるものを全て選んで、○を付けましょう。

ア ○ 何を特に伝えたいのかを考えて、声の強弱や話す速さを工夫する。
イ 話しているとちゅうで間を取ることはせず、同じ調子で話すようにする。
ウ ○ 聞いている人の表情や反応を見て、必要なら言葉をくり返したり補ったりする。
エ 資料を示すときも聞いている人から目をはなさず、話すことに集中する。

3 ①「推敲」は書いた文章を練り直すことなので、国語に関係します。

②「消化」は、生物が食べたものを分解して体にとりこむことなので、関係する教科は理科です。

③「倍数」は数に関係する言葉なので、教科は算数です。

④「貿易」は、外国と商品などを取り引きすることなので、社会に関係します。

5 どの分野の表現が豊かであるのかは、その言語や文化によります。全ての分野で日本語のほうが表現が豊かであるということはありません。

6 ①分かりやすい文章を書くには、一文が長くなりすぎないようにしたり、くわしく書くことと簡単に書くことの区別をつけたりするとよいでしょう。

②伝えたいことを効果的に伝えるには、さまざまな表現の工夫をするとよいでしょう。

7 スピーチをするときは、声の強弱、話す速さ、間の取り方などを工夫するとよいでしょう。聞いている人を見て、反応を確かめながら話すことも大事です。

準備 106~107ページ

海の命／漢字の広場⑥

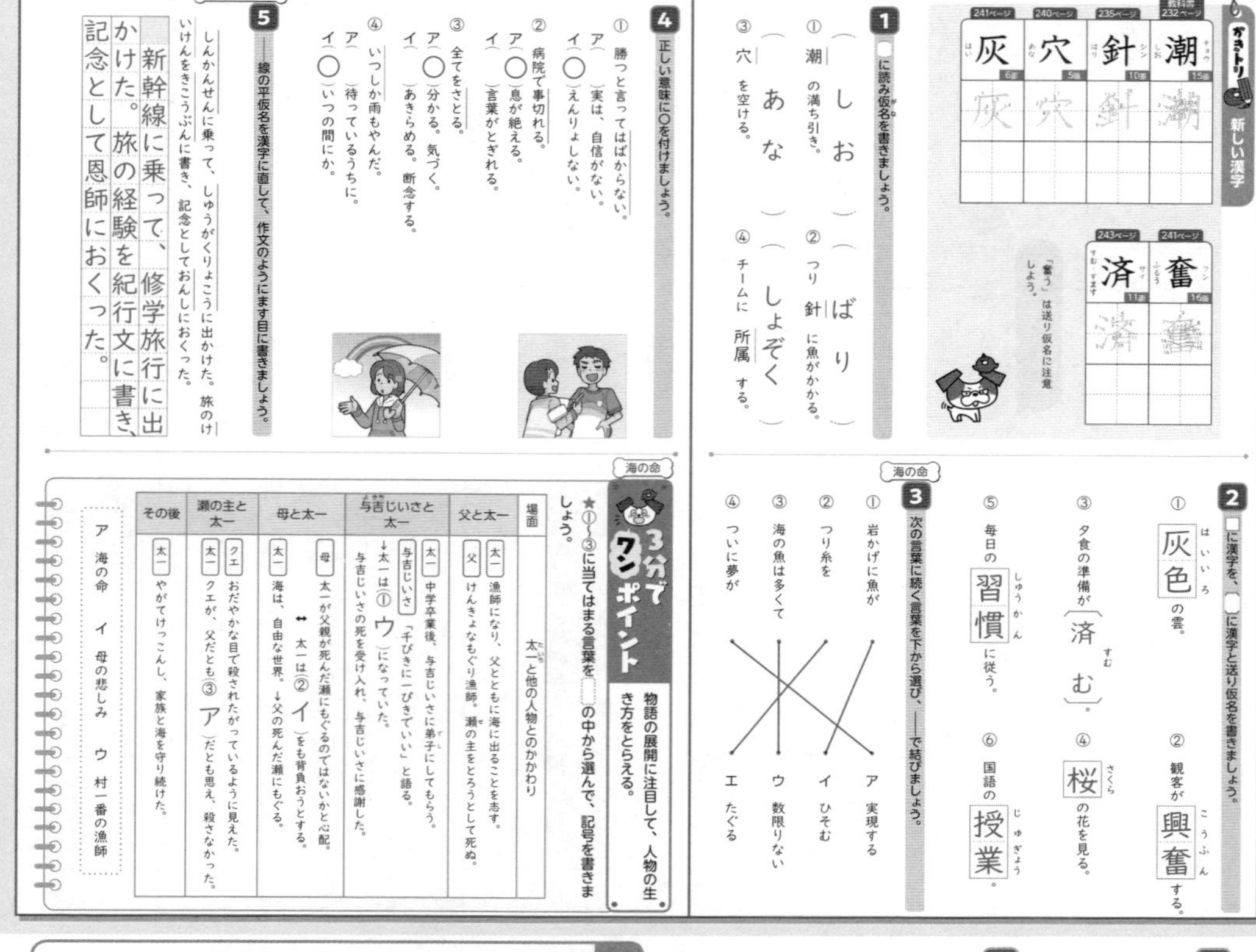

新しい漢字：潮　針　穴　灰　奮　済

1 □に読み仮名を書きましょう。

① 潮の満ち引き。（しお）
② つり針に魚がかかる。（ばり）
③ 穴を空ける。（あな）
④ チームに所属する。（しょぞく）

2 □に漢字を、□に漢字と送り仮名を書きましょう。

① 灰色の雲。
② 観客が興奮する。
③ 夕食の準備が済む。
④ 桜の花を見る。
⑤ 毎日の習慣に従う。
⑥ 国語の授業。

3 次の言葉に続く言葉を下から選び、──で結びましょう。

① 岩かげに魚が　② つり糸を　③ 海の魚は多くて　④ ついに夢が

ア 実現する　イ ひそむ　ウ 数限りない　エ たぐる

4 正しい意味に○を付けましょう。

① 勝つと言ってはばからない。　ア 実は、自信がない。　イ ○ えんりょしない。
② 病院で事切れる。　ア ○ 息が絶える。　イ 言葉がとぎれる。
③ 全てをさとる。　ア ○ 分かる。気づく。　イ あきらめる。断念する。
④ いつしか雨もやんだ。　ア 待っているうちに。　イ ○ いつの間にか。

5 ──線の平仮名を漢字に直して、作文のようにます目に書きましょう。

しんかんせんに乗って、しゅうがくりょこうに出かけた。旅のけいけんをきこうぶんに書き、記念としておんしにおくった。

新幹線に乗って、修学旅行に出かけた。旅の経験を紀行文に書き、記念として恩師におくった。

3分でワンポイント 物語の展開に注目して、人物の生き方をとらえる。

★①～③に当てはまる言葉を□の中から選んで、記号を書きましょう。

場面	太一と他の人物とのかかわり
父と太一	太一 漁師になり、父とともに海に出ることを志す。 父 けんきょなもぐり漁師。瀬の主をとろうとして死ぬ。
与吉じいさと太一	太一 中学卒業後、与吉じいさに弟子にしてもらう。 与吉じいさ 「千びきに一ぴきでいい」と語る。 ↓太一は①（ウ）になっていた。与吉じいさの死を受け入れ、与吉じいさに感謝した。
母と太一	母 太一が父親が死んだ瀬にもぐるのではないかと心配。 ↔ 太一は②（イ）をも背負おうとする。 太一 海は、自由な世界。↓父の死んだ瀬にもぐる。
瀬の主と太一	クエ おだやかな目で殺されたがっているように見えた。 太一 クエを、父だと③（ア）だとも思え、殺さなかった。
その後	太一 やがてけっこんし、家族と海を守り続けた。

ア 海の命　イ 母の悲しみ　ウ 村一番の漁師

3 ②「たぐる」とは、「少しずつ手元に引き寄せる」という意味です。

③「数限りない」は、数えきれないほど数が多いことです。

4 ①「はばかる」は「えんりょする」という意味なので、「はばからない」は「えんりょしない」という意味です。

②「事切れる」は「息が絶える」、つまり、「なくなる」という意味です。

④「いつしか」は「いつの間にか」の別の言い方です。

3分でワンポイント

「海の命」（立松和平）では、話の展開とともに成長していく太一の姿をとらえましょう。与吉じいさに漁師としての教えを受けた太一は、村一番の漁師へと成長します。そして、母親の悲しみさえ背負って、父のなくなった瀬にもぐり続けます。やがて、瀬の主のクエを見つけますが、クエを殺しませんでした。太一にはそのときクエが「この海の命だと思えた。」とあります。

練習　108~109ページ
海の命

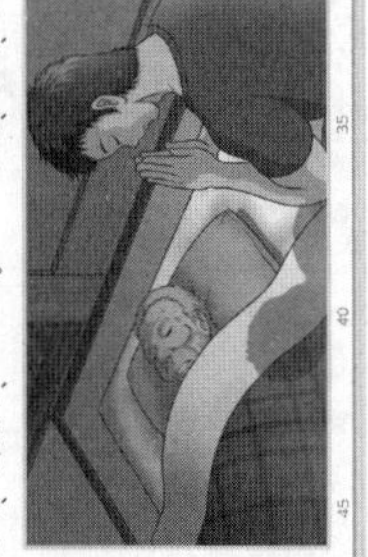

❶「わしも年じゃ。……遊ばせてやりたくなっとる。」という言葉から分かるように、与吉じいさは漁師をやめようと考えていたのです。太一は、そう考えていた与吉じいさの弟子にしてもらったので、「無理やり」といっているのです。

❷与吉じいさは、太一に地道な作業をさせながら、「千びきに一ぴきでいいんだ。」と教えています。与吉じいさは、まず漁師の仕事の心構えから、太一に教えようとしていたのでしょう。

❸①魚をたくさんとってしまうと、魚が少なくなり、その後魚がとれなくなってしまいます。与吉じいさは、必要な分だけ魚をとれば、魚がとれなくなることはなく、ずっとこの海で生きていけると言っているのです。また、魚をとって生きる漁師は、海のめぐみによって生かされている存在だという自覚もうながしているのです。

❹与吉じいさが、「ふっと声をもらし」て言った言葉に着目します。

❺与吉じいさの様子や、直後の「海に帰りましたか。」という太一の言葉などから、与吉じいさがなくなったことをおさえます。

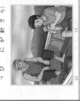

確かめのテスト

110〜111ページ

海の命／漢字の広場⑥

おうちのかたへ

物語では、登場人物の心情を読み取ることが大切です。場面の展開やある出来事をきっかけに、その心情は変化していきますが、それを登場人物の言動から的確につかんでいきます。また、心情を問う問題は、選択肢から選ぶ形で出されることが多いですが、迷うようであれば、消去法で選択肢を減らしていくのも一つのテクニックです。

文章を読んで、答えましょう。　思考・判断・表現

追い求めているうちに、不意に夢は実現するものだ。

太一は海草のゆれる穴のおくに、青い宝石の目を見た。

海底の砂にもりをさして場所を見失わないようにしてから、太一は銀色にゆれる水面にうかんでいった。息を吸ってもどると、同じ所に同じ青い目がある。ひとみは黒いしんじゅのようだった。刃物のような歯が並んだ灰色のくちびるは、ふくらんでいて大きい。魚がえらを動かすたび、水が動くのが分かった。岩そのものが魚のようだった。全体は見えないのだが、百五十キロはゆうにこえているだろう。

興奮していながら、太一は冷静だった。これが自分の追い求めてきたまぼろしの魚、村一番のもぐり漁師だった父を破った瀬の主なのかもしれない。太一は鼻づらに向かってもりをつき出すのだが、クエは動こうとはしない。そうしたままで時間が過ぎた。太一は永遠にここにいられるような気さえした。しかし、息が苦しくなって、またうかんでいく。

もう一度もどってきても、瀬の主は全く動こうとはせずに太一を見ていた。おだやかな目だった。この大魚は自分に殺されたがっているのだと、太一は思ったほどだった。これまで数限りなく魚を殺してきたのだが、こんな感情になったのは初めてだ。この魚をとらなければ、本当の一人前の漁師にはなれないのだと、太一は泣きそうになりながら思う。

水の中で太一はふっとほほえみ、口から銀のあぶくを出した。もりの刃先を足の方にどけ、クエに向かってもう一度えがおを作った。

「おとう、ここにおられたのですか。また会いに来ますから。」

こう思うことによって、太一は瀬の主を殺さないで済んだのだ。大魚はこの海の命だと思えた。

立松 和平「海の命」より

1 よく出る　「追い求めているうちに、不意に夢は実現するものだ。」とありますが、太一はどんな夢を追い求めていたのですか。一つに○を付けましょう。　10点

ア（　）村一番のもぐり漁師になること。

イ（　）青い宝石の目の正体をあばくこと。

ウ（○）父を破った瀬の主をしとめること。

2 「同じ所」とはどこですか。文章から十字で書きぬきましょう。　5点

海草のゆれる穴のおく

3 「魚がえらを動かすたび、水が動く」という表現から、どんな魚であることが分かりますか。　10点

（例 大きな（えらをもつ）魚であること。）

4 「太一は冷静だった。」とありますが、それはなぜですか。一つに○を付けましょう。　10点

ア（○）父を破った瀬の主かどうかを見きわめ、命をうばおうと思ったから。

イ（　）瀬の主の命をうばう力が自分にあるかどうかを確かめていたから。

ウ（　）瀬の主のおだやかな目を見ているうちに、気持ちが落ち着いたから。

5 「そうしたまま」とありますが、これはどんな状態を指していますか。　10点

（例 太一はクエの鼻づらに向かってもりをつき出すが、クエは動こうとはしない状態。）

6 できたらスゴイ！　「こんな感情」について、答えましょう。

① 「こんな感情」とは、どんな感情ですか。　10点

（例 この大魚は自分に殺されたがっているのだと思うような感情。）

② 太一は、なぜ「こんな感情」をいだいたのですか。　10点

（例 瀬の主が全く動こうとはせず、おだやかな目で太一を見ていたから。）

7 「太一は泣きそうになりながら」とありますが、太一が泣きそうになったのはなぜですか。一つに○を付けましょう。　10点

ア（　）あまりにも大きな魚をしとめる自信がなかったから。

イ（　）父のかたきの魚をしとめることに喜びを感じたから。

ウ（○）この魚を殺したくないという気持ちが生じていたから。

8 よく出る　「大魚はこの海の命だと思えた。」とありますが、「海の命」とはどのようなものですか。一つに○を付けましょう。　10点

ア（　）海で生きる漁師にとっての、守り神のようなもの。

イ（　）半人前の太一の力では、命をうばうことのできないもの。

ウ（○）海に生きる全てを包みこむ、海の自然そのもの。

9 考える力をのばそう！　太一が瀬の主を殺さなかったのはなぜですか。「海の命」という言葉を使って書きましょう。　15点

（例 瀬の主は海の命そのものであり、その瀬の主に自分の父親を重ね合わせたから。）

---

1 17〜19行に「これが自分の追い求めてきた……瀬の主なのかもしれない」とあることから、太一の「夢」とは、その瀬の主をとることだと分かります。

3 ふつうは、魚がえらを動かしたぐらいでは、水が動くのを感じることはありません。続く二文からも、その巨大さが分かります。

4 太一は、巨大なクエが瀬の主かどうかを見きわめ、その命をうばうために「冷静」さを持ち続けていたのです。

7 「自分に殺されたがっている」と思える、この魚を、「とらなければ、本当の一人前の漁師にはなれない」と太一は思っています。太一の苦しい心情を読み取ります。

8 太一はクエを「父」と思うことで殺さずに済んだのです。おだやかな目のクエを見て、太一は、全てを包みこむ海の命そのものだと感じたのでしょう。

9 クエを「おとう」と呼んでいることや、「海の命」に思えたとあること、「殺さないで済んだ」という表現などから考えましょう。これらの要素のいずれかに合う内容であれば正解とします。

例2 父親に思えたクエに、海の命としてそのまま海の底を守っていてほしいと思ったから。

練習① 114~115ページ

生きる

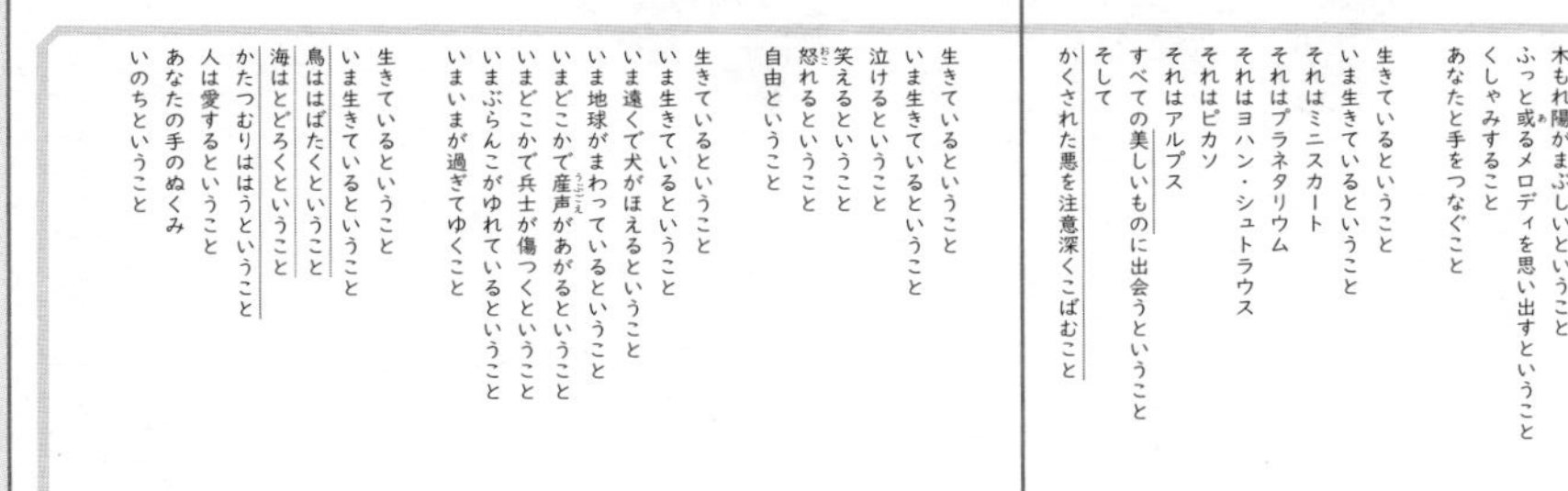

詩を読んで、答えましょう。

生きる　　谷川(たにかわ) 俊太郎(しゅんたろう)

生きているということ
いま生きているということ
それはのどがかわくということ
木もれ陽(び)がまぶしいということ
ふっと或(あ)るメロディを思い出すということ
くしゃみすること
あなたと手をつなぐこと

生きているということ
いま生きているということ
それはミニスカート
それはプラネタリウム
それはヨハン・シュトラウス
それはピカソ
それはアルプス
すべての美しいものに出会うということ
そして
かくされた悪を注意深くこばむこと

生きているということ
いま生きているということ
泣けるということ
笑えるということ
怒(おこ)れるということ
自由ということ

生きているということ
いま生きているということ
いま遠くで犬がほえるということ
いま地球がまわっているということ
いまどこかで産声(うぶごえ)があがるということ
いまどこかで兵士が傷つくということ
いまぶらんこがゆれているということ
いまいまが過ぎてゆくこと

生きているということ
いま生きているということ
鳥ははばたくということ
海はとどろくということ
かたつむりははうということ
人は愛するということ
あなたの手のぬくみ
いのちということ

❶ この詩は、いくつの連からできていますか。漢数字で書きましょう。

（五）連

❷ この詩は、どんな形式で、どんな表現を用いて書かれていますか。一つに○を付けましょう。

ア（○）現代の話し言葉を用いていて、行の音数に決まりはなく、くり返しの表現が多用されている。

イ（　）現代の話し言葉を用いていて、行の音数に一定の決まりがあり、くり返しの表現が多用されている。

ウ（　）昔の話し言葉を用いていて、行の音数に決まりはなく、たとえの表現が多用されている。

❸ 第一連では、どんな観点から「生きている」ということを表現していますか。一つに○を付けましょう。

ア（　）人間として、創造的に生きているということ。

イ（　）何事にも無関心に、生きているということ。

ウ（○）人間として、ふつうの日常を生きているということ。

❹ 「美しいもの」として挙げられているものを、詩から順に五つ書きぬきましょう。

ヒント：「のどがかわく」「思い出す」「手をつなぐ」などから考えよう。

（ミニスカート）（プラネタリウム）

（ヨハン・シュトラウス）（ピカソ）

（アルプス）

❺ 「かくされた悪を注意深くこばむこと」とは、どういうことですか。一つに○を付けましょう。

ア（　）どんなことにも注意して、疑いの目を向けるということ。

イ（○）物事の本質を見きわめ、悪を退けるということ。

ウ（　）自分にある悪の部分には目をつぶるということ。

❻ 第三連では、生きていることは何だと表現していますか。漢字二字で書きましょう。

自由

❼ 第四連で強調されている言葉を書きぬきましょう。

（いま）

❽ 「鳥ははばたく……はうということ」に表現されているのは、何の様子ですか。一つに○を付けましょう。

ア（　）生きている自分とはかけはなれた自然の様子。

イ（○）生きている自分のまわりにある自然の様子。

ウ（　）生きている自分にえいきょうをあたえた自然の様子。

❾ この詩はどんなことを表現していますか。一つに○を付けましょう。

ア（　）生まれてきたからには、何かをすべきだということ。

イ（○）いま生きているということは、どういうことかということ。

ウ（　）人にはいろいろな生き方があるということ。

ヒント：この詩でくり返されているのはどんなことかな。

準備 112~113ページ

中学校へつなげよう／生きる／人間は他の生物と何がちがうのか

1 □に読み仮名を書きましょう。

① 出来事を報告する。（ほうこく）
② 会議で提案する。（ていあん）
③ 俳句をよむ。（はいく）
④ 反論を予想する。（はんろん）
⑤ 物語が展開する。（てんかい）
⑥ 泣ける話だ。（な）
⑦ 心が傷つく。（きず）
⑧ 時間が過ぎる。（す）
⑨ チョウの幼虫。（ようちゅう）
⑩ 上の段階に進む。（だんかい）
⑪ 植物の花粉。（かふん）
⑫ 不確かな話。（ふたし）
⑬ 基本的人権を学ぶ。（きほん）
⑭ 脳をきたえる。（のう）

2 □に漢字を、（　）には漢字と送り仮名を書きましょう。

① 小説を〔朗読〕(ろうどく)する。
② 文章を〔要約〕(ようやく)する。
③ 〔情景〕(じょうけい)を想像する。
④ 地面に〔穴〕(あな)をほる。
⑤ チョウが〔卵〕(たまご)を産む。
⑥ みつを（吸う）(すう)。
⑦ 〔生存〕(せいぞん)競争に勝つ。
⑧ 〔実際〕(じっさい)の体験。
⑨ 必死で生き（延びる）(のびる)。
⑩ 人間の（尊い）(とうとい)命。
⑪ 〔価値〕(かち)を認める。
⑫ 〔災害〕(さいがい)に備える。
⑬ 興味深い〔現象〕(げんしょう)。
⑭ 命の〔根源〕(こんげん)。

3（中学校へつなげよう）六年間の国語の学習で、「書く」ことについて、次のときにできるようになったことを一つずつ書きましょう。

① 提案する文章を書くときの構成を考えるとき。
（例 自分が提案したいこととその理由を整理しながら、構成を考えること。）
② 提案する文章を書くとき。
（例 提案の理由を具体的に書くこと。）
③ 自分が書いた提案する文章を見直すとき。
（例 分かりやすい文章になっているか、よりふさわしい表現がないかを考えること。）

4（生きる／人間は他の生物と何がちがうのか）正しい意味に○を付けましょう。

① 元気な産声(うぶごえ)が聞こえる。
ア（○）赤ちゃんが生まれたとき、はじめて出す泣き声。

イ（　）赤ちゃんが生まれたとき、周りの人が喜ぶ声。
② 人がおもむろに現れる。
ア（○）ゆっくりと。

イ（　）急に。
③ ひるがえって人間の場合はどうだろうか。
ア（　）だからこそ。したがって。

イ（○）反対に。その一方で。

3分でワンポイント（人間は他の生物と何がちがうのか）

対比に着目して筆者の考えをとらえよう。

★①～③に当てはまる言葉を□の中から選んで、記号を書きましょう。

ツチハンミョウ
数千個の卵のうち、一ぴきか二ひきしか育たない、不確かで非効率的な生存方法をとっている。
←
〔①イ〕の命より〔②ア〕の保存を重視。
これは、ツチハンミョウだけでなく他の生物も同様。

↔

人間
〔②〕の保存よりも、〔①〕の命が最重要。↑人間の特性
● だれもが平等で大切な存在 ＝基本的人権の尊重

筆者の主張
人間は、脳を発達させ、言葉を生み出した。
そして、〔①〕の命を大切にしたほうが、みんなが幸せになれるという考えを、言葉で共有してきた。＝言葉の力
↔いっぽうで
言葉の力は万能ではないから、〔③ウ〕が必要。
● 言葉の力をみがき、言葉で世界を解き明かしてほしい。

ア 種　イ 個体　ウ けんきょさ

---

3 今までに「書く」の単元で学習したことをふり返りましょう。自分ができるようになったことが書かれていれば正解とします。

4 ①「産声(うぶごえ)」は、赤ちゃんが生まれたときに最初にあげる泣き声のことです。何かが始まることのたとえとしても用いられます。

②「おもむろに」は「ゆっくりと」の意味です。

③「ひるがえる」の元々の意味は「急に反対になる」で、「ひるがえって」で「反対に」「一方で」という意味を表します。

3分でワンポイント

「人間は他の生物と何がちがうのか」(福岡(ふくおか) 伸一(しんいち))はツチハンミョウの生存方法について書かれた前半部分と、それとは異なる人間の特性について書かれた後半部分に分けることができます。「種の保存」を最優先させるツチハンミョウと、「個体の命」を最重要に考える人間の対比をとらえましょう。

3 「のどがかわく」「まぶしい」「思い出す」「くしゃみする」「手をつなぐ」という人間としてのふつうの営み、それを「生きているということ」だとうたっています。

5 「かくされた悪」とは、物事にかくされている悪、ということです。「こばむ」は、断るということです。

6 「泣ける」は「泣くことができる」、「笑える」は「笑うことができる」、「怒れる」は「怒ることができる」ということです。「生きているということ」とは、さまざまなことが「できる」こと、つまり「自由」であることだというのです。

9 この詩でくり返されているのは、「生きているということ／いま生きているということ」です。いま、私たちは生きています。その「生きている」ということと、「いのち」ということ、それはどんなことかを表現しているのです。

おうちのかたへ

詩では繰り返されている言葉や題名が主題に深くかかわっていることが多いので、注目して読むようにしましょう。

練習② 116~117ページ

人間は他の生物と何がちがうのか

文章を読んで、答えましょう。

一ぴきのメスが穴をほり、数千個もの卵を産みます。卵からかえった幼虫は、いっせいに、穴から地上へはい出してきます。そして、コハナバチというハチを探します。幼虫は、コハナバチを見つけると、その手足や胴体に、必死にしがみつきます。幼虫とともにコハナバチは飛び立ち、花のある場所へ行きます。

この段階までで、ツチハンミョウの幼虫の大半は、死んでしまいます。コハナバチを見つけられなかったものや、コハナバチにしがみつくことができても、とちゅうでふり落とされたり、風で飛ばされてしまったりしたものたちです。コハナバチに連れられて、なんとか花にたどり着いたツチハンミョウの幼虫は、ここで花のみつを吸うわけではありません。また別のハチがやって来るのを、じっと待つのです。それは、ヒメハナバチというハチです。運よくヒメハナバチがやって来ると、ツチハンミョウの幼虫は、すかさずヒメハナバチの体にしがみつき、今度は、ヒメハナバチの巣に運ばれます。巣といっても、それは地面にほられた穴です。ヒメハナバチは、集めた花粉で団子を作り、団子に卵を産み付けて、立ち去ります。すると、かげにかくれていたツチハンミョウの幼虫がおもむろに現れて、花粉でできた団子を横取りし、そこで育つのです。最初に数千個もあった卵のうち、運よくここまでたどり着ける個体は、ほんの一ぴきか二ひきです。なぜ、こんなにめんどうで、不確かで、効率の悪い生存方法を選ぶのか、だれにも分かりません。でも、ツチハンミョウにとっては、それでよいのです。大半の個体がぎせいになっても、そのうちのどれかが、ツチハンミョウという種をつないでくれさえすればよいからです。そして実際、この方法で、ツチハンミョウは、何万年も前から生き延びてきたのです。

福岡 伸一「人間は他の生物と何がちがうのか」より

❶「コハナバチというハチを探します。」とありますが、ツチハンミョウの幼虫は、なぜコハナバチを探すのですか。

コハナバチの［手足や胴体］にしがみついて、［花のある場所］へ運んでもらうため。

❷「この段階までで、ツチハンミョウの幼虫の大半は、死んでしまいます。」とありますが、どのような個体が死んでしまうのですか。

- コハナバチを［見つけられなかった］個体。
- コハナバチに運ばれるとちゅうで［ふり落とされ］たり、風で［飛ばされ］たりした個体。

❸「ここ」について、次の問いに答えましょう。

① 「ここ」とはどこですか。一つに○を付けましょう。

ア（　）幼虫が卵からかえった場所。

イ（　）地面にほられた穴の中。

ウ（○）花のある場所。

② ここで、ツチハンミョウの幼虫は、何をするのですか。一つに○を付けましょう。

ア（　）花のみつを吸って育つ。

イ（○）ヒメハナバチがやって来るのをじっと待つ。

ウ（　）コハナバチが集めた花粉を横取りする。

❹「今度は、ヒメハナバチの巣に運ばれます。」とありますが、ツチハンミョウの幼虫はそこでどうするのですか。

（［例］ヒメハナバチが作った花粉の団子を横取りして育つ。）

ヒント 「すると」の後に幼虫の行動が書かれているよ。

❺「ツチハンミョウにとっては、それでよいのです。」について、次の問いに答えましょう。

① 「それ」とはどういうことですか。一つに○を付けましょう。

ア（○）幼虫のほとんどをぎせいにしてしまうような生存方法をとっていること。

イ（　）幼虫のほとんどが生き残ることができず、種がほろびてしまうこと。

ウ（　）とても不確かで一ぴきの幼虫も生き残れないような生存方法を選んでいること。

② なぜ「それでよい」のですか。

［ツチハンミョウという種］［をつないで］いければよいから。

ヒント 直後の文に「～からです。」と理由が書かれているね。

❶ ツチハンミョウの幼虫が、コハナバチを見つけたらどうするかをおさえます。「その手足や胴(どう)体に、必死にしがみつき」、「花のある場所」へ運んでもらうのです。

❷ 直後に「コハナバチを見つけられなかったものやコハナバチにしがみつくことができても、とちゅうでふり落とされたり、風で飛ばされてしまったりしたものたちです。」と説明されています。

❸ 「なんとか花にたどり着い」ても、その「花のある場所」がゴールではないのです。

❹ ツチハンミョウの幼虫は、ヒメハナバチの巣に着いた後、「花粉でできた団子を横取りし、そこで育つ」とあります。

❺ ①直前に「それ」の内容が書かれています。「こんなにめんどうで、不確かで、効率の悪い生存方法」でも、ツチハンミョウにとっては「よい」ことなのです。
②「大半の個体がぎせいになっても、そのうちのどれかが、ツチハンミョウという種をつないでくれさえすればよいから」と理由が書かれています。

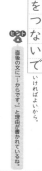

確かめのテスト①　118〜119ページ

中学校へつなげよう
〜人間は他の生物と何がちがうのか

おうちのかたへ

説明文の記述問題の多くは、文章中にある内容や表現を使って答えられるようになっています。したがって、記述問題を解くときは、問われていることに対して、その答えのもとになる部分を文章中から探しだせるかがカギとなります。その際には、文章の流れや、キーワードなどに注目するとよいでしょう。

文章を読んで、答えましょう。　思考・判断・表現

　では、なぜ、人間だけが、このような考え方に達することができたと思いますか。それは、進化の過程で、人間だけがすばらしいものを発明することができたからです。その発明とは、言葉です。人間は脳を発達させ、言葉を生み出しました。言葉は、コミュニケーションの道具であるとともに、世界を知るための道具です。言葉があることで、物事に名前をつけたり、その仕組みを解明したり、説明したりすることができます。例えば、生物には「種」と「個体」があり、自然界には「種の保存」というものがあることを、人間は、言葉で明らかにしました。そして、私たち人間は、種の保存より大切なことがないかを言葉を使って考え、一人一人の命を大切にしたほうが、みんなが幸せになるということに気づき、その考えを言葉で共有してきました。言葉で世界を知り、言葉で世界を作ってきたのです。それゆえにこそ、私たちは言葉を大切にしなければならないのです。

　いっぽうで、言葉の力だけであらゆることを制御することはできません。私たちがいつ、どこで生まれるのかを言葉で決めることはできません。気象や自然災害も、言葉で説明することはできても、コントロールすることはできません。言葉があるからといって、何もかも人間の思いどおりにできるわけではありません。時に、自然現象に対してけんきょであることも大切です。

　人間と他の生物とのちがいの根源には、言葉があります。だからこそ、みなさんは、言葉の力をみがかなければなりません。これが、学ぶということです。そして、けんきょさをもちつつ、言葉で世界を解き明かしていってほしいと思います。

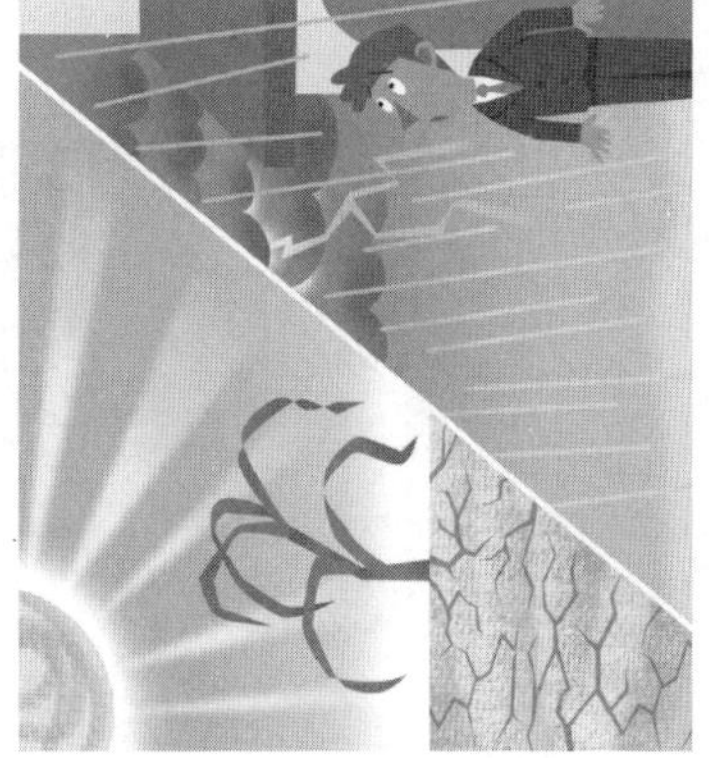

福岡伸一「人間は他の生物と何がちがうのか」より

1 「すばらしいもの」について、次の問いに答えましょう。（よく出る）

① 「すばらしいもの」とは何ですか。　10点

言葉

② 「すばらしいもの」は、何の道具としてすばらしいものなのですか。二つ書きぬきましょう。　一つ10点(20点)

・コミュニケーションの道具
・世界を知るための道具

2 「その考え」について、次の問いに答えましょう。

① 「その考え」とは、どのような考えですか。　一つ5点(10点)

種の保存よりも、一人一人の命を大切にしたほうが、みんなが幸せになるという考え。

② 人間が①のような考えをもつことができたのはなぜですか。「進化」「脳」という言葉を使って書きましょう。　10点

例 進化の過程で脳を発達させ、言葉を生み出すことができたから。

3 「私たちは言葉を大切にしなければならない」とありますが、なぜですか。（よく出る）　10点

例 言葉とは、世界を知り、世界を作るものだから。

4 「言葉の力だけであらゆることを制御することはできません。」について、次の問いに答えましょう。

① これを言いかえた一文を探し、初めの七字を書きましょう。　5点

言葉があるから

② 「言葉の力」で制御できないものとしてどのようなものが挙げられていますか。　5点

人間の誕生や、気象・自然災害といった自然現象。

5 筆者がこの文章で最も伝えようとしているのは、どのようなことですか。（できたらスゴイ！）　15点

例 言葉の力をみがき、けんきょさをもちつつ、言葉で世界を解き明かしてほしいということ。

6 「言葉の力」について、あなたの考えを自由に書きましょう。（考えを書こう）　15点

例 言葉は、おたがいが考えていることを伝え、考えを深める力があるので、適切に使うことができるように学んでいきたい。

---

1 ①「すばらしいもの」について、すぐ後に「その発明とは、言葉です。」と説明があります。

1 ②「道具」という言葉に注目すると、後の文に「言葉は、コミュニケーションの道具であるとともに、世界を知るための道具」だとあります。

2 ①指示語の原則にしたがい、直前の部分に着目しましょう。

2 ②筆者は「なぜ、人間だけが、このような考え方に達することができたと思いますか。」と問いかけた後、「それは、進化の過程で、人間だけがすばらしいもの（＝言葉）を発明することができたから」だとその理由を述べています。

5 最後の段落に筆者の主張が述べられているので、ここをまとめましょう。

6 筆者は、人間と他の生物とのちがいの根源には「言葉」があると述べています。人間が「一人一人の命を大切に」することの意義に気づいたのも「言葉の力」によるものだということをふまえて、考えが書かれていれば正解とします。

例2 だれもが平等で大切な命をもっているという人間独自の考え方を可能にした言葉の力はすばらしい。

確かめのテスト② 120ページ

中学校へつなげよう ～ 人間は他の……

❶ 読み仮名を書きましょう。 一つ5点（20点）

① 卵をゆでる。（たまご）　② データを保存する。（ほぞん）

③ 尊い命。（とうと）　④ 根源的な問題。（こんげん）

❷ □に漢字を書きましょう。 一つ5点（20点）

① 議論を展開する。　② セミの幼虫。

③ 障害を取り除く。　④ 権利を主張する。

❸ 次の言葉の意味を□から選び、記号で答えましょう。 一つ8点（32点）

① 地味（イ）　② 個体（ウ）

③ 指向（ア）　④ 認識（エ）

ア ある方向に向かうこと。
イ かざりけがなく目立たないようす。
ウ 独立して生きているそれぞれの生物体。
エ 物事を理解したり区別したりすること。

❹ 次の（　）に当てはまる言葉を□から選び、記号で答えましょう。 一つ7点（28点）

① 笛の音とともに全員が（ウ）走り出した。
② 身をひそめて（エ）えものを待ちぶせる。
③ かれはベッドから（ア）起き上がった。
④ 大自然に対して人間は（イ）なるべきだ。

ア おもむろに
イ けんきょに
ウ いっせいに
エ じっと

❶ ③「たっと（い）」も正解です。

❸ ①「地味」とは、かざりけがなく目立たない様子を意味する言葉で、反対の言葉は「派手」です。

②「個体」とは、ここでは生き物の一ぴき一ぴきのことです。

③「指向」とは、「ある方向に向かうこと」という意味です。

④「認識」とは、「物事を理解したり区別したりすること」という意味です。

❹ ①「みんなそろって同時に」という意味の「いっせいに」が当てはまります。

②「身をひそめて」は、静かにかくれていることを表すので、動かない様子を表す「じっと」が当てはまります。

③「ゆっくりと」という意味を表す「おもむろに」が当てはまります。

④へりくだっていて、つつましいようすを表す「けんきょに」が当てはまります。

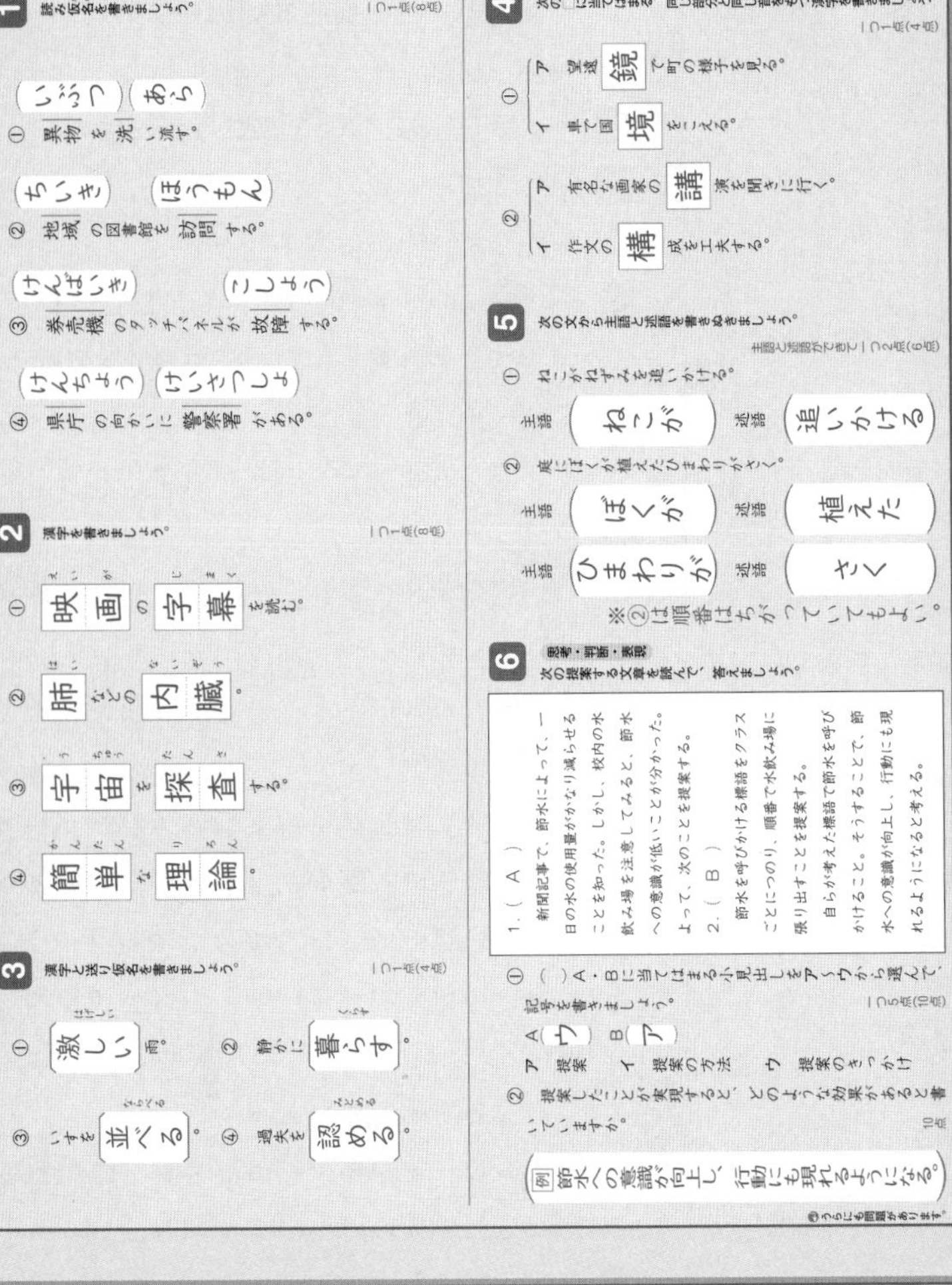

2 ①「幕」の下の部分は「巾」です。「暮」と書かないようにします。

4 ①同じ部分が「竟」で、共通の音が「キョウ」です。アは「鏡」で、「かがみ。レンズ」の意味、イは、「境」で、「さかい目。立場」などの意味です。

②同じ部分が「冓」で、共通の音は「コウ」です。アは「講」で、「分かるように話をする」という意味、イは「構」で、「かまえる。組み立てる」という意味です。

5 ②主語と述語の関係が二つあります。この文の場合、中心となるのは「ひまわりが―さく」で、「ぼくが―植えた」は、中心の主語である「ひまわりが」を修飾しています。

6 ①1には、提案のきっかけになったことと現状が、2には提案の内容と、提案が実現したときの効果が書かれています。

②「そうすることで、……と考える。」と、提案が実現したときの効果が示されています。

7 (1)「しんじゅのような」と、たとえを表す「ような」が使われています。

(2)いかだから降りた「ぼく」が「足首の上までどろにうまった」様子から、どろはかなり深くたまっていることが分かります。

(3)いかだから降りた「ぼく」は、「だいじょうぶだよ。」「助けてあげるからね。」とチジカにささやいています。

(4)前の二文から読み取ります。

(5)おばあちゃんは、ニックのかいた絵を見、チジカの話を聞いて、「よくやったね。」と言っています。

(6)「もう一つすることがあるよ。」と言ったおばあちゃんは、油絵の具と筆を二本持ってきます。その後の「ぼく」の行動が、「もう一つすること」なのです。

(7)ニックがいかだにかいたチジカの絵は、もう消えません。そして、そのいかだは川にあるのですから、ニックのかいた絵も川にあることになります。また、このおばあちゃんの言葉を聞いて、ニックは「川ネズミになった。」と言っています。これらのことから、おばあちゃんが言おうとしたことを考えます。

おうちのかたへ

場面の様子や、登場人物の気持ちを読み取る問題です。チジカに対する「ぼく」の接し方や、おばあちゃんと「ぼく」とのやりとりなどから、読み取っていきます。

冬のチャレンジテスト

教科書 98～195ページ

名前　　月　日

時間 40分

思考・判断・表現 ／60

合格80点 ／100

答え 40ページ

1 読み仮名を書きましょう。　一つ1点(8点)

① 山の頂上から初日を拝む。　（ちょうじょう）（おが）

② 若者がグラウンドを縦横に走る。　（わかもの）（じゅうおう）

③ この米俵を運ぶのは骨が折れる。　（こめだわら）（ほね）

④ 演奏会で指揮をとる。　（えんそう）（しき）

2 漢字を書きましょう。　一つ1点(8点)

① てんらんかい から きたく する。　展覧会　帰宅

② たいさく ができずに こまる。　対策　困

③ ゆうびんきょく の うら にある店。　郵便局　裏

④ かんしゅう と ひひょう 家。　観衆　批評

3 漢字と送り仮名を書きましょう。　一つ1点(4点)

① 一歩、しりぞく。　退く

② 本をとじる。　閉じる

③ あたたかい風。　暖かい

④ 財布をわすれる。　忘れる

4 次の熟語の成り立ちを後から選んで、記号を書きましょう。　一つ2点(12点)

① 善悪（イ）　② 言語（ア）
③ 新曲（ウ）　④ 寒冷（ア）
⑤ 作文（エ）　⑥ 乗車（エ）

ア 似た意味の漢字の組み合わせ。
イ 意味が対になる漢字の組み合わせ。
ウ 上の漢字が下の漢字を修飾する関係にある組み合わせ。
エ 「――を」「――に」に当たる意味の漢字が下に来る組み合わせ。

5 次の――線にあたる漢字を後から選んで、記号を書きましょう。　一つ2点(8点)

① 学業をオサめる。（イ）
② フィルムにオサめる。（ア）
③ 税金をオサめる。（エ）
④ 国をオサめる。（ウ）

ア 収　イ 修　ウ 治　エ 納

6 思考・判断・表現　次は、曲をすいせんするパンフレットにのせるための文章の原こうの一部です。　一つ5点(10点)

「さくらさくら」は、日本の伝統的な音楽の中でも特に愛されている曲です。この曲は、日本の春を代表する桜の花をたたえた歌として知られています。

ゆったりとしたテンポで進むメロディは、うららかな春の気候を思いうかべさせてくれます。そして、その歌詞からは、辺り一面にさきほこっている満開の桜の光景が目にうかんできます。この曲をきいていると、身も心もゆったりとしてきて、とてもリラックスすることができます。

① この文章にはどのような小見出しをつけるとよいですか。（　）にあてはまる言葉を書きましょう。
（リラックス）したいあなたに

② この文章の終わりの部分には、どのようなことを書くとよいですか。一つに○を付けましょう。
ア（○）読む人への呼びかけ。

イ（　）すいせんする曲の説明。

ウ（　）すいせんする曲についてのエピソード。


うらにも問題があります。

7 思考・判断・表現　文章を読んで、答えましょう。

日本が一九九二年（平成四年）にユネスコの世界遺産条約に加盟した直後から、広島では、原爆ドームを世界遺産にしようという動きが高まった。そして、この動きは、たちまち全国へと広がっていった。この市民中心の活動は、原爆ドームが世界遺産に指定される一九九六年（平成八年）まで続いたのである。

世界遺産は、人間の歴史に大きな役割を果たした文化遺産と、地球上にある貴重な自然遺産を、未来へ向けて大切に守っていくために、ユネスコと世界の国々が調査し、指定していく制度である。エジプトのピラミッドや、ギリシャのオリンピア遺跡など、すでに六百か所以上が、世界遺産として手厚く保護されている。日本では、原爆ドームより前に、姫路城や屋久島などが選ばれている。

原爆ドームが、世界遺産の候補として審査を受けることになったとき、私は、ちょっぴり不安を覚えた。それは、原爆ドームが、戦争の被害を強調する遺跡であること、そして、規模が小さいうえ、歴史も浅い遺跡であることから、はたして世界の国々によって認められるだろうかと思ったからであった。しかし、心配は無用だった。決定の知らせが届いたとき、私は、世界の人々の、平和を求める気持ちの強さを改めて感じたのだった。

痛ましい姿の原爆ドームは、原子爆弾が人間や都市にどんな惨害をもたらすかを私たちに無言で告げている。未来の世界で核兵器を二度と使ってはいけない、いや、核兵器はむしろ不必要だと、世界の人々に警告する記念碑なのである。

国連のユネスコ憲章には、「戦争は人の心の中で生まれるものであるから、人の心の中に平和のとりでを築かなければならない。」と記されている。原爆ドームは、それを見る人の心に平和のとりでを築くための世界の遺産なのだ。

大牟田 稔「平和のとりでを築く」より

(1) 「この市民中心の活動」とは、どんな活動ですか。　5点
（例 原爆ドームを世界遺産にしようという活動。）

(2) 「はたして世界の国々によって認められるだろうか」とありますが、筆者はどんなことが不安だったのですか。二つ書きましょう。　一つ5点(10点)
（例 原爆ドームが、戦争の被害を強調する遺跡であること。）

（例 原爆ドームの規模が小さいうえ、歴史も浅い遺跡であること。）

(3) 「心配は無用だった。」とは、どういう意味ですか。一つに○を付けましょう。　5点
ア（　）心配したかいがあって、世界遺産に選ばれた。

イ（　）心配したけれども、世界遺産に認められた。

ウ（○）心配はもともと必要のないことだった。

エ（　）心配してもしなくても、世界遺産の決定には関係なかった。

(4) 「決定の知らせ」に、筆者は何を感じましたか。文章から書きぬきましょう。　5点
（世界の人々の、平和を求める気持ちの強さ）

(5) 「世界の人々に警告する記念碑」とありますが、原爆ドームはどんなことを警告しているのですか。一つに○を付けましょう。　10点
ア（○）核兵器を二度と使ってはいけないのではなく、むしろ核兵器は不必要であること。

イ（　）戦争は人の心の中で生まれるのだから、人の心の中に戦争が生まれる余地を作ってはならないこと。

ウ（　）平和を求める人々の気持ちは弱まるどころか、さらに強くなっていること。

エ（　）核兵器を使うということは、平和を求める世界の人々の気持ちをふみにじることになること。

(6) 筆者は、原爆ドームはそれを見る人々の心に何を築くと述べていますか。文章から六字で書きぬきましょう。　5点
平和のとりで

(7) 「ユネスコ憲章」に記されている内容について、あなたはどう考えますか。自由に書きましょう。　10点
（例 人の心の中に平和のとりでを築くことができれば、戦争の危機をさけられるのではないかと思う。）

1 ①「頂」の訓読みには、「いただき／いただ-く」の二つがあります。
②「縦横」は「自由自在。思いどおり」という意味です。

2 ③「郵」の左の部分の横棒の数に気をつけます。

3 ①は「退ぞく」と、③は「暖い」と、まちがえやすいので注意が必要です。

4 ①「善」と「悪」で、意味が対になっています。
②「言」も「語」も、「ことば」という意味があります。
③「新しい曲」で、上の漢字が下の漢字を修飾しています。
⑤「文を作る」で、「―を」に当たる意味の漢字が下に来ています。
⑥「車に乗る」で、「―に」に当たる意味の漢字が下に来ています。

5 ①「修学」という言葉がヒントになります。
②「記録する」場合は「収める」と書きます。

6 ①「この曲をきいていると、身も心もゆったりとしてきて、とてもリラックスすることができます。」に、この曲をどのような人におすすめしたいかが書かれています。
②曲をおすすめする文章なので、最後は相手に呼びかける内容でまとめるとよいでしょう。

7 (1)「動き」「この動き」という言葉で書かれています。
(2)直前の部分に、「……こと、そして、……ことから」と、原爆ドームが世界遺産として認められるだろうかと不安を覚えた理由を列挙しています。
(4)続く部分に書かれています。「感じた」という言葉に着目しましょう。
(5)原爆ドームがどんなことを「警告する記念碑」なのかは、「未来の世界で……警告する記念碑なのである。」から読み取れます。「いや」と否定した後に続く文に、重点が置かれていることに気づきましょう。
(6)「築く」という言葉に着目します。
(7)ユネスコ憲章に記されている「人の心の中に平和のとりでを築かなければならない。」について、どう考えるかが書かれていれば正解とします。

おうちのかたへ

「平和のとりでを築く」という文章からの問題です。「原爆ドーム」が世界遺産に決まるまでの筆者の不安と、「原爆ドーム」とはどんな存在なのかについて考えます。

1 ④「陛下」とは、天皇、皇后などにつける敬称です。

2 ④「専門」の「門」を「問」などとしないようにしましょう。

3 ①「補なう」ではありません。
②「奮るう」ではなく「奮う」と書きます。送り仮名に気をつけましょう。

4 「じ」「ず」と「ぢ」「づ」のどちらを書くかに気をつけましょう。「つづく」「ちぢむ」のように前に「つ」「ち」があって、そのにごった音が続く場合は「づ」「ぢ」と書きます。

5 教科書202ページの平仮名と片仮名の起こりについての説明を見ると、平仮名と片仮名がどのように作られたのかがよく分かります。

6 ①長すぎる文は、二文に分けるなどすると読みやすくなります。分ける位置がちがっていても、読みやすくなっていれば正解です。

7 (1)花かげちゃんの存在感がうすれた感じになっていたことを表している言葉を探しましょう。後の部分に「消え入りそうに小さな声」とあります。
(2)すぐ後のみみずくの言葉に理由が述べられています。みみずくの言葉をまとめましょう。
(3)後の部分に「みみずくは、体中の毛を、ぶるぶるふるわせながら、これは大変だと思いました。」と、みみずくの様子が書かれています。
(4)「トット　トット」と同じように、「緑のスキップ」の勢いがさかんな様子を表している言葉を探しましょう。最後の「緑のスキップは、……まるで波のように、……続いてきます。そして、……ずんずんその色をこくしていくのです。」の部分に緑のスキップの様子がえがかれています。
(5)後に「春の緑から夏の緑に変えていく」とあることから、春の終わりごろのことだと分かります。
(6)「うすもも色」「緑」などの色を表す言葉が効果的に使われていることに注目しましょう。
(7)(2)で見たように、みみずくは花かげちゃんがいなくなってしまうことを心配しています。その気持ちをふまえて、答えを考えましょう。

おうちのかたへ
「花かげちゃん」や「緑のスキップ」が何を表しているのかを想像しながら、物語にえがかれていることを考えましょう。みみずくは「桜林」を見張っている存在だという、前書きにある情報もヒントになります。

6年 国語のまとめ

学力診断テスト

名前　　月　日

時間 40分　合格70点　／100

答え42ページ

1 読み仮名を書きましょう。　一つ1点(7点)

① ある専門家の有名な著作を読む。（せんもんか）（ちょさく）
② 改革を進める姿勢をくずさない。（かいかく）（しせい）
③ 全身の筋肉が痛い。（きんにく）（いた）
④ 秘密を知る。（ひみつ）

2 漢字を書きましょう。　一つ1点(8点)

① 宇宙船に障害が発生する。
② 警察官の見解を尊重する。
③ 冷蔵庫の牛乳を飲む。
④ 郵便を届ける。

3 漢字と送り仮名を書きましょう。　一つ1点(5点)

① 宿題を（忘れる）。　② （厳しい）表情。
③ 栄養を（補う）。　④ （幼い）妹。
⑤ （難しい）漢字。

4 次の三字の熟語は、どういう構成になっていますか。同じ成り立ちの熟語をア〜ウから一つずつ選び、記号を書きましょう。　一つ2点(6点)

① 積極的（ウ）　② 高学年（ア）　③ 上中下（イ）

ア 短時間　イ 衣食住　ウ 社会性

5 次の文の――線部の述語に対する主語を書きぬきましょう。　一つ2点(4点)

① 日が暮れて辺りはすっかりと静まった。（辺りは）
② 弟がつった魚は私のよりもずっと大きかった。（魚は）

6 思考・判断・表現　次の文章を読んで問題に答えましょう。　一つ10点(20点)

> 私は公園の清そう活動に参加して、草かりとごみ拾いをしました。そのときの体験から三つのことを提案します。
> 一つめは、草かりの回数を、もっと増やすことです。
> 二つめは、ごみの投げ捨てが減るように、注意書きをはることです。
> 三つめは、空きかんが多かったので、空きかん用のごみ箱を、見えやすい場所に置くことです。
> みんなで気をつけることで、だれもが気持ちよく使える公園にしたいと思います。

① この文章はどう直すとよいと思いますか。一つに○を付けましょう。
ア（　）清そう活動に参加した理由を書いたほうがよい。

イ（○）草かりの回数を増やす理由を書いたほうがよい。

ウ（　）清そう活動を行った感想を書いたほうがよい。

② 「空きかんが多かったので、空きかん用のごみ箱を、見えやすい場所に置くことです。」を、「事実」と「意見」に分け、「事実」の部分を書きましょう。
（空きかんが多かった）

うらにも問題があります。

7 思考・判断・表現　文章を読んで、答えましょう。

> さて、サケといえば、日本でアユ、コイなどについでもっとも親しまれている川魚である。そんなわけで、サケに関する伝説が日本の各所に残されている。
> まず北海道はサケの中心地であるだけに、函館を初めとして種々のサケの伝説があるし、青森県や秋田県にもサケの伝説がなかなか多い。なお、サケの分布の南限とみられる千葉県や能登に残されているサケの伝説は、いまと昔と事情が違うだけに、文献としてもなかなか興味あるものである。
> まず能登の方では羽咋の気多大神の御神体はサケだそうで、この気多大神のケタという名前がサケの学名に使われているから面白い――サケの学名をラテン語でオンコリンクス・ケタという。
> 次に千葉県の方では、いまは利根川にサケは全く上らないようだが、現在は千葉県香取郡山田町の山倉神社で行われている「鮭祭り」という祭りの故事から察すると、古い昔には、利根川にもサケがかなり上ったように思われる。
> 弘仁二年（八一一年）というから、いまから一〇〇〇年以上前の古い話である。その年の十一月、恐ろしい疫病が山倉村に流行し、人々は相ついで倒れた。これといった治療法がなく、村民はただ神に祈り、仏にすがるほかなかった。と、ちょうどその時である。日本じゅうを遍歴していた僧・空海、つまり弘法大師がこの地を訪れた。
> 大師は疫病の話を聞いて大変気の毒に思い、山倉大神に一カ月の願をかけた。すると疫病はにわかに衰えて、満願の日には全くそのあとを絶ってしまった。村民は大師に何をお礼に差し出すべきかを思いわずらっていると、その時村を横切って流れている栗山川に、水音も高く銀鱗のきらめくのを見たが、それはなんと数尾の大きなサケであった――というのだが、昔はこのように利根川にもサケが上ったようだ。
> サケといえば、生のサケをフライにしたり、照り焼にする以外に、塩ザケ、缶詰のサケなどが、もっとも普通のものだが、地方によって、サケに関するいろいろな料理法が知られている。
> まず北の方からいえば、北海道や秋田で知られている三平汁がある。この三平汁というのは、昔、松前藩の賄方・斎藤三平が創案したもので、最初は豊漁期のニシンを粕と塩とに漬けて貯えたものを汁にしたのが始まりだというが、その後サケの頭とアラとを野菜とともに塩に漬け、汁にしたものが三平汁と呼ばれるようになった。
> 北海道にはサケを炊き込んだ「鮭飯」、サケのなれ鮨などがあるが、昔から北海道のサケの加工品といえば、サケの燻製が知られている。
>
> 末広恭雄「さかな風土記」より

(1) 「サケといえば、……もっとも親しまれている川魚である。」とありますが、サケは日本のどのあたりに分布していますか。文章の言葉を使って書きましょう。　5点
（例 北海道から千葉県や能登にかけて（分布している）。）

(2) 「まず北海道は」で始まる段落には、どんな内容のことが書かれていますか。一つに○を付けましょう。　5点
ア（○）サケに関する伝説が日本の各所に残されているということの、具体例が挙げられている。

イ（　）日本の各所に残されているサケに関する伝説の中身がしょうかいされている。

ウ（　）日本の各所に残されている伝説の、サケとの関わりの深さが比べられている。

エ（　）サケに関する伝説が日本の各所に残されたのはいつごろのことかが説明されている。

(3) 「次に千葉県の方では」とありますが、この話題はどこまで続いていますか。終わりの五字を書きぬきましょう。（句読点をふくむ。）　5点
（たようだ。）

(4) 「『鮭祭り』という祭りの故事」の内容を次のようにまとめました。（　）に文章の言葉を書きましょう。　一つ5点(15点)
一〇〇〇年以上前、山倉村に恐ろしい疫病が流行したときに、ちょうど（弘法）大師が村を訪れ、（願）をかけて疫病を絶ってくれた。お礼を考えていたときに川を上ってきたのが大きな（サケ）だった。

(5) 「三平汁」の説明として合うものはどれですか。二つに○を付けましょう。　一つ5点(10点)
ア（　）北海道だけで作られている。

イ（○）もともとはニシンを使う料理だった。

ウ（　）昔、斎藤三平という人が松前藩で教わった。

エ（○）サケの頭とアラと野菜を塩に漬けて、汁にする。

オ（　）三平という場所の名前から名付けられた。

(6) この文章を読んで、サケについてあなたが思ったこと、考えたことを、次の〈条件〉に合わせて書きましょう。　10点
〈条件〉○思ったことや考えたことをはっきり書くこと。
○思ったことや考えたことの理由も書くこと。
（例 サケは私たちの生活に深く入りこんでいると感じました。なぜなら、たくさんの料理法があり、それらのほとんどを私も食べたことがあるからです。）

1 ④「秘密」の「密」を使った熟語には、ほかに「厳密」「密接」「細密」などもあります。

3 ④「幼」の「幺」を「糸」にしないように、また送り仮名を「ない」にしないように、しっかりと覚えましょう。

4 まずは二字熟語がふくまれているかどうかを見きわめましょう。四字の熟語の場合は、二字と二字の語が結びつく構成もあります。
①「積極＋的」で、二字の語の後ろに一字を加えた構成です。
②「高＋学年」で、二字の語の頭に一字を加えた構成です。
③「上＋中＋下」で、一字の語の集まりから成る構成です。

5 ①「静まった」に対応する主語は「辺りは」。「日が」は「暮れて」の主語です。
②「大きかった」の主語は「魚は」。「弟が」は、「つった」の主語です。

6 ①「一つめ」の提案である、「草かりの回数を、もっと増やすこと」については、そう考える理由が書かれていません。説得力のある提案にするには、理由を書くことが必要です。
②「空きかんが多かった」というのは「事実」です。一方、「空きかん用のごみ箱を、見えやすい場所に置くこと」は、「提案」つまり「意見」です。

7 (1)第二段落「まず北海道は……興味あるものである。」で、サケの分布が説明されています。
(2)サケの分布するところに、サケの伝説も存在しています。
(3)「千葉県の方では」の話題は、「古い昔には、利根川にもサケがかなり上った」とする根拠となる『鮭祭り』という祭りの故事」のことです。第六段落の最後の「昔はこのように……サケが上ったようだ。」に注目しましょう。
(4)(3)で答えたはんいから、故事の内容を読み取りましょう。
(5)第八段落に、「この三平汁というのは……」と説明されています。
(6)サケについて、思ったことや考えたことと、その理由が書かれていることが条件です。文章に書かれていることと関係のある内容で書きましょう。

おうちのかたへ

説明文を読み解く問題です。文章に説明されていることを正確に読み取り、自分なりの考えをもちましょう。

メモ